Jo Owen

Das Lexikon des ganz normalen Management-Wahnsinns

Für Gaie und Toby,
ohne die nichts gelaufen wäre

Jo Owen

Das Lexikon des ganz normalen Management-Wahnsinns

Ein Survival-Guide für Führungskräfte

Aus dem Englischen übersetzt von Ursula Sauer

REDLINE WIRTSCHAFT
bei verlag moderne industrie

Bibliografische Information der Deutschen Bibliothek
Die Deutsche Bibliothek verzeichnet diese Publikation in der Deutschen Nationalbibliografie; detaillierte bibliografische Daten sind im Internet über http://dnb.ddb.de abrufbar.

Copyright © 2003 Redline Wirtschaft, 60439 Frankfurt am Main
http://www.redline-wirtschaft.de

Titel der englischen Originalausgabe: „Management Stripped Bare" © 2002 by Jo Owen.
Published by Kogan Page Limited, 120 Pentonville Road, London N1 9JN, UK.
Aus dem Englischen übersetzt von Ursula Sauer.

Alle Rechte, insbesondere das Recht der Vervielfältigung und Verbreitung sowie der Übersetzung, vorbehalten. Kein Teil des Werkes darf in irgendeiner Form (durch Fotokopie, Mikrofilm oder ein anderes Verfahren) ohne schriftliche Genehmigung des Verlages reproduziert oder unter Verwendung elektronischer Systeme gespeichert, verarbeitet, vervielfältigt oder verbreitet werden.

Umschlaggestaltung: INIT, Büro für Gestaltung, Bielefeld
Coverbild: Getty Images, München
Satz: mi, J. Echter
Druck und Bindearbeiten: Himmer, Augsburg
Printed in Germany 37290/070303
ISBN 3-478-37290-9

Inhaltsverzeichnis

Dank	9
Einführung	11
Allianzen	13
Ambiguität	14
Arbeitsplatzbeschreibung kontra psychologischer Vertrag	15
Arbeitszeit	16
Dem Ärger Luft machen: Die Kunst, den Mist zutage zu fördern	16
Assoziation Erfolg	18
Aufwärtsmanagement	19
Mit den Augen des Managements	21
Benchmarking	23
Berater	24
Betriebsamkeit: Das Schicksal selbst bestimmen	27
Bluffen	28
Branding	29
Buchstabensuppe	33
Budgets	38
Budgetschlüssel	39
Büros	40
Business Schools	43
Call Center und die Geringschätzung des Kunden	45
Computermissbrauch	46
Dankeschön	48
Delegation von Verantwortung, Autorisierung und Täuschung	48
Demokratie und Diktatur bei der Arbeit	49
Denken	50
Due Diligence	56
Durchschnittswerte und Betrunkene	57
E-Business: Herr oder Diener?	59
Ehrliches Feedback	59
Eile mit Weile	61
Einigkeit und Auseinandersetzung	62
Emotionaler Veränderungszyklus und das Tal der Toten	63
Enthusiasmus	65
Entropie und Exzellenz	66
Entschuldigungen	67
Fähigkeiten: Von fachlichen Dingen und Menschen	69
Fiasko und Schuldzuweisung	70
Financial Accounting: Der Weg in die Irrelevanz	71

Inhaltsverzeichnis

Fixierung auf Patentrezepte.	73
Flache Hierarchie, flaches Ergebnis	77
Führung	79
Garantien: Versprechen und Lügen.	83
Geforderte Kapitalverzinsung.	85
Gehälter und Geheimnisse.	87
Geheimhaltung: Zurückhalten von Informationen	88
Der Geschäftsbericht: Verherrlichung und Lügerei	88
Glück.	90
Grenzen.	92
Headhunter.	94
Herdentrieb.	95
Höflichkeit.	97
Höhenkrankheit.	98
Humor und der Sinn-für-Humor-Test	100
Ideen vernichten	102
Information zu den Wettbewerbern: Use it or lose it.	103
Informationsinflation: Zurück in die Zukunft.	105
Innovation: Kampfloser Sieg.	106
Investieren, um zu verlieren	107
Dem Irrsinn trotzen	108
„-isten".	109
IT: Intermediate Technology	111
IT-Berater: Die Bauexperten	112
Jährliche Leistungsbeurteilung	114
Japan: Wie Sie lernen, Sushi zu essen und die Welt zu erobern...	117
Kämpfe	119
Die Kirschen in Nachbars Garten ...	120
Kleidung, Schizophrenie und das Kastensystem	121
Komitees.	123
Konferenzen: Eine Anleitung zum Überleben	124
Kontrolle, Folgsamkeit und Engagement.	125
Korruption, Bestechung und üble Tricks	128
Kosten, nichts als Kosten.	129
Kostensenkung: Die Soldatenstiefel	130
Kostensparen: Das Rote-Dollar-Syndrom	132
Kultur, Krabben und der Tod der Teeservierdame.	134
Kunden für den Profit.	137
Kundenforschung: Lügen und Statistiken	139
Kundenloyalität und der Augenblick der Wahrheit	141
Die Kundenregel	142
Kundenservice: Mit der Realität leben	143
Die Kunst des Schreibens.	144
„Leicht" heißt die Devise.	147
Lernen, Fehler und der Mülldetektor.	148

Lügen 149
Machtspiele 150
Management 153
Management Accounting: Tod und Wiedergeburt 154
Management by walking away 157
Management-Informationssysteme 158
Marsriegel, der Nutzwert und der Verkäufer 160
Meetings: die guten, die schlechten und die fiesen 161
Mergers & Acquisitions 164
Die Berührung des Midas 167
Mitarbeiter im Ausland 168
Möwenmanagement 169
Multinationale und multilokale Unternehmen 171
Mythen des Managements 173
Natürliche Fluktuation ist gut 176
New Economy Blues 177
One-Way-Optionen 178
Organisationscharts 179
Pareto-Prinzip 182
Parkinsons Gesetz 183
Perfektes Raubtier 185
Planungsparadies und Planungsinferno 186
Political Correctness 188
Präsentationen 189
Preisgestaltung 192
Professionelle Dienstleister und Pyramiden 200
Professoren und der One-Night-Stand 202
Prognosen und Experten 203
Projektmanagement 204
Prüfung von Dokumenten: Die Kunst des Lesens 210
Punks, Hippies, Experten und die Zukunft 212
Qualitätsfanatiker 214
Rache 215
Rationales, politisches und emotionales Management 215
Rechtsanwälte und die Revolution 216
Reengineering des Reengineering 217
Rekrutierung 219
Respekt vor dem Individuum 220
Risiko und Marzipan 221
Ruf des Besonderen 222
Sekretärinnen 225
Sex and Drugs and Rock and Roll 226
Shakespeare und Management 227
Sheriffs und Cowboys 227
Sprache 229

Stabsmitarbeiter und die Herren des Universums 230
Status 232
Strategie: Krieg und Frieden 233
Stress ist gut 236
Taschenrechner 238
Teamspieler 239
Teflonbeschichtetes Management: Wie man Verluste in
Investitionen verwandelt 240
Telearbeit: Mythos und Realität 242
Titel 243
Training im Gegensatz zu Erfahrung 244
Trendlinien 246
„Tut mir Leid" und Sympathie 248
Überdurchschnittliche Bezahlung der Mitarbeiter 249
Überschusskapazitäten 250
Unfairer Wettbewerb 251
Unternehmer, Unternehmen und der Pakt mit dem Teufel 252
Unvernünftiges Management 254
Veränderung 255
Verantwortungsbewusstsein und Werte 259
Verbrechen ohne Opfer 260
Verfallsdatum: Wann man weiterkommen sollte 262
Verhandeln, um zu gewinnen 263
Verkauf 264
Verstehen und Paraphrasieren 270
Verträge 271
Die Vertrauensgleichung 272
Vielfalt 273
Vielflieger 274
Vision Statements 276
Vorstand und Verwaltungsrat 277
Warum arbeiten? 279
Was machen Sie? 280
Wettbewerbsvorteil für das 21. Jahrhundert 280
Wissensmanagement 284
Wohlfühlzonen und Unwohlfühlzonen 285
Wunschdenken 287
Theorien X, Y und Z 289
Ygwyd 291
Der Yogi und der Kommissar 291
Zeit: Aktivität, Effizienz und Effektivität 293
Zentrale 296
Zinseszins 300

Zusammenfassung 303

Dank

Wir alle lernen aus unseren Erfahrungen. Hiermit danke ich allen Organisationen, für die ich gearbeitet habe. In einigen Fällen dauerte die Zusammenarbeit nur wenige Tage, in anderen Jahre. Von allen jedoch habe ich etwas gelernt. Ich hoffe, auch sie konnten aus unserer Arbeit Nutzen ziehen.

AIG	Mitsubishi Chemicals
American Express	Monsanto
Andersen Consulting	NCB (National Commercial
Apple Computers	(Bank)
Armstrong Industries	National Air Traffic Service
Barclays Bank	NatWest
BT	Netfoods
Chase Group	Norwegian Dairy Association
Citibank	Peoples Choice
Cap Gemini	Philips
CGNU	Procter & Gamble
Diatech	RHM
Halifax	Royal Sun Alliance
Hallmark Cards	SABIC
HCA	SDP
ICI	San Miguel
ItoChu	SWIFT
Lloyds Bank	Thorn rental
MAC Group	UBS
Merita Nordbanken	Union Carbide
Merrill Lynch	ZFS
MetLife	

Dank

Neben den vielen Unternehmen, die meine Anwesenheit erduldeten, möchte ich auch jenen Personen danken, durch die dieses Buch erst möglich wurde – all jenen besonderen Menschen, von denen ich so viel gelernt habe: Professor Chan Kim von INSEAD, Professor Philip Kotler und Bob Duncan von Kellogg sowie James Kelly und John Rolander vom MAC-Konzern. Ohne Tony Johnson, der mich zu diesem Buch inspirierte, Frances Kelley, die sich dafür einsetzte, und Hiromi, die mein endloses Geschwafel erträgt, wäre überhaupt nichts zustande gekommen.

Ich hatte erwartet, dass man mir bei der Betreuung meiner Person und meines Buches bei Kogan Page nur mit rein sachlicher Professionalität begegnen würde, doch in den Zeiten der Not brachte man mir auch Geduld und Humor entgegen. Vor allem Jon Finch sorgte dafür, dass ein hartes Stück Arbeit etwas leichter wurde.

Ich danke allen für die Unterstützung und entschuldige mich für etwaige Fehler, die alle einzig und allein mir anzulasten sind.

Einführung

Manager sehen sich weltweit mit den gleichen Problemen konfrontiert. Sie schlagen sich herum mit nutzlosen Meetings, langweiligen Präsentationen, politischen Intrigen, schwierigen Vorgesetzten und wenig hilfreichen Mitarbeitern. Sie kämpfen gleichzeitig an verschiedenen Fronten – mit unvernünftigen Zielen, die sie mit unzureichenden Mitteln erreichen sollen, komplexen Organisationsstrukturen und einer unsicheren, sich im Wandel befindenden Umfeld. Aus all dem sollen sie nun irgendwie etwas Sinnvolles machen.

Doch gibt es kein Training oder keine Richtlinien dafür, wie man diese im Management auftretenden Probleme behandeln sollte. Es wird einfach vorausgesetzt, dass ein Manager instinktiv weiß, wie er ein effektives Meeting veranstaltet, gute Berichte schreibt und wie er mit den tausend schwierigen Situationen umgeht, die sich im Laufe eines Managementjahres kumulieren.

Letztlich absolvieren Manager informell eine Lehre, bei der sie aus den Erfolgen und Misserfolgen ihrer gesamten Umgebung lernen. Nach einigen Jahren hat sich daraus ein Modell entwickelt, wie die Welt ihrer Ansicht nach funktioniert und wie sie selbst darin überleben können.

Die gute Nachricht daran ist, dass allen Managern über alle Branchen hinweg dieses Muster aus Erfolgen und Misserfolgen gemeinsam ist. Erfolg basiert nicht auf einer einzigen Regel. Vielmehr gibt es täglich tausend kleine Dinge, die Manager richtig oder auch falsch machen können.

Dieses Buch bringt zwanzig Jahre Erfahrung in unterschiedlichen Branchen – weltweit – auf den Punkt. Es arbeitet heraus, was in bestimmten Managementsituationen durchweg funktioniert oder auch nicht. Dabei handelt es sich nicht etwa um eine grandiose Managementtheorie. Vielmehr ist es ein praktischer Leitfaden für das Überleben im Management.

Allianzen

Vom ersten Tag unserer Karriere an bilden wir Allianzen. Zum großen Teil besteht die Kunst des Managens auf mittlerer Führungsebene darin, Bündnisse zu schmieden: Erfolgreiche Manager wissen intuitiv, wie sie innerhalb der Organisation Allianzen bilden, erhalten und nutzen.

Da Unternehmen immer komplexer werden, die Hierarchieebenen verringern und verstärkt zur Matrix-Organisation tendieren, werden Allianzen immer wichtiger. So verfügen die meisten Führungskräfte im mittleren Management nicht über genug Ressourcen oder Autorität, um ihr Ziel zu erreichen. Sie haben auch nicht die Möglichkeit, über die Hierarchie andere Teile der Organisation zur Kooperation zu zwingen.

Durch Bildung von Allianzen schaffen wir entweder persönliches Kapital (indem wir jemandem helfen) oder wir nehmen persönliches Kapital in Anspruch (indem wir Hilfe von anderen erhalten). Es empfiehlt sich, für eine einigermaßen ausgeglichene Bilanz zu sorgen. Wer stets Hilfe benötigt und selbst nie Hilfestellung leistet, ist nur eine quälende Nervensäge.

Letztlich beruhen Allianzen auf Vertrauen. Es gibt eine einfache Formel, wie man Vertrauen definieren könnte:

$$V = (GZ+GL)/R$$

Dabei gilt:

- V = Vertrauen.
- GZ = Gemeinsame Ziele und Interessen. Je mehr gemeinsame Interessen Sie mit anderen besitzen, desto wahrscheinlicher können Sie mit ihnen zusammenarbeiten.
- GL = Glaubwürdigkeit. Hierbei handelt es sich um die Glaubwürdigkeit und Fähigkeit beider Bündnispartner, ihren Verpflichtungen nachzukommen. Es macht keinen Sinn, ein Bündnis mit jemandem einzugehen, der zwar Ihre Ziele teilt und große Reden schwingt, aber dann nichts Konkretes auf den Tisch legt.

- R = Risiko. Je höher das Risiko, desto schwieriger wird es, das Vertrauen eines anderen zu gewinnen. Die meisten Allianzen entwickeln sich langsam durch gegenseitige Hilfe bei kleineren Dingen. Wenn dies noch nicht der Fall war, hängt der Erfolg bei der Frage, ob es zu einer Zusammenarbeit kommt oder nicht, stark davon ab, ob es Ihnen gelingt, das Risiko sowie den Aufwand an Zeit und Mühen Ihres angestrebten Bündnispartners zu minimieren.

Machen Sie nie den Fehler, eine Allianz mit Freundschaft zu verwechseln. Denken Sie an das Diktum der britischen Außenpolitik, als das Empire noch in voller Blüte stand: „Großbritannien besitzt keine Freunde – es besitzt nur gemeinsame Interessen." Mit anderen Worten: Sobald Ihre Interessen auseinander driften, wird es zunehmend schwierig, ein Bündnis zu wahren.

Ambiguität

Es war einmal so einfach: Manager managten, Arbeiter arbeiteten. Denken und Handeln waren voneinander getrennt. Den Menschen hat das vielleicht nicht gefallen, aber wenigstens wussten sie, wo sie standen. Heute weiß keiner, woran er ist.

Wir arbeiten in einem Umfeld, das hohe Einsatzbereitschaft fordert, aber familienfreundlich ist. Leidenschaftliches Engagement ist „in", aber Loyalität ist „out". Wir besitzen zwar Gigabyte an Daten, aber keine sinnvollen Informationen. Wir haben flache Hierarchien, befinden uns aber nun in einer Matrix mit zwei Vorgesetzten, wo es in der alten Organisationsstruktur nur einen Chef gab. Angeblich sind wir zu unseren Handlungen befugt, müssen aber häufiger Bericht erstatten denn je. Von uns wird unternehmerisches Handeln erwartet, wir dürfen aber keinen Misserfolg aufweisen. Selbst über die Angemessenheit der Garderobe herrscht Unklarheit. Konformität bei den Anzügen wurde ersetzt durch die Qual der Wahl. Die Gurus besitzen die Antwort auf alles, aber alle Antworten fallen unterschiedlich aus. Keiner kennt das Problem.

Für den Mutigen ist Ambiguität eine großartige Sache. Sie schafft die Möglichkeit, Regeln zu ignorieren, Regeln umzustoßen, Regeln beliebig zu ändern. Für den Mutigen beschleunigt sich die Karriere – in Richtung schneller Erfolg oder schneller Misserfolg. Uns übrigen bleibt nur, nach den wenigen Bastionen der Sicherheit und Stabilität zu suchen, die wir noch besitzen, während sich um uns herum die Revolution zusammenbraut. Dieses Buch dient als Ratgeber zum Überleben in der Revolution.

Arbeitsplatzbeschreibung kontra psychologischer Vertrag

Eine Arbeitsplatzbeschreibung ist vor allem für unterbeschäftigte Personalabteilungen eine Rechtfertigung des eigenen Arbeitsplatzes. Wenn eine Organisation kistenweise Arbeitsplatzbeschreibungen stapelt, ist zu vermuten, dass sie stark bürokratisch ausgerichtet ist.

Arbeitsplatzbeschreibungen bieten eine Antwort auf Fragen wie „Welche Rolle spiele ich?" und „Welchen Status besitze ich?". Mit Rollen und Status lässt sich kein Geschäft aufbauen. Sie stellen keine Leistung dar und sind auch keine Basis, um Leistungen zu bewerten.

Die Arbeitsplatzbeschreibung ist weder für das Unternehmen noch für den Angestellten von Nutzen. Von eindeutig größerem Nutzen ist für beide der psychologische Vertrag, den das Individuum mit dem Management eingeht. Dieser Vertrag ist vielleicht nicht schriftlich niedergelegt, enthält aber reale Erwartungen. Diese drehen sich in der Tendenz um fünf Fragen:

- Was soll ich erreichen?
- Welche Mittel stehen mir zur Verfügung?
- Welche Fähigkeiten muss ich entwickeln?
- Wie wird meine Leistung gemessen und entlohnt?
- Was werden Sie tun, um mich zu unterstützen?

Im Vergleich zur Arbeitsplatzbeschreibung sind beim psychologischen Vertrag beide Seiten stärker gefordert. Wenn die Arbeitsplatzbeschreibung nicht mehr stimmt, entsteht weniger Bitterkeit als beim psychologischen Vertrag. Da der Vertrag an beide Seiten Forderungen stellt, unterscheidet er sich vom traditionellen MBO (Management By Objectives)-Ansatz, bei dem nur eine Seite eine Verpflichtung eingeht. Es ist äußerst wichtig, dass die Erwartungen beider Parteien des psychologischen Vertrags gut gemanagt werden, damit Beziehung und Unternehmen erfolgreich sein können.

Arbeitszeit

Für den Manager sollte die Länge der Arbeitszeit nicht von Belang sein. Die Frage ist nicht, wie viel Zeit in die Arbeit gesteckt wurde, sondern was dabei herauskommt. Wenn Mitarbeiter also gern spät auftauchen und mitten am Tag verschwinden, ist das okay – solange Klarheit darüber besteht, was wann von wem erreicht werden muss. Die meisten Mitarbeiter werden dies respektieren, wenn man ihnen Vertrauen entgegenbringt. Die Arbeitszeit mag ungewöhnlich sein, aber sie werden alles Erdenkliche unternehmen, um das in sie gesetzte Vertrauen zu rechtfertigen und die geforderten Ergebnisse vorzulegen. Als Gegenleistung dafür erhalten sie die Flexibilität, ihr Privatleben so zu deichseln, wie es nötig ist. Es wird einige geben, die dieses System ausnutzen. Aber sie werden auch nicht die geforderten Ergebnisse vorlegen können. Sie werden vom normalen Bewertungssystem gefasst werden. Das Haar in der Suppe dieses flexiblen Ansatzes ist die Frage der Regelung. Bei diesem Ansatz wird ein Umfeld geschaffen, in dem der Einzelne viele Rechte und wenig Verantwortung hat. Wenn man Arbeitszeit und eine familienfreundliche Politik in Einklang bringt, stehen die Zeit und die Rechte im Mittelpunkt, nicht die Ergebnisse und Verantwortlichkeiten. Außerdem kann dies für Unzufriedenheit bei den Nichtfamilientypen sorgen, die für die Familientypen einspringen müssen. Zu guter Letzt werden doch wieder bürokratische Regelungen getroffen. Bis dahin sollten Sie die Bürouhr zertrümmern und dafür sorgen, dass sie nicht repariert wird.

Dem Ärger Luft machen: Die Kunst, den Mist zutage zu fördern

Dies ist eine Kunst, die ich von Chan Kim, einem großartigen Professor bei INSEAD, gelernt habe. Die Botschaft ist einfach und aussagekräftig. In einer Krise haben Manager eine umfangreiche Agenda, die gespickt ist mit politischen und emotionalen Themen, welche den Fortschritt behindern. Bei dieser Art von Themen geht es darum, das Problem abzustreiten oder die Schuld anderen zuzuschieben. Jede Form von rationaler Argumentation ist zum Scheitern verurteilt. In einer Krise erweist sich das Management als äußerst kreativ und eloquent darin, rationale Argumente zu finden, anhand deren die Existenz des Problems bestritten oder die Schuld anderen zugewiesen wird. Der Zuhörer ist davon vielleicht nicht überzeugt, das Management schon. Die Menschen müssen zunächst „den Mist zutage fördern", bevor sie sich mit der Realität auseinander setzen können. Dieser Prozess ist für alle unangenehm.

Wie Sie in der Praxis den Mist hervorholen

Unsere Aufgabe bestand darin, für ein großes multinationales Unternehmen, das sich in der Krise befand, einen dreitägigen Workshop zu veranstalten. Dem Management war die eigene Anwesenheit absolut unangenehm. Die Manager argwöhnten, der Workshop sei entweder belanglos oder diene als Mittel dazu, sie zu unklugen Leistungsversprechen zu zwingen. Außerdem bestand zwischen den einzelnen Abteilungen, Ländern und Managementschichten eine verbissene Gegnerschaft. Dies war das erste gemeinsame Treffen aller Manager und jeder war der Ansicht, die Probleme seien das Ergebnis der Handlungen anderer. Natürlich waren kollektiv gesehen sie die anderen – es gab sonst keinen anderen.

Die Leitung von Sitzungen dieser Art kann selbstmörderisch sein. Die einzelnen Manager mögen sich zwar hassen, aber sie erklären nicht in Gegenwart der 50 Topmanager ihres Unternehmens einander den Krieg. Es gab jedoch offensichtlich ein Ventil, um all die Wut und Frustration herauszulassen: den Außenseiter, der das Programm leitete.

Die Lösung bestand darin, dafür zu sorgen, dass die Manager im Sinne von Professor Chan Kim „den Mist zutage förderten". Sie machten dies den ganzen ersten Tag und die ganze Nacht bis zu den frühen Morgenstunden. Indem sie den Mist zutage förderten, hatten sie die Möglichkeit, ihre Wut und Frustration an die Oberfläche kommen zu lassen und zuzuhören statt zu predigen. Berater, Wissenschaftler und CEOs reden sich in solchen Situationen meistens den Mund fusselig. Die Versuchung ist groß, nur zu reden, um den ganzen Mist in Frage zu stellen, aber das hat fatale Folgen. Das Management musste deshalb so lange reden, bis es sich geschlagen gab.

Etwa gegen 2 Uhr morgens wurde ein Tal des Todes erreicht, jeder war vollkommen verzweifelt. Etwa um diese Zeit machten die Manager verschiedene Entdeckungen:

- Das Unternehmen befand sich in einer echten Krise – dies ließ sich nicht länger abstreiten.

- Die Manager selbst waren die Feinde – es funktionierte nicht, anderen die Schuld zu geben. In ihrem Kreis waren sie das Management, es gab sonst niemanden, den man zur Verantwortung hätte ziehen können.
- Sie mussten anfangen, sich mit der Realität auseinander zu setzen.

Nachdem sie das Tal des Todes durchschritten hatten, kam es zu einer Katharsis und man entschloss sich voller Enthusiasmus, das schwierige Problem der Erholung in Angriff zu nehmen. In der Praxis eignet sich die Methode, den Mist zutage zu fördern, sehr gut als tägliche Übung für das Management. Je kreativer rationale Argumente werden, desto wahrscheinlicher verstecken sich dahinter politische und emotionale Aspekte, die kaum als rationales Argument durchgehen können.

Assoziation Erfolg

Hüten Sie sich vor Menschen, die man mit Erfolg in Verbindung bringt. Sie werden eine lange Liste mit Initiativen besitzen, an denen sie erfolgreich beteiligt waren. Tatsächlich meinen sie damit, dass sie zu einem bestimmten Zeitpunkt einmal einen Rat angeboten haben. Dieser mag von Nutzen gewesen sein oder auch nicht, hilfreich oder positiv, aber sie werden auf jeden Fall für sich in Anspruch nehmen, dass sie an der Initiative beteiligt waren, wenn diese von Erfolg gekrönt war. War es ein Misserfolg, behaupten sie entweder, sie wären nicht verantwortlich dafür oder der Trottel, der verantwortlich war, sei ihrem Rat nicht gefolgt. Sie schaffen von vornherein stets eine Win/Win-Situation für sich selbst.

Natürlich tragen sie absolut nichts zum Erfolg der Organisation bei. Dieser Typus existiert hauptsächlich in flachen Hierarchien, die es den Mitarbeitern ermöglichen, leicht auf den vorbeifahrenden Zug auf- oder abzuspringen. Das Risiko trägt einzig und allein die Person, die den Zug tatsächlich führt. Ist der Leiter erfolgreich, werden alle Mitfahrer behaupten, das sei ihnen zu verdanken. Scheitert er, werden alle mit dem Finger auf ihn zeigen und ihm die Schuld zuschieben. Die einzige Lösung hierfür lautet:

- Kehren Sie zurück zu einer traditionell funktionalen Hierarchie, in der die Verantwortungsbereiche deutlicher sind und in der man sich schlechter verstecken kann.

- Setzen Sie klare Zielvorgaben (Prinzip Management by Objectives), die auch erreicht werden.
- Schießen Sie jedem ins Knie, der behauptet, mit ihm werde Erfolg assoziiert. Vielleicht hat er sich selbst ins Rampenlicht gerückt, vielleicht auch nicht. Finden Sie heraus, was stimmt.

Aufwärtsmanagement

Eine Karriere hängt vom Aufwärtsmanagement ab. In flachen Hierarchien ähnelt das Aufwärtsmanagement mit seinen Zweideutigkeiten und Widersprüchen einem Minenfeld. In der traditionellen Befehl- und Kontrollorganisation gab es klare Engagementregeln. Der Chef sagte, was zu tun war, und der Kuli ging und erfüllte seine Pflicht. Jeder wusste, wo er stand, auch wenn es ihm nicht gefiel. Es gab keine Zweideutigkeiten. In vielen Organisationen läuft das auch heute noch so.

Organisationen mit flachen Hierarchien haben eine Kultur, in der jeder jeden als gleichrangig behandelt. Kulturell gesehen ist das attraktiv. So werden Offenheit, Kommunikation, Flexibilität und Verantwortung gefördert. Aber die Spielregeln sind absolut uneindeutig.

360 Grad an Ambiguität

Eines der größten Probleme in Bezug auf Ambiguität ist der Bewertungsprozess. In einer Befehl- und Kontrollhierarchie werden Sie vom Chef bewertet. Das ist alles. In flachen Hierarchien wird ausdrücklich die 360-Grad-Bewertung befürwortet. Aber dieser Kreis von 360 Grad ist ein mathematisches Mysterium. Es ist ein Kreis mit deutlichen und obendrein ungleichmäßigen Seiten. Für Bonuszahlung, Gehalt und Beförderungsaussichten ist noch immer die Bewertung des Chefs ausschlaggebend.

Also, wie ehrlich sollen Sie nun sein? Der Chef baut Mist. Wenn Sie ihm das sagen, wird er das als Anlass zur Rache nehmen? Die Hierarchie mag zwar flach sein, aber wenn die Zeit für Bewertungen kommt, ist eine deutliche Schräglage festzustellen. Dieses nagende Bewusstsein von Macht und Hierarchie bei der Entscheidungsfindung wirkt sich im alltäglichen Verhalten eines jeden Mitarbeiters einer Organisation mit flacher Hierarchie aus. Verschlimmert wird das Ganze noch durch die Tatsache, dass es keine klaren Verhaltensregeln gibt.

Flache Hierarchien und Engagementregeln

Als Erstes sollten Sie herausfinden, welche Engagementregeln gelten. Jeder Chef hat andere Regeln und andere Erwartungen, die er unter Umständen nicht einmal selbst richtig in Worte fassen kann. Einige Regeln für Aufwärtsmanagement sind universell, andere sind chefspezifisch. Zu den universellen Regeln des Aufwärtsmanagements zählen folgende:

- Erkennen Sie die Engagementregeln – die Verhaltensweisen, die beim Chef ankommen, und die, die nicht ankommen.
- Konzentrieren Sie sich auf das, was für den Chef den größten Wert hat – erkennen Sie die Ziele des Chefs.
- Halten Sie immer, immer, immer Ihre Versprechen und vermeiden Sie es, Anlass zu Überraschungen zu geben. Dies ist für die Bildung von Vertrauen von entscheidender Bedeutung.
- Legen Sie Ergebnisse vor.

Die anderen Regeln des Aufwärtsmanagements variieren je nach Chef:

- Initiative: Wie viel Initiative sollen Sie tatsächlich ergreifen? Kontrollfreaks möchten jeden Mitarbeiter an der kurzen Leine führen; anderswo kann es tödlich für Ihre Karriere sein, nicht die Initiative zu ergreifen und die Leitung zu übernehmen.
- Debatte: Einige Chefs wollen, dass ihre Ideen geprüft und in Frage gestellt werden, andere wollen, dass sie befolgt werden.
- Formalität: Können Sie bei Bedarf einfach beim Chef vorbeischauen oder benötigen Sie einen Termin?
- Risiko: Handelt es sich um ein risikobereites Hochleistungsumfeld oder ist es eine Umgebung, in der man sich keine Fehler erlauben kann und gehorchen sollte?

Ein guter Chef in einer flachen Hierarchie wird sich alle Mühe geben, für klare Engagementregeln zu sorgen. Ein sinnvoller Anfang besteht darin, bereits früh ein Gespräch zu führen, in dem Erwartungen formuliert oder erfragt werden. Bei den Erwartungen geht es nicht um Leistung. Es geht um Verhaltensweisen und darum, was beide persönlich erreichen möchten. Wenn Sie den Chef um eine Besprechung der Erwartungen bitten, kommen die informellen Engagementregeln recht schnell ans Tageslicht:

- Defensive Befehl- und Kontrolltypen werden die Bitte ignorieren.

- Traditionelle Chefs, die sich noch ihren Weg in die neue Welt erkämpfen, werden die Besprechung stattfinden lassen und sie dazu nutzen, sich auf Leistungsziele zu konzentrieren, nicht auf die gegenseitigen Engagementregeln.
- Einige Chefs werden vielleicht tatsächlich ein sinnvolles Gespräch über die Engagementregeln ermöglichen.

Mit den Augen des Managements

Manager können sich ein und dasselbe anschauen und etwas vollkommen Unterschiedliches sehen. Dies kann eine Quelle enormer Stärke sein, wenn all die verschiedenen Teilchen zu einem Bild zusammengefügt werden. Es ist jedoch eine Quelle endloser Konflikte, wenn dabei konkurrierende Ansichten aufeinanderstoßen.
Gehen Sie einmal in einen Lebensmittelladen und machten Sie den Mit-den-Augen-des-Management-Test. Beachten Sie, wie unterschiedlich die Menschen ein und dieselbe Sache sehen. Ein guter Lebensmittelladen ist eine Show mit einer wunderbaren Choreografie, was jedoch dem Konsumenten kaum bewusst ist. Betrachtet man das Ganze mit den Augen der jeweiligen Beteiligten, kommen extrem unterschiedliche Perspektiven zusammen. Zum Beispiel:

- Der Verkaufsrepräsentant des Herstellers sieht nur sein eigenes Produkt und wie dies im Vergleich zur Konkurrenz präsentiert wird, ob die Werbebotschaft und der Preis korrekt sind und ob jede Marke gemessen am Marktanteil die entsprechende Darstellungsfläche hat. Dies führt dann zu einer Diskussion mit dem Einkäufer darüber, wie sich das Produkt besser positionieren lässt.
- Der Regalfüller sieht die Löcher in den Regalen und das Verfallsdatum auf den Produkten, die er nach vorn positionieren muss.
- Der Ladenbesitzer sieht Details, Details, Details. Sein Blick richtet sich auf Fehlbestände, Dekorationsfehler, Warteschlangen an der Kasse, den Einsatz und das Verhalten des Personals, Diebstahl, Wartungsprobleme, Beachtung der von der Zentrale vorgegebenen Richtlinien für Dekoration und Werbung sowie die allgemeine Verwaltung des Ladens.

- Das Sicherheitspersonal beobachtet die Kunden und das Personal und hält Ausschau nach den für Ladendiebstahl typischen Verhaltensmustern.
- Das Wartungspersonal sieht zerbrochene Glühbirnen, Schmutz, defekte elektrische Leitungen und Installationen, die für andere hoffentlich unsichtbar sind.
- Der Bereichsleiter betrachtet die gleichen Details wie der Ladenmanager, sieht jedoch auch die Interaktion zwischen Ladenbetreiber und Personal, was schief läuft und wo der Ladenmanager Unterstützung oder Coaching benötigt.
- Der Marketingleiter lässt bereits auf dem Parkplatz die Blicke schweifen. Wie viele Menschen sind hier, welche Art von Menschen sind dies (Singles, Familien, Alter, Vermögensstand) und wie sieht das direkte Umfeld aus (Wettbewerber, Transportverbindungen, sonstige komplementäre Läden). Er erforscht, welches Ladenpotenzial implizit vorhanden ist, und vergleicht dies mit der Realität im Laden – wie bewegen sich die Kunden im Laden, wo bleiben sie stehen und greifen zu, wo gehen sie einfach weiter.

Durch all dies marschiert der Kunde hindurch und ist sich gar nicht bewusst, inwieweit die Choreografie für eine außergewöhnliche Performance rund um seinen Einkaufswagen sorgt. Der Kunde kann nicht alles sehen, was Manager und Personal sehen. Die Stärke einer Organisation zeigt sich in der Choreografie der Show. Der Manager steht vor der großen Herausforderung, aus der Kakophonie des Managements eine Choreografie zu machen – die unterschiedlichen Perspektiven aller Beteiligten zu sehen und zu koordinieren.

B

Benchmarking

Benchmarking schneidet in der Theorie besser ab als in der Praxis. In der Theorie hilft Benchmarking Ihnen, Ihre Position relativ zum Wettbewerber zu bestimmen; außerdem kann es dazu beitragen, notwendige Maßnahmen zu ergreifen und zu fokussieren. In der Praxis muss sich Benchmarking jedoch großen Herausforderungen stellen:

- Benchmarking-Ergebnisse lassen sich komplett negieren. In einem der großen Elektronikkonzerne ergab der Benchmarking-Prozess, dass das eigene Unternehmen der asiatischen Konkurrenz wettbewerbsmäßig hoffnungslos unterlegen war. Die Reaktion darauf bestand nicht etwa darin, das Problem zu lösen, sondern die vorliegenden Informationen in Frage zu stellen. Als wesentliches Argument wurde angeführt, man müsse die Daten an die Verhältnisse anpassen und unterschiedliche Rechnungsmethoden, Produktspezifizierungen und Produkt-Mix sowie verschiedene Wechselkurse etc. berücksichtigen. Zum Schluss wurde argumentiert, dass die Konkurrenz, wenn sie so wäre wie das eigene Unternehmen, auch dessen Benchmark-Daten haben müsste. Logisch richtig, aber praktisch unbrauchbar. Inzwischen ist das Unternehmen unter den Hammer gekommen.
- Es ist schwierig, gute Benchmark-Daten zu erhalten, es sei denn, die Konkurrenz kooperiert in Form einer syndizierten Forschungsaktion. Oder aber Sie besitzen ausgezeichnete Industriespione.
- Jede Strategie, die sich darauf konzentriert, die Konkurrenz einzuholen, ist zum Scheitern verurteilt. Zu dem Zeitpunkt, an dem Sie dorthin gelangen, wo die anderen zur Zeit des Benchmarking waren, haben sich die anderen bereits weiterentwickelt. Sie werden sie niemals einholen, Sie befinden sich immer nur im Aufholmodus. Wenn im entgegengesetzten Fall die Informationen zeigen, dass Sie selbst an der Spitze liegen, ist dies für Sie auch nicht gleich ein Grund, zu den Waffen zu rufen: Sehen Sie das Ergebnis eher als Grund, mit sich selbst zufrieden zu sein.

Im günstigsten Fall kann Benchmarking ein Ruf zu den Waffen sein, mit dem die Organisation mobilisiert und schnell eine große Veränderung herbeigeführt wird. Im schlimmsten Fall ist es ein Aufruf an die Berater, in Ihrem Unternehmen viel Geld zu verdienen, während sich das Management in eine obskure Debatte über die vorliegenden Informationen verstrickt und dabei das eigentliche Geschäft aus den Augen verliert. Benchmarking sollte nicht so sehr als intellektuelles Analyseinstrument gesehen werden, sondern vielmehr als Teil eines Mobilisierungs- und Fokussierungsprozesses auf der Führungsebene.

Berater

Sie bekommen die Berater, die Sie verdienen. Sollten Sie feststellen, dass diese dauerhaft ihr Zelt in Ihrem Lager aufgeschlagen haben, horrende Gebühren verlangen und in Form tatsächlicher Ergebnisse wenig produktiv sind, ist das dumm gelaufen. Sie wissen, was Sie in diesem Fall machen sollten.

Im Grunde sind Berater wie leichte Mädchen. Sie machen alles für jeden Kunden, wenn dieser nur zahlen kann. Es mag sinnvoll sein zu wissen, welche Motive der professionelle Beratungspartner hat, der Ihnen gerade gegenübersitzt:

- Er wird dafür belohnt, dass er ein Geschäft abschließt, nicht dafür, Ihnen den bestmöglichen Rat zu erteilen.
- Berater verkaufen gern etwas, das sie kennen, auch wenn die Lösung gar nicht zum Problem passt. Die Antwort, die Sie erhalten, liegt weniger in der Natur Ihres Problems als in der Erfahrung des Beraters, mit dem Sie sprechen.
- Hat er erst einmal den Fuß über Ihre Türschwelle gesetzt, ist dem Berater bewusst, dass ein Geschäft mit einem Neukunden ungefähr sieben Mal teurer, schwieriger und risikoreicher ist als ein Nachfolgegeschäft mit einem bestehenden Kunden.
- Ein Berater rechnet damit, etwa ein Drittel seiner Mühen damit zu verbringen, nach einer Lösung für Ihr Problem zu suchen, ein Drittel, um Sie von der Lösung zu überzeugen, und ein Drittel, um Ihnen bereits die nächste Serviceleistung zu verkaufen.

- Alle Berater wollen stromauf schwimmen zur Quelle unendlicher Macht: dem CEO. Der Weg über den CEO ist in Bezug auf die Preise, Vertrags-, Zahlungs- und sonstige Bedingungen der angenehmste Weg. CEOs verfügen über das größte Budget und können am besten einen Überblick geben, an welcher Stelle die nächste Beratungsleistung stattfinden könnte. Außerdem können die Berater im Unternehmen am meisten Macht von einem CEO erhalten.

All dies ist recht augenscheinlich. Es bedeutet, dass Berater allen Protesten zum Trotz nicht auf Ihrer Seite sind. Sie sind wegen des Honorars dabei. Dies hat zwangsläufig Konsequenzen:

- Sie machen mehr oder weniger das, was Sie wollen, auch wenn es nicht das Richtige ist.
- Sie werden darlegen, dass sie die richtigen Spitzenkräfte für Ihre Aufgabe besitzen. Ob Sie diese Person mit den richtigen Fähigkeiten nach dem Verkaufsgespräch nochmals zu Gesicht bekommen, ist zweifelhaft; aller Wahrscheinlichkeit nach ist sie auch woanders sehr gefragt.
- Sie werden Ergebnisse versprechen, die auf dem Trugschluss mit der stabilen Trendlinie beruhen. Sollte sich die Trendlinie verändern, werden Sie niemals in der Lage sein, den Beitrag der Berater zum Geschäft relativ zu allen anderen beweglichen Variablen zu quantifizieren. Die Leistungsversprechungen sind normalerweise wertlos.
- Alle Berater verkaufen von Zeit zu Zeit großartige Produkte: Reengineering, Kernkompetenzen, Zeitbasierter Wettbewerb, Qualität. Wie auch immer Ihr Problem aussieht, die Berater werden diese Lösungen anbieten, da dies etwas ist, was sie kennen und gut verkaufen können.
- Sie werden versuchen, sich selbst für die Organisation unentbehrlich zu machen, wodurch das mittlere Management praktisch ausgehöhlt und entmachtet wird.
- Glauben Sie nicht an Vertraulichkeit. Natürlich wird keine Beratungsfirma Ihre Geheimpläne nehmen und im Markt herumzeigen. Was die Mitarbeiter aber mit sich nehmen, ist die Erfahrung, die sie bei Ihnen gesammelt haben, und sie werden sie in einen kleinen, anonymen Fall einbauen und ihn nach und nach an all Ihre Wettbewerber verkaufen. Aber zumindest setzen sie einen anderen Berater ein, wenn sie die Erfahrung Ihres Unternehmens an die direkte Konkurrenz vermarkten.

Damit besteht die große Frage, wie man einen effektiven Nutzen aus Beratern zieht. Es gibt einige Richtlinien, die funktionieren:

- Machen Sie es Ihrem Unternehmen schwer, Berater einzustellen. Hierzu sollte ein Beschluss des Vorstands ergehen und dieser sollte mehr oder weniger aus Prinzip alle Erstanträge auf Unterstützung durch einen Berater ablehnen. Wenn dann die qualvollen Schreie zu laut werden, könnten Sie allmählich aufhorchen.
- Die Manager müssen nachweisen können, dass sie selbst nicht über die Erfahrung verfügen, die die Berater angeblich mitbringen. Wenn es nur eine Frage der zur Verfügung stehenden Mitarbeiter und Ressourcen ist, sollte man über Prioritäten im Unternehmen nachdenken, nicht über Berater.
- Das Management muss nachweisen können, dass die Berater auch wirklich am richtigen Problem arbeiten.
- Wählen Sie nicht einfach die richtige Beratungsfirma, sondern auch die richtigen Mitarbeiter dieser Firma. Das Unternehmen, mit dem Sie verhandeln, hat vermutlich große Probleme, die richtigen Mitarbeiter für Ihre Arbeit zu identifizieren und abzustellen, und steht unter dem starken Druck, Neulinge (jährlich 20 Prozent des Mitarbeiterstabs) und Mitarbeiter mit schwachen Leistungen in das Team einzuschleusen. Hier ist es wichtig, dass Sie Druck ausüben, um das A-Team, nicht das B-Team, zu erhalten.
- Sind die Berater erst einmal in Ihrem Unternehmen, sollten Sie sie auch effektiv managen. Das heißt, dass Sie in der Lage sein müssen, schnelle Entscheidungen zu treffen. Eine gute Möglichkeit, IT-Kosten in die Höhe zu treiben, besteht darin, langsame Entscheidungen zu treffen und diese wieder rückgängig zu machen.
- Regen Sie den Appetit der Berater weiter an. Machen Sie die Berater glücklich, stellen Sie ihnen ein Extrastück Arbeit in Aussicht: Dann werden sie ihr Bestes geben. Anschließend werfen Sie sie hinaus.

Wenn Sie im mittleren Management sind und feststellen, dass plötzlich Berater herumwirbeln, fangen Sie nicht an, diese zu bekämpfen. Seien Sie hilfsbereit und versuchen Sie unauffällig, die Berater zur Unterstützung Ihrer eigenen Ziele einzusetzen. Sie sind auch eine ausgezeichnete Quelle, um herauszufinden, welche Ziele das Senior Management verfolgt. Denken Sie daran, Berater haben oftmals eine direkte Leitung zum obersten Management. Dies lässt sich zu Ihren Gunsten nutzen; machen Sie die Berater jedoch zu Ihren Feinden, könnte das fatal sein. Ich habe noch immer keinen CEO gefunden, der nicht zu irgendeinem Zeitpunkt einen der Berater zur Seite genommen und nach dessen Meinung über sein Managementteam gefragt hat.

Betriebsamkeit: Das Schicksal selbst bestimmen

Unternehmer, Politiker und Einzelfirmen beherrschen die Kunst der Betriebsamkeit. Betriebsam zu sein heißt, dass etwas geschieht, das ohne Sie und Ihre Betriebsamkeit nicht geschehen wäre. Weiterhin bedeutet es, dass dies genau dann geschieht, wenn Sie gerade sehr wenig Personal und Ressourcen zur Verfügung haben. CEOs müssen selten sehr viel Betriebsamkeit an den Tag legen, um etwas in die Wege zu leiten – sie verfügen über so viel Macht und Ressourcen, dass sich der Weg wie von selbst auftut.

Einige Unternehmensmanager verstehen sich auf Betriebsamkeit. Sie sind diejenigen, die immer etwas zu bewegen scheinen. Andere lassen sich von der Sicherheit des Lebenserhaltungssystems im Unternehmen einlullen. Da für sie alles getan werden kann, lassen sie auch alles für sich tun. Selbst ihre Tagesordnung lassen sie von anderen bestimmen. Das ist fatal.

Das beste Buch, das Sie niemals kaufen müssen, heißt *Control Your Destiny or Someone Else Will*. Es behandelt die ersten zehn Jahre von Jack Welch, nachdem er bei General Electric das Ruder in die Hand genommen hatte. Die Substanz ist gut, aber die wahre Botschaft steckt im Titel.

Für den einzelnen Manager ist das Betriebsamkeitsniveau ein guter Indikator dafür, wie weit er sein Schicksal kontrolliert. Hier ein einfacher Test:

- Machen Sie selbst mehr Anrufe, als Sie erhalten?
- Versenden Sie mehr individuelle E-Mails, als Sie erhalten?
- Ist die Zahl der von Ihnen einberufenen Meetings größer als die, zu der Sie eingeladen werden?
- Verbringen Sie mehr Zeit für Initiativen, die Sie ins Leben gerufen haben und die Sie nun führen, als für solche, die von anderen gestartet und geleitet werden?
- Bringen Sie anderen Mitarbeitern mehr Lösungen als Probleme?
- Bringen Sie anderen Mitarbeitern mehr Ideen als Berichte?

Der betriebsame Mensch nimmt sein Schicksal in die Hand – er ist eher proaktiv als reaktiv. Betriebsame Menschen sagen zu all den oben aufgeführten Fragen Ja. Der weniger geschickte betriebsame Mensch verärgert nur seine Mitarbeiter mit endlosen, wenig wertvollen Interventionen. Der geschickte betriebsame Mensch hat immer etwas Interessantes in petto für die Person, die er erreichen will. Er ist auch hartnäckig. Er nimmt sich Zeit und macht sich die Mühe, Bündnisse zu schmieden und die Ressourcen zu erkämpfen, die er für seinen Erfolg benötigt. Er gibt nicht auf.

Wie Relationship Manager lassen sich auch betriebsame Menschen je nach Häufigkeit und Wert ihrer Kontakte in vier Kategorien einordnen:

	Häufig	*Selten*
Hoher Wert	Superstar	Schlafender Riese
	Viel Respekt,	Viel Respekt,
	große Auswirkung	geringe Auswirkung
Niedriger Wert	Nervensäge	Katastrophentreiber
	Wenig Respekt,	Kein Respekt,
	negative Auswirkung	keine Auswirkung

Bluffen

Lassen Sie sich von niemandem bluffen. Sollte es jemand versuchen, sagen Sie ihm dies auf den Kopf zu. Bluffen ist nichts anderes als ein Machtspiel. In dem Augenblick, in dem Sie nachgeben, haben Sie verloren. Zu den typischen Bluffs, die eine Erwähnung verdienen, gehören:

- „Das Angebot für diese Stelle gilt nur bis Freitag. Danach müssen wir es zurückziehen." Möchten Sie für ein Unternehmen arbeiten, das seine Mitarbeiter bereits vor dem Eintritt tyrannisiert? Wenn die Firma Sie wirklich haben möchte, wird sie sich noch einmal melden.
- „Wenn ich keine 20-prozentige Gehaltserhöhung erhalte, gehe ich." Möchten Sie, dass das Unternehmen entdeckt, dass auf diese Weise Gehälter ausgehandelt werden? Selbst wenn die betreffende Person eine Erhöhung um 20 Prozent verdient, geben Sie 19 Prozent. Lassen Sie dann den anderen entscheiden, was er nun macht.
- „Wenn Sie Ihre Meinung nicht ändern, spreche ich mit dem CEO." Nehmen Sie den Hörer ab, um das Treffen mit dem CEO zu arrangieren. Wenn Sie Recht haben, werden die anderen einlenken, bevor der Anruf zustande kommt. Falls Sie Unrecht haben, hätten Sie diese Entscheidung nicht so schnell fällen sollen.

Branding

Bleiben Sie sich treu

Jedes Produkt, jedes Geschäft und jede Person stellt eine Marke dar. Einige sind gut, andere nicht. Starke Marken – Brands – haben ein gutes Produkt und echten Mehrwert, der gut vermittelt wird. Das Produkt sowie dessen Vermarktung und Weiterentwicklung müssen aufeinander abgestimmt sein. Starke Marken kennen ihr Franchisekonzept, sie kennen sich selbst und bleiben sich treu.

Product Branding in Aktion

Product Branding begann einst damit, dass der Hersteller sein Logo auf das Produkt setzte. Procter & Gamble drückten ihren Stempel mit Mond und Sternen auf Seifenstücke, was für die Kunden eine Qualitätsgarantie war. Das traditionelle Product Branding bleibt dieser Gewohnheit treu. Die traditionelle Marke vermittelt dreierlei:

- einen unverwechselbaren Leistungsvorteil
- einen Grund für die Kunden zu glauben, sie hätten einen Nutzen
- einen Charakter für die Marke

Wenn man in diese Botschaft nun einen Mehrfachnutzen einbaut oder sie ändert, führt dies zur Katastrophe. Das Waschmittel Ariel soll zum Beispiel außergewöhnlich gut Flecken entfernen. Dreft vermittelt den Eindruck, besonders gut in der Pflege empfindlicher Fasern und farbiger Textilien zu sein. Wenn Sie die Botschaften miteinander vermengen, sodass Ariel jeden denkbaren Schmutz wegpustet und gleichzeitig empfindliche Fasern pflegt, wäre das wenig glaubhaft. Die Produkte müssen sich treu bleiben. Auf einem vollen Marktplatz merkt sich der Verbraucher keine komplexen Botschaften: Er merkt sich zu jeder Marke nur ein einziges Merkmal. Lifestyle-Marken wie Nike oder Louis Vuitton setzen auf den Charakter und Wert ihrer Marke, womit sie es den Käufern ermöglichen, durch die Wahl ihrer Kleidung sich der von ihnen gewünschten Identität anzunähern. Beide Anbieter verfügen über Produkte, die Lifestyle-Bedürfnisse fördern. Keiner von beiden könnte glaubhaft versuchen, weit in das Territorium der anderen Marke vorzudringen. Sie müssen sich selbst treu bleiben.

Corporate Branding

Jedes Unternehmen stellt eine Marke dar. Einige sind nur undeutlich zu erkennen und vor allem in Rekrutierer- oder Aktionärskreisen bekannt. Andere findet man im Verbrauchermarkt. Virgin steht für eine Reihe von Werten, zu denen Spaß, Vertrauen, moderate Preise, eine verbraucherfreundliche Politik und eine Anti-Establishment-Haltung gehören. Damit eröffnet sich der Marke Virgin ein weites Betätigungsfeld, das von Schallplatten über Internetportale, Fluglinien, Getränke und Telekommunikation bis hin zu Brautkleidern reicht. Selbst unwahrscheinliche Märkte lassen sich erschließen. Im Bereich Spareinlagen besaß Virgin keine Kompetenz. Hierbei handelte es sich jedoch um eine Branche, in der alle Marken das Gleiche sagten: Vertraue mir, bei uns entwickeln sich deine Ersparnisse besser. Die Marke Virgin brachte einen Namen in diese Branche, dem echtes Vertrauen entgegengebracht wurde. Hand in Hand mit dem über technische Kompetenz verfügenden Unternehmen AMP konnte Virgin hier schnell Größenvorteile für sich verbuchen.

Personal Branding

Wie beim Product Branding sollten sich beim Personal Branding drei Fragen beantworten lassen:

- Was ist in diesem Geschäft einzigartig an unserer Leistung?
- Welches ist unsere herausragende Fähigkeit?
- Welchen Charakter oder welchen Stil wollen wir vermitteln?

In einem großen Unternehmen bleibt man nicht aufgrund der kleinen Dinge, die täglich erledigt werden, in Erinnerung. Man erinnert sich an einen Mitarbeiter aufgrund einer einzigen Handlung. Sorgen Sie dafür, dass es die richtige ist. Außerdem können Sie nicht etwas sein, was Sie nicht wirklich sind. Bleiben Sie sich treu.

Branding und die Werbeagentur

Leider ist heute jeder ein Experte für Werbung. Da wir alle so viel Werbung sehen, wissen wir genau, was wir mögen und was nicht. Bei Werbung geht es aber nicht darum, was uns gefällt. Es geht darum, was funktioniert. Diese Tatsache wird sowohl von den Werbeagenturen als auch von den Kunden vergessen. Die Agentur legt ihren Schwerpunkt darauf, Kreativitätspreise zu gewinnen. Der Kunde nutzt seine Erfahrung als „Mann auf der Straße", um auf der Grundlage dessen, was ihm gefällt, sein Urteil zu verkünden. Dies ist kein Erfolgsrezept. Es gibt drei Wege, mit Agenturen zusammenzuarbeiten:

- den Weg des Vorstandsvorsitzenden
- den Weg des Experten
- den dritten Weg

Der Weg des Vorstandsvorsitzenden

Lassen Sie niemals den Vorstandsvorsitzenden an der Entscheidung über eine Werbeaktion teilnehmen. Natürlich muss der Vorstand an der Entwicklung der Strategie beteiligt sein. Die Ausführung ist jedoch ausschließlich Sache des Experten. Sobald der Vorsitzende – natürlich mit den allerbesten Absichten – daran beteiligt ist, ist es vorbei mit dem sachlichen Urteil und Vorurteile kommen ins Spiel. Die Agentur konzentriert sich dann darauf, den Vorstandsvorsitzenden zufrieden zu stellen, und nicht auf das, was Erfolg verspricht. Dies ist demoralisierend für die Agentur und sie wird nicht ihre Spitzenkräfte für diese Arbeit einsetzen.

Der Weg des Experten

Dieser Weg ist potenziell noch viel demoralisierender für die Agentur und er wird nur von ein oder zwei Unternehmen verfolgt. Die Firma P&G dürfte über erfolgreiche Waschmittelwerbung mehr wissen als ihre Werbeagenturen. Alle Brand Manager haben eine Schulung in P&G-Markenwerbung erhalten. Das heißt, die Brand Manager können die Agenturen glatt an die Wand reden und damit zur Verzweiflung bringen, was oftmals auch geschieht. Die Agentur liebt die hohen Einnahmen, die der Kunde P&G ihr beschert, aber alle Mitarbeiter machen sich aus dem Staub, wenn es darum geht, mit dem Kunden zusammenzuarbeiten. Das Gute ist, dass die Werbung erfolgreich ist. Weniger gut ist, dass sie von der Öffentlichkeit gehasst wird, und die Agentur hasst es, sie zu entwickeln. Wie dem auch sei, nicht viele Unternehmen können so vorgehen.

Der dritte Weg

Das Management konzentriert sich auf die Strategie, mit der Agentur zu kooperieren. Dies kann bedeuten, dass Sie einmal jährlich mit der Agentur einen Termin außer Haus ausmachen, bei dem reichlich Alkohol fließt. Fragen Sie nicht, was das Kreativteam verlangt. Sie müssen sich auch darauf einstellen, Menschen mit verrückten Kleidern und Meinungen zu ertragen, die viel Psychogeschwätz von sich geben und viele unmögliche Fragen stellen wie „Wer sind wir?" – „Wenn wir eine Blume/ein Auto/eine historische Figur/ein Jahrzehnt wären, was würden wir dann sein?" „Wer wollen wir sein?"

Hinter all dem Nebulösen verbirgt sich jedoch etwas Entscheidendes. Es geht darum, Einsichten über die Marke und das Geschäft zu erhalten, sowie um die Frage, wie die Marke auf dem Markt präsentiert wird. Dies ist für die Werbestrategie hilfreich und das Management macht sich umfassende Gedanken darüber, was es mit dem Geschäft wirklich anfangen möchte.

Ist die Strategie erst einmal definiert, lassen Sie die Agentur weitermachen. Fordern Sie diese bei ihrer kreativen Umsetzung der Strategie nicht heraus. Lassen Sie sie nicht in den Genuss Ihrer Meinung kommen, indem Sie sagen, was Ihnen gefällt und was nicht. Konzentrieren Sie sich kritisch auf zwei Dinge: Wie wird der Erfolg gemessen und weiter kontrolliert? (Geben Sie hier nicht nach, egal, wie sehr sich die Agentur bemüht, Sie mit irrelevanten Erfolgskontrollstudien abzuspeisen.) Beanstanden Sie die Arbeit der Agentur bei verkehrten Tatsachen wie zum Beispiel dem falschen Gebrauch des Logos.

Ansonsten sollten Sie annehmen, was Sie angeboten bekommen, oder aber die Agentur wechseln. Damit üben Sie jeden erdenklichen Druck auf die Agentur aus, etwas zu kreieren, das funktioniert. Die Agentur entwirft keine Werbung, um Sie glücklich zu machen oder Ihnen vorzugaukeln, besonders weise zu sein. Außerdem steigen Ihre Chancen, dass nur die besten Mitarbeiter der Agentur an Ihrem Auftrag arbeiten.

Zu guter Letzt gilt: Stellen Sie ein angemessenes Budget zur Verfügung. Eine unterfinanzierte Markenkampagne ist weggeworfenes Geld. Die Botschaft ist nicht exponiert genug, um auf einem vollen Marktplatz gehört und verstanden zu werden und eine entsprechende Reaktion auszulösen. Um dies zu erreichen, benötigt man Zeit, Geld, Geduld und eine äußerst schlüssige, einfache Botschaft.

Markenwerbung: faire und unfaire Fragen

Unfaire Fragen

Alle Fragen, die darauf basieren, was Sie, Ihr Lebenspartner oder Ihre Familie gern hätten.

Faire Fragen

Vermeiden Sie, mit der Agentur eine große philosophische Debatte über die Fragen zu führen. Die Agentur wird Sie mit ihrem Gerede nur einlullen und Sie entmutigen die Agentur. Hier Ihr Vorsorge-Check, um sicherzugehen, dass die Agentur nicht vollkommen verkehrt liegt:

- Entspricht die Werbung der Strategie? Mit anderen Worten: Kommt die Botschaft klar herüber? Versuchen Sie bei Fernsehwerbung, nur auf den Ton zu hören, anschließend schauen Sie nur die Bilder an. Beide sollten für sich allein klar sein.
- Ist die Marke die Heldin der Werbung? Eine Anzeige stellt dar, wie Supermodell Claudia Schiffer ihre Dessous auszieht. Ich habe keine Ahnung, um welche Marke es sich handelt. In diesem Fall ist die Persönlichkeit die Heldin, nicht die Marke.
- Ist die Botschaft unverwechselbar? Wenn Sie einen Ihrer Konkurrenten an die Stelle Ihrer Marke setzen, wäre sie dann nach wie vor glaubhaft? Keiner verwechselt die Werbung von Nike mit der von Benetton; diese Unternehmen wissen, wie man unverwechselbar bleibt. Die Werbung für Finanzdienstleistungen ist dagegen in den meisten Fällen absolut austauschbar.
- Ist der Inhalt korrekt (und legal)? Diese Details sind wichtig: richtiges Logo, richtige Farben, richtige Dienstkleidung, richtige Verpackung und richtiges Produkt.
- Passt die Werbung zu der übrigen Marketingstrategie? Alles sollte miteinander harmonieren.

Buchstabensuppe

Die Welt der Fachsprache

Manager haben verlernt, wie man richtig schreibt und spricht. Stattdessen wimmelt es in ihren Reden nur so von Akronymen (aus den Anfangsbuchstaben mehrerer Wörter gebildete Kurzworte) und fachsprachlichen Ausdrücken.

Theoretisch ist Fachsprache eine Kurzschrift, durch die Kommunikation vereinfacht wird. Praktisch sieht das jedoch etwas anders aus. Fachsprache dient dazu, Insider von Outsidern abzugrenzen. Eine Einzelhandelskette weigert sich zum Beispiel standhaft, auch nur eine ihrer Zweigstellen nach dem Standort zu benennen. Stattdessen werden Branchennummern verwendet, die jedoch nur dem Management bekannt sind. Wenn Sie also nicht verstehen, warum 147 (West Oxford Street) eine bessere Leistung erzielt als 67 (Solihull), gehören Sie nicht dazu.

Durch die Benutzung von Fachsprache glaubt der Sprecher auch irrtümlicherweise, besonders intellektuell zu sein: „Gemessen an der Q3-G7-Prognose liegt unser H1-GV bei 95" klingt intellektueller als: „Wir haben's verbockt. Das Umsatzvolumen der letzten sechs Monate liegt 5 Prozent unter der Prognose, die wir im September für den Vorstand erstellt haben."

Weg mit der Fachsprache. Zwingen Sie die Leute dazu, verständlich zu sprechen. Vielleicht finden Sie dann heraus, was sie eigentlich meinen.

Das Erfolgsrezept

Dieses Spiel ist einfach. Wählen Sie einen beliebigen Buchstaben aus dem Alphabet sowie eine Zahl zwischen eins und sieben. Suchen Sie dann sowohl für den Buchstaben als auch für die Zahl eine Managementtheorie und wenden Sie diese so an, dass der Eindruck entsteht, die Geschäftsleistung ließe sich damit fundamental ändern. Versuchen Sie dies mehrere Male und Sie werden feststellen, wie leicht es Ihnen gelingt, andere zu überzeugen. Machen Sie Ihre Sache gut, dann können Sie Berater werden. Machen Sie Ihre Sache ausgezeichnet, dann wird Ihnen sogar eine Partnerschaft angeboten und Sie können die Technik anwenden, um den Kunden alles zu verkaufen.

Im Alphabet der Managementtheorien ist die Zahl der Akronyme beinahe unbegrenzt. Hier finden Sie eine der möglichen Versionen des Alphabets:

Das Management-Alphabet

- ABC. Activity Based Costing. Für Berater eine Möglichkeit, viel Geld zu verdienen, indem sie Ihnen erzählen, dass Sie viel Geld verlieren, ohne es zu merken.
- B2C, B2B. Business to Consumer: Ein schneller Weg für Anleger von Wagniskapital, Geld in der Dot.com-Welt zu versenken. Business to Business: ein langsamer Weg für Wagniskapitalgeber, Geld zu verlieren. Wenn dann die Tränen fließen, wird für die Dot.com-Manager daraus Back to Banking und Back to Consulting.

Buchstabensuppe

- CRM. Customer Relationship Management. Darin sind die Berater wirklich gut, weshalb Sie ihnen auch viel Geld geben werden, um herauszufinden, was an der Sache dran ist. Lassen Sie sich nicht täuschen: Bei CRM geht es nicht um Kunden, sondern um riesige Computerdateien, die Ihnen zu enorm hohen Kosten sagen, was Sie im lockeren Gespräch mit dem Kunden innerhalb von fünf Minuten erfahren würden.
- DCF. Discounted-Cashflow-Analyse. Eine Möglichkeit, den Wert künftiger Cashflows zu prognostizieren. Findet normalerweise Anwendung, um kurzfristig hohe Verluste zu machen und dies mit langfristig noch viel höheren Gewinnen zu rechtfertigen. Wird das System gut eingesetzt, können Sie damit eine kurzfristig miserable Entwicklung rechtfertigen, was Ihnen eine Versetzung einbringt, ehe eine andere Person den nachdatierten Scheck – die großen Ertragsversprechungen – einlösen muss. Lässt sich als Rechtfertigung für CRM anwenden: großer einmaliger Aufwand mit anschließend rein theoretischen Ergebnissen.
- ERP. Enterprise Resource Planning. Sie zahlen dem Berater viel Geld dafür, zu Ihnen zu kommen und die Dinge in die Hand zu nehmen.
- FTF. First Things First – das Erste zuerst. Eine der sieben Vorgehensweisen hoch effizienter Mitarbeiter. Gesunder Menschenverstand, der Sie zum Star machen kann, wenn Sie ihn einsetzen. Viele Menschen fangen offensichtlich mit dem Zweiten oder Dritten zuerst an.
- GIGO. Garbage In, Garbage Out – Mist rein, Mist raus. Gilt bei Computern. Keine Verteidigungsstrategie, wenn Unheil über Sie hereinbricht, weil Sie gerade verrückte Managementanweisungen befolgen. Ihr Ziel sollte GIEO sein: Garbage In, Excellence Out – Mist rein, Exzellentes raus.
- HR. Human Resources. Die einzige Möglichkeit, Vergeltung zu üben, besteht darin, sie hartnäckig weiter Personalabteilung zu nennen. Schauen Sie zu, wie die HR-Abteilung die Wände hochgeht und Sie anschließend hinauswirft.
- IT. Theoretisch: Information Technology, praktisch: Intermediate Technology. Die Veralterung der EDV erfolgt so schnell, dass das Management ein Vermögen ausgibt, um up to date zu bleiben – um dann nach der Implementierung eines Anwendungsprogramms festzustellen, dass es sich hierbei um ein Modell handelt, das bereits bei seiner Einführung veraltet war.
- JIT. Just in Time, zeitoptimal. Der letzte Schrei, als wir glaubten, Japan würde die Welt beherrschen. Inzwischen ein alter Hut. Jetzt ist anderes in Mode.

- KM. Knowledge Management – Wissensmanagement. Ein weiterer zeitweiliger Spleen. Bewältigung der Geschäftsprobleme durch Beschäftigung von Wissenskönigen: Dies entband den Rest der Organisation davon, in irgendeiner Weise mit dem Problem zu tun zu haben. Ein harmloser Weg, mit überschüssigen Managementkapazitäten umzugehen.
- LIFO. Last In First Out. Buchhaltungswerkzeug zur Bewertung von Vorräten und HR-Tool zur Identifizierung, wer zuerst entlassen wird.
- MBWA. Management by Walking Around. Gepriesen als ein Weg zu herausragender Qualität in dem Buch „Auf der Suche nach Spitzenleistungen". „Management by walking away" ist besser: Man nennt das Delegieren und lässt die Mitarbeiter weitermachen mit dem, was ihre Aufgabe ist.
- NLP. Neuro Linguistic Programming. Eine Möglichkeit, Sprache zu benutzen, um andere dazu zu bewegen, Dingen zuzustimmen, denen sie eigentlich nicht zustimmen sollten. Aber sie fühlen sich anschließend gut dabei.
- OVA. Overhead Value Analysis. Gemeinkostenwertanalyse. Gemeinkostenwert ist ein Oxymoron. OVA ist ein eleganter Weg, den hohen Betrag an Unternehmenskosten zu reduzieren, indem Sie stattdessen einen hohen Betrag für Berater ausgeben, die der Ansicht sind, nicht unter die Unternehmenskosten zu fallen.
- P2P. Path to Profitability. Nimmt oftmals die Form eines Hockeyschlägers an: Anfänglich hohe Investitionen (Verluste) wandeln sich in Gewinne. Das Management glänzt damit, den ersten Teil des Hockeyschlägers darzustellen.
- QFD: Quality Function Deployment. Eine bürokratische Methode, sicherzugehen, dass Sie das falsche Produkt zur falschen Zeit auf den falschen Markt bringen, aber selbstverständlich ist es technisch herausragend.
- R. Die vier R der Transformation: Restructuring, Renewing, Reframing und Revitalizing. Ansonsten auch bekannt als Einladung an Berater, zu Ihnen zu kommen und die Dinge in die Hand zu nehmen.
- SI-CC. Strategic Intent – Core Competence. Miteinander verbundene Konzepte, die ein Unternehmen ermutigen, nach dem vollkommen Unmöglichen zu streben. Jeder regt sich für einige Tage schrecklich auf und träumt vom Unmöglichen. Dann erkennt man, dass es unmöglich ist, und kehrt zum Alltag zurück.
- TQM. Total Quality Management: Der Prozess triumphiert über Ergebnis oder Relevanz. In den Händen von Eiferern gefährlich.

- USP. Unique Selling Proposition, auch bekannt als „bessere Mausefalle". Kommt selten vor, und wenn doch, wird sie von rücksichtslosen Konkurrenten geschlagen (Windows/Apple, VHS/Betamax, Standard Gauge/Broad Gauge).
- VR. Virtual Reality. Ein anderer Ausdruck für Lebensläufe und Kurzbiografien.
- WYSIWYG, wird wisiwik ausgesprochen. Um 1985 herum machten Technologen die erstaunliche Entdeckung, dass die Menschen bei der Textverarbeitung gern das sehen, was nachher herauskommt (What You See Is What You Get), nicht unverständliches Kauderwelsch. Das Management ist nach wie vor unsicher, ob dieses Prinzip auch für seine Aktivitäten im Unternehmen gelten sollte.
- Theorien X, Y und Z. Theorie X führt Sie zur rationalistischen Schule der Zeitstudienexperten, Theorie Y bringt Sie zur Wollpulloverbrigade, die Ihre frühe Kindheit erforscht, Z integriert die beiden und gibt Ihnen den Rest.

Managen nach Zahlen

Managementtheorie kommt in der Praxis selten über die Zahl sieben hinaus. Alles, was oberhalb von sieben liegt, ist zu lang, als dass man sich daran erinnern könnte, und zu kompliziert, um es auszuführen:

1. Ein-Minuten-Management.
2. Jede 2x2-Matrix, nur begrenzt durch das menschliche Vorstellungsvermögen. Versuchen Sie es am Beispiel der Portfolioanalyse: Diese schreibt vor, wo der CEO investieren oder verkaufen sollte. Wenn jeder CEO dies befolgt, steuert die gesamte Branche in die gleiche Richtung und damit auf eine Katastrophe zu. Woraufhin wieder die Berater ins Spiel kommen und Ihnen sagen, wo Sie etwas verkehrt gemacht haben, ohne die Portfolioanalyse zu erwähnen, die sie zuvor für Sie erstellt hatten.
3. Die drei K des Marketing: Kunden, Kanäle und Kommunikation. Wie bei guten Marketingexperten üblich, lassen sie Nummer vier außer Acht: Kosten.
4. Die vier P des Marketing: Produkt, Preis, Promotion, Place. Bitten Sie den Marketingexperten nicht, die vier P und die drei K miteinander in Einklang zu bringen, damit würden Sie ein wundervoll präsentiertes Verkaufsargument ruinieren.
5. Fünfer-Struktur (Mintzberg). Brillante Arbeit über die Organisation, die aus fünf Teilen besteht: Strategische Spitze, Mittellinie, Betrieblicher

Kern, Technostruktur und Hilfsstab. Keiner versteht die Theorie, aber jeder wendet sie in der Praxis an.
6. Six-Sigma-Quality: Gilt für die Produktion von Mikrochips sowie für Zahlungssysteme, die fehlerfrei arbeiten müssen. Das normale Management hat schon Probleme, One-Sigma-Quality zu erreichen.
7. Die sieben Gewohnheiten hoch effizienter Menschen. Dies ist für intellektuellere Menschen als den Ein-Minuten-Manager gedacht: Hier gibt es sieben Dinge, an die man sich erinnern muss und die man umsetzen sollte, nicht nur eine Sache. Werden am häufigsten im Junior und mittleren Management praktiziert, wo diese Mitarbeiter wahrscheinlich auch bleiben werden.

Budgets

Warum sollte man elf Monate eines Jahres damit verschwenden, ein ehrgeiziges Budgetziel zu erreichen? Es ist viel einfacher, sich einen Monat pro Jahr am Riemen zu reißen und ein unehrgeiziges Ziel zu vereinbaren, das sich dann mit Leichtigkeit übertreffen lässt. Anschließend schauen Sie zu, wie Bonuszahlungen und Beförderungen Sie anlachen.

Letztlich ist die Erstellung eines Budgets eine politische Angelegenheit. Sie stellt einen Vertrag zwischen zwei Parteien des Managements dar mit der Verpflichtung, für bestimmte Ressourcen bestimmte Ergebnisse vorzulegen. Je nachdem, an welcher Stelle Sie sich in der Verhandlungskette befinden, möchten Sie entweder die Ergebnisse maximieren und die Ressourcen minimieren oder umgekehrt. Alle herbeigeschafften Budgetinformationen sind nur Munition für die unterschiedlichen Sichtweisen. Wie der Betrunkene den Laternenpfahl benutzt, so werden auch die Daten eingesetzt: als Stütze und nicht zur Erleuchtung. Ein effektiver Budgetierungsprozess erreicht Folgendes:

- Er legt ein anspruchsvolles, aber erreichbares Geschäftsziel fest.
- Er selbst trägt dazu bei, dass das Management die Prioritäten, Risiken und Chancen im Unternehmen erkennt: Er schafft eine gemeinsame Sichtweise für das Management.

- Er stellt einen Prozess dar, in dessen Verlauf sich das Management zu einer Reihe von Aktivitäten und Zielen verpflichtet. Kommt es nicht zu dieser Verpflichtung, ist der Budgetierungsprozess gescheitert.

Wenn ein anspruchsvolles, aber realistisches Ziel tatsächlich erreicht werden soll, muss das Management unvernünftig sein. Ein vernünftiges Management hört auf all die Argumente, die erklären, warum im kommenden Jahr eine gute Leistung nur schwer zu erzielen ist. Dies hat dann ein schwaches Budget sowie eine schwache Performance zur Folge. Ein unvernünftiges Management hat im Top-down-Ansatz den Leistungsimperativ „absolutes Muss" vor Augen und hält an dem Ziel fest. Wenn dabei das Management dazu angehalten wird, kreativ über eine Leistungsverbesserung nachzudenken, hat der Budgetierungsprozess bereits einen guten Dienst geleistet.

Der häufigste Fehler, den man im Budgetierungsprozess machen kann, besteht darin, ihn von Stabsmitarbeitern dominieren zu lassen. Diese haben durchaus ihren Wert, wenn es um das Addieren von Zahlen geht oder eine neutrale Dienstleistung erbracht werden soll. Wird ihr Einfluss jedoch zu groß, sorgen sie eher für Ärger als für Entlastung:

- Sie behindern die Ausarbeitung einer Selbstverpflichtung für das Management.
- Sie zermürben die Organisation, indem sie nach mehr Details suchen, als es für eine Entscheidung auf Führungsebene sinnvoll wäre.
- Letztlich versuchen sie, mit endlosen Runden an Budgetverbesserungen und Prognosen für das Gesamtjahr Ihre Arbeit zu rechtfertigen, was erneut wertvolle Managementzeit kostet.

Budgetschlüssel

Budgetschlüssel sind ein effektives Mittel, um das Personal zu demoralisieren, eine Zusammenarbeit zwischen verschiedenen Bereichen des Unternehmens zu verhindern, bei jeder Initiative für Steifheit zu sorgen, Machtspiele zu fördern und Kosten in unermessliche Höhen zu treiben. Am besten erreichen Sie dies, wenn Sie darauf bestehen, dass es für alles einen Budgetschlüssel gibt. Für die Erfassung jeder Fotokopie, jeder einzelnen

Stunde eines Mitarbeiters sollte ein Budgetschlüssel notwendig sein. Dies bedeutet, dass sich nichts bewegen kann ohne Wissen des großen Wichtigtuers, der alle Budgetschlüssel verwaltet. Er sollte sie nur begrenzt aus der Hand geben, um den Freiraum der Mitarbeiter zu minimieren und seine eigene Macht zu maximieren. Unter keinen Umständen sollten Sekretärinnen über Einkaufskarten oder die Erlaubnis verfügen, Büromaterialien zu erwerben. Lassen Sie die Sekretärin einen Budgetschlüssel benutzen und einen formalen Einkaufsprozess einhalten. Sorgen Sie dafür, dass sie erkennt, wer hier der Boss ist.

Büros

Die Form richtet sich nach der Funktion

Sie können ein Unternehmen nach dem Firmengebäude beurteilen. Lernen Sie, die Signale zu interpretieren. Das Hausinnere sagt etwas darüber aus, wie das Geschäft aussieht. Das Gebäudeäußere verrät viel darüber, wie das Unternehmen gern gesehen würde. Viele Büros sind funktionale, einfache Räumlichkeiten in einem Industriegebiet. Aber die Aussage über ein Unternehmen kann noch genauer ausfallen:

- Traditionelle Banken bauten Gebäude, die Marmorpalästen ähnelten, um den Kunden einen Eindruck von Stärke und Stabilität zu vermitteln.
- Gemeindeämter mit billigen Fußböden und billiger Ausstattung sollen dem Steuerzahler versichern, dass sein Geld nicht verprasst wird.
- Die Regierung baut ein prachtvolles Gebäude, um die Macht des Staates zur Geltung zu bringen.
- IT-Beratungsfirmen sitzen in modernen Wahrzeichen der Architektur und wollen damit ausdrücken, dass sie immer einen Sprung voraus sind.
- Strategieberatungsfirmen ziehen anonyme, diskrete, aber prächtige Büros vor.

Das Prinzip „Die Form richtet sich nach der Funktion" gilt sowohl für das Innere als auch für das Äußere des Gebäudes. Dabei sind zwei rivalisierende Kräfte am Werk. Einerseits gibt es einfache, funktionelle Anforderungen an das Gebäude. Eine Investmentbank benötigt ein Großraumbüro mit viel

Technologie und guter Klimaanlage sowie Raum für Verkabelung zur Unterstützung eines Trading Floors. Ein Unternehmen für Mediendesign benötigt etwas persönlichere Büroräume.

Beratungsfirmen gehen immer mehr dazu über, das Büro so einzurichten, dass die Berater keinen eigenen Tisch mehr haben. Auf diese Weise möchte man erreichen, dass die Mitarbeiter nicht zu viel im Büro, sondern beim Kunden sind, wo sie Beratergebühren verdienen können. Deswegen ist viel Platz für Tische mit Hot-Desk-Systemen, für persönliche Ablagebereiche und informelle Treffen vorgesehen.

Bei der Innenausstattung eines Gebäudes geht es nicht allein um Funktion im utilitaristischen Sinne. Die zweite Schlüsselfunktion gilt dem Status. Wie hierarchisch eine Firma ist, lässt sich daran erkennen, wie viele Einzelbüros vorhanden sind, ob es separate Aufzüge, Etagen und Essräume für die verschiedenen Führungsebenen gibt. Im Gegensatz dazu verfügt eine Firma, die die Kommunikation im Unternehmen fördern möchte, über viele Großraumbüros. In der Mitte liegt der Kompromiss der Arbeitskoje mit Raumteiler. Arbeitskojen sollen auf bestmögliche Weise offene Kommunikation und persönlichen Raum miteinander kombinieren. Tatsächlich wird so in der Tendenz die schlechtestmögliche Kombination bewirkt: wenig Kommunikation und wenig Privatsphäre.

Die Einrichtung der Büros ist nicht nur eine Design-, sondern auch eine Managementfrage. Sie hat Einfluss auf die Kosten, das Verhalten, die Stimmung, die Kommunikation und die Arbeitsmoral des Unternehmens.

Status und Apartheidpolitik auf Führungsebene

Verbrennen Sie die Privatbüros und die Führungsetage. Sollten die Führungskräfte verzweifelt an ihren Büros festhalten, verbrennen Sie die Büros trotzdem. Lassen Sie die Führungskräfte brutzeln oder aber gehen.

In den meisten Büros ist die Form an die Funktion angelehnt. Führungskräfte verbinden mit Funktion Status, nicht Nützlichkeit. Gerade für Führungskräfte ist es am wichtigsten, in Berührung zu bleiben mit dem, was im Unternehmen vor sich geht, und ausgerechnet sie sind diejenigen, die die größten Barrieren für einen freien Informationsfluss hochziehen. Durch eine separate Führungsetage lässt sich wunderbar ein Apartheidsystem im Unternehmen schaffen und verstärken: Nur für Führungskräfte, Gesindel, halte dich fern! In einem mir bekannten Unternehmen war die Führungsetage als Todeszelle bekannt. Man ging nur dorthin, um angestellt oder entlassen zu werden. Diese Firma zeichnete sich nicht durch eine lockere Kommunikation, großes Vertrauen und Offenheit aus.

Einzelbüros sorgen dafür, dass die Kommunikation minimiert und die Formalität maximiert wird. Dadurch wird ein kurzer Plausch schwieriger. Das Gesindel darf die Führungsetage nicht ohne festen Termin betreten; somit lässt sich nicht feststellen, ob der Chef für eine kurze Plauderei zur Verfügung steht. Selbst innerhalb des Führungsteams sorgen die getrennten Büros dafür, dass ohne Meeting keiner der leitenden Mitarbeiter weiß, was der andere macht. Es macht wenig Sinn, eine Politik der offenen Tür zu vertreten, wenn keiner die Tür sehen darf oder sich gar nicht erst auf die Etage mit der entsprechenden Tür begeben kann, ohne zuvor einen Termin über die Sekretärin auszumachen, die verlässliche Hüterin des Terminkalenders.

Es gibt eine Alternative. Sie lautet: zurück in die Zukunft. Ich habe in zwei Firmen als Partner gearbeitet. Der Unterschied zwischen beiden zeigt, in welch starkem Maß sich das Arrangement auf der Führungsetage auswirkt.

Partnerschaft nach dem sehr veralteten Prinzip der vollendeten Zukunft

Die erste Partnerschaft zeichnete sich durch einen viktorianischen Ansatz in Bezug auf die Büroräumlichkeiten aus: Alle Partner teilten sich einen Raum. Ihrem Status und Nettowert nach wäre für jeden Einzelnen durchaus eine prächtige Einzelsuite gerechtfertigt gewesen. Aber der Ansatz mit dem gemeinsamen Büro funktionierte:

- Formelle Meetings waren nicht erforderlich: Wir alle wussten, was im Unternehmen geschah. Falls jemand Hilfe benötigte und Entscheidungen über einen Kunden zu treffen waren, musste man nur laut in den Raum rufen.
- Wir wussten, wie sich alle Mitarbeiter entwickelten. Nach einer Weile hatte man heraus, dass jedes Mal, wenn X den Raum betrat, ein gutes Gespräch stattfinden würde. Wenn Y eintrat, würde es angespannt und schwierig werden. Dem Gespräch hörte man nicht zu, aber die Auswirkung war offensichtlich.
- Es gab keine Geheimnisse. Dadurch baut sich leicht Vertrauen zwischen den Partnern auf.
- Das offene Büro für die Partner sorgte für eine offene Kommunikation in der gesamten Firma. Hier gingen ständig Mitarbeiter ein und aus. Wenn man zu einem Partner wollte, war das keine große Sache. Die Partner waren im wahrsten Sinne des Wortes im Geschäft obenauf.
- Man konnte sich nirgendwo verstecken. Wenn man faul war oder nichts zu tun hatte, war dies offensichtlich. Wenn man keinen Beitrag leistete,

war das offensichtlich. Druck durch gleichrangige Mitarbeiter ist ein starker Motivationsfaktor.
- Im Raum herrschte ständig ein Summen. Das war energetisierend. Einige Menschen behaupten, nur für sich allein arbeiten zu können. Man gewöhnt sich jedoch meiner Erfahrung nach schnell an ein Großraumbüro.

Die traditionelle Hierarchie

Bei der zweiten Partnerschaft handelte es sich um eine traditionelle Befehl- und-Kontroll-Hierarchie, in er man sich die Truppen vom Leibe hielt. Die Loyalität und das Engagement der Truppen fielen dementsprechend reserviert aus.

Alle Partner klebten in den Einzelbüros auf ihren Sitzen fest. Die Kommunikation untereinander war schwach. Beinahe alle Entscheidungen mussten in formellen Meetings getroffen werden und gingen anschließend die Hierarchie der Partner rauf und runter. Die Zusammenarbeit war formell und schlecht.

Die Mitarbeiter der ersten Firma zeigten auf allen Ebenen sehr viel mehr Zuneigung zu ihrem Unternehmen als die der zweiten Firma; im ersten Unternehmen gab es eine Art Familiensinn, im zweiten bestand nur der Wunsch, Karriere zu machen und viel Geld zu verdienen. Dies zeigte sich auch in der Qualität der Mitarbeiter und des Service.

Business Schools

Business Schools leisten drei Dinge für die Entwicklung künftiger Spitzenkräfte im Management:

- Sie ziehen die begabtesten jungen Menschen und Top-Arbeitgeber an und fungieren als Kontaktvermittlungsagentur zwischen den beiden. Es gibt einen Markt für einen neuen Business-School-Typ: Bei dieser Art von Lehranstalt würden zwei Jahre hartes Studium wegfallen, sie würde nur die Hälfte an Gebühren kosten und einfach nur die Funktion der Vermittlungsagentur wahrnehmen. Die Absolventen würden die Kosten- und Zeitersparnis als angenehm begrüßen. Die Arbeitgeber erhielten nach wie vor die gleiche Qualität und die Business Schools würden ein

Vermögen machen. Irgend jemand wird dies erkennen, umsetzen und dabei selbst ein Vermögen erzielen.
- Sie vermitteln einen Grundstock an Businesswissen, keine Fertigkeiten. Dieses Wissen hat vermutlich eine Halbwertszeit von 18 Monaten. Das meiste Wissen ist nicht direkt nutzbar für jemanden, der Wertpapiermakler wird. Selbst Berater nutzen nur einen Bruchteil des Wissens, das sie sich angeeignet haben. Deshalb wäre auch ein MBA-Abschluss ohne Studium sowohl für die Absolventen als auch für die Arbeitgeber möglich: Das Wissen ist einfach nicht so entscheidend. Es ist nur dann wirklich wichtig, wenn der Absolvent Jahre später in die Geschäftsleitung eintritt. Bis zu diesem Zeitpunkt ist das Gelernte aber bereits vergessen und dreimal aufgefrischt worden.
- Sie vermitteln den Absolventen Vertrauen. So wie eine Kontaktvermittlungsagentur den Kunden eine Struktur und Vertrauen mit auf den Weg gibt beim Eintritt in eine neue Umgebung mit neuen Menschen, so leistet auch eine Business School diese Art von Beitrag.

Was Universitätsabsolventen wirklich wissen sollten, zum Beispiel wie man täglich im Managementdschungel überlebt, wird auf der Business School nicht gelehrt. Business Schools vermitteln explizites Wissen, das verschlüsselt sein kann. Sie vermitteln nicht die verborgenen Fähigkeiten zum Überleben im Management. Hierin versteckt sich eine Geschäftsmöglichkeit. Seien Sie die erste „Corporate MBA": Corporate Marriage Bureau Agency – eine Heiratsvermittlungsagentur für Hochschulabsolventen und Arbeitgeber.

C

Call Center und die Geringschätzung des Kunden

Call Center sind ein wundervolles Instrument, um unter Beweis zu stellen, wie wenig Sie Ihre Kunden schätzen. Es gibt drei goldene Regeln, um den Kunden auf sichere Weise Ihre Geringschätzung zu demonstrieren:

1. Das Call Center sollte unterbesetzt sein. Berücksichtigen Sie bei der Besetzung des Call Centers durchschnittliche Anrufzahlen, nicht die Anzahl der Anrufe zu Spitzenzeiten. Die meisten Menschen rufen definitionsgemäß zu Spitzenzeiten an, sodass Sie mit einer Unterbesetzung zu dieser Zeit gewährleisten können, dass die Kunden auch wirklich in der Warteschlange hängen bleiben. Dies vermittelt den Kunden eine simple Botschaft: „Wir schätzen Ihre Zeit noch weniger als die unseres unterbesetzten Personals, deshalb lassen wir Sie warten, und für dieses Privileg dürfen Sie (Telefonkosten) zahlen." Natürlich kann es sich bei der wartenden Person um ein Vorstandsmitglied handeln oder um einen äußerst wichtigen Kunden: Das Call Center sollte nicht diskriminieren. Alle sollten gleich lange warten müssen.
    Um noch Salz in die Wunde zu reiben, zwingen Sie die Kunden, Werbung anzuhören. Streuen Sie einige Botschaften ein, in denen Sie dem Kunden mitteilen, wie Sie seinen Anruf schätzen: Sie schätzen ihn so sehr, dass Sie ihn nicht gleich beantworten können.
2. Der Kunde sollte die gesamte Arbeit erledigen. Dies hat drei Vorteile:
    – Damit senken Sie die Kosten des Call Centers.
    – Damit verärgern Sie den Kunden und schrecken ihn davon ab, das Call Center nochmals in Anspruch zu nehmen, was die Kosten weiter senkt.
    – Damit ermöglichen Sie Ihrem Unternehmen die Behauptung, durch Bevormundung des Kunden ein hohes Niveau im Customer Service erreicht zu haben.
    Auf diese Weise lässt sich auch die Geringschätzung des Kunden verstärken. Machen Sie es dem Kunden schwer durch ein kompliziertes System an Wahlmöglichkeiten, das für jede Eventualität vorsorgt. Die hierin liegende Botschaft lautet: „Wir möchten kein Geld darauf

verschwenden, Ihnen zu helfen. Wir tun unser Bestes, um zu verhindern, dass Sie mit jemandem sprechen, und wir haben keine Lust, nach einem einfachen, für Sie hilfreichen System zu suchen: Sie sind auf sich selbst gestellt, Hals- und Beinbruch!"

Gelingt es einem Kunden, die Verteidigungsmauern des Call Centers zu durchbrechen und mit einem menschlichen Wesen zu sprechen, sorgen Sie dafür, dass der Kunde sich einem ausgeklügelten Identifizierungs- und Sicherheitsprozess unterziehen muss, zu dem auch eine genaue Angabe der auf den Registrierungsdokumenten verzeichneten Seriennummer zählt, die er vermutlich bereits vor Jahren verloren hat. Das dürfte den Kunden entmutigen. Die beschriebene Methode lässt sich auch kreativ bei Outbound-Gesprächen einsetzen. British Telecom rief die Kunden an, um eine neue Dienstleistung zu verkaufen. Als die Kunden das Gespräch annahmen, mussten sie sich selbst identifizieren. Dies sah so aus, dass der Kunde die Telefonnummer bestätigen musste, die BT gerade angerufen und unter welcher der Kunde das Gespräch angenommen hatte. Ein Sinn fürs Surreale mag hier hilfreich sein.

3. Die Mitarbeiter des Call Centers sollten unterbezahlt sein. Verwehren Sie ihnen ein angemessenes Training, geben Sie ihnen schriftliche Anweisungen, die zu befolgen sind, sodass sie sich nicht von automatischen Antwortsystemen unterscheiden. Somit spielt es keine Rolle, ob Ihr Personal häufig wechselt; Sie können die Mitarbeiter jederzeit bei Bedarf durch ein automatisches Antwortsystem ersetzen. Außerdem wird auf diese Weise sichergestellt, dass die Kunden nicht die benötigte Hilfe oder Unterstützung erhalten und sich das unterbezahlte Personal, das einem Strom wütender Kunden ausgesetzt ist, wirklich miserabel fühlt.

Aber das Gute an allem ist, dass das Call Center nachweisen kann, dass es die Budget- und Produktivitätsziele erreicht hat.

Computermissbrauch

Wir benutzen einen Computer, weil wir ihn nun einmal haben. Das heißt nicht, dass wir ihn wirklich nutzen sollten oder dass wir ihn klug nutzen. Für jede Stunde, die wir dank des Computers einsparen, verschwenden wir an anderer Stelle mit dem PC von fünf Minuten bis zu fünf Stunden an Zeit. Zu den am häufigsten vorkommenden Arten von Computermissbrauch zählen:

- Manager agieren als Schreibkräfte oder Produktionsexperten. Ich habe einen ganzen Raum voller Berater gesehen, die durchschnittlich 2000 Dollar pro Tag in Rechnung stellen und fleißig dabei waren, Grafiken für eine Präsentation zu erstellen. Das ist nicht ihre Aufgabe. Sie sind darin langsam und das Ergebnis ist von niedriger Qualität. Für 400 Dollar pro Tag könnte ich einen ausgezeichneten Spezialisten anheuern, der bei doppelter Geschwindigkeit eine entschieden bessere Qualität produzieren würde. Wenn Sie Berater sehen, die auf diese Weise Ihr Geld verschwenden, werfen Sie diese hinaus.
- Gigabyte-Berichterstattung. Der Umfang der Berichterstattung ist nicht gleichzusetzen mit Qualität. Mehr Daten heißt auch mehr Fragen, mehr Analyse, mehr Datenrevision und das Management dreht sich noch mehr im Kreis. Berichterstattung sollte sich auf das konzentrieren, was benötigt wird, nicht auf das, was möglich ist.
- Aufrüstung bis zum Letzten. Senior Manager sind hierfür besonders anfällig, da ein PC nicht nur Arbeitswerkzeug ist, sondern auch ein Statussymbol. Deshalb müssen Senior Manager auch den neuesten und besten Computer haben, auch wenn diese von ihren Funktionen her die bescheidenen Bürobedürfnisse des Senior Managers weit übertreffen. Die Mitarbeiter, die am dringendsten all die neuesten PC-Funktionen benötigen, sind diejenigen, die unten in der Hierarchie stehen: Sie sind die letzten, die das Upgrade bekommen.
- Die Solitärchampions. Die Schuld sollte nicht bei den einzelnen Mitarbeitern gesucht werden, die über genug freie Zeit verfügen, um ihre Schach-, Solitär- oder Bridgekenntnisse am Computer unter Beweis zu stellen. Die große Frage ist vielmehr, warum so viel freie Kapazität im Büro vorhanden ist und diese nicht effektiver genutzt wird.
- Ein Computer zwischen Ihnen und dem Kunden. Jeden Tag kaufe ich eine Zeitung vom Zeitungsstand vor der Tür oder in einem Laden in einer der Hauptverkehrsstraßen. Der Mann vom Kiosk kennt mich und beim Austausch von Zeitung und Geld wechseln wir auch kurz ein paar nette Worte. Der Laden verfügt über einen Computer, mit dem die Vorräte kontrolliert werden. Hier entsteht immer eine Warteschlange, weil jede Transaktion vom Computer registriert werden muss und dabei immer Fehler entstehen, die der Händler beheben muss; anschließend wird der Registrierungsvorgang wiederholt. Die Kunden müssen dann warten, dass ein Kassenbon ausgedruckt wird. Der Computer macht den Buchhalter glücklich. Die Verkäufer und Kunden macht er wahnsinnig. Computer können die Einkaufserfahrung eines Kunden erweitern, aber nur, wenn sie für den Kunden entworfen sind und nicht für den Buchhalter.

Dankeschön

Schön, wenn man es bekommt. Leicht zu geben. Viel zu wenig angewendet.

Delegation von Verantwortung, Autorisierung und Täuschung

In den letzten 200 Jahren wurde immer weniger delegiert. Mitarbeiter sind praktisch kaum noch zu etwas autorisiert – außer in Reden, die von den großen Chefs gehalten werden. Die Reden sind eine Täuschung.

Die zwei großen Feinde für die Übertragung von Verantwortung und Macht heißen Kommunikation und Information. Vor 200 Jahren machten sich die Begründer des britischen Empire nicht allzu viele Gedanken, wenn sie anderen Verantwortung übertrugen und Befugnisse erteilten. Sie hatten gar keine Alternative. Hatte das Schiff auf dem Weg nach Indien oder den Kolonien erst einmal Europa verlassen, war es weg. Die Menschen an Bord sahen die großen Chefs, die sie fortgeschickt hatten, erst Jahre später wieder. Bis dahin waren sie entweder erfolgreich oder gescheitert.

Wenn Probleme auftraten, wandten sie sich nicht an die Zentrale. Das Schiff hätte für den Weg von Indien nach England und zurück sechs Monate benötigt. Bis dahin wäre der Aufstand – oder was immer auch das Problem war – bereits Geschichte gewesen. Selbst die Übermittlung einer Nachricht von einem Teil Indiens in einen anderen und zurück dauerte Wochen. Der Mann vor Ort musste selbst das Ruder in die Hand nehmen und die Initiative ergreifen.

Auch in der Marine fand das gleiche Muster für die Übertragung von Verantwortung und Macht Anwendung: Nelson musste nicht befürchten, bevormundet zu werden oder Gegenbefehle von Politikern aus England zu erhalten. Ebenso erwartete er auch, dass seine Kapitäne selbst die Initiative ergriffen. Er hatte einen einfachen Befehl für seine Kapitäne: „Jeder Kapitän, der sein Schiff längsseits des Schiffs eines Feindes legt, kann nichts verkehrt machen." Mit anderen Worten: Mach weiter und greif an. Frag nicht um Rat. Heutzutage sind Ausschüsse, Besprechungen, Präsentationen, Forschungsgruppen und Analysen notwendig und die gesamte Palette an Unternehmensaufsicht und -hilfe wird in Gang gesetzt, wenn der Preis eines Waschmittels um nur einen Cent gesenkt werden soll. Und dann spricht man von Delegation von Verantwortung und Macht. Sind wir erst einmal auf Aktionskurs, werden wir mikroskopisch genau beobachtet. Dann sind Wochen- und Monatsberichte fällig, regelmäßige Berichte über den Fortschritt, Ausnahmeberichte, Budgetüberprüfungen und -änderungen.

Vertrauen von Seiten des Managements und Übertragung von Verantwortung und Macht sind umgekehrt proportional zu der geforderten Häufigkeit und dem Volumen der Berichterstattung. Damit leben wir in einer Zeit tiefen Misstrauens und das Misstrauen wächst noch weiter. Das Management erliegt dem Irrtum zu glauben: „Da es inzwischen bessere Kommunikationsmittel und mehr Information gibt, müssen wir diese auch nutzen." Wir wenden sie dann tatsächlich an, weil sie uns eine größere Kontrolle ermöglichen und das Risiko reduzieren, das mit einer echten Übertragung von Verantwortung und Macht einhergeht.

Demotivierung und Zynismus sind nicht allein ein Produkt der mit der Berichterstattung einhergehenden Verwaltungslast. Zynismus entsteht auch durch das Wissen, dass die Berichterstattung ein Ausdruck des fehlenden Vertrauens in die Person ist, die den Bericht erstellen soll und die damit zum Ziel für Bevormundung und Ablehnung durch den Vorgesetzten wird. Man traut ihr nicht eindeutig zu, das Geschäft weiterentwickeln zu können.

Es gibt jedoch andere Kontrollmittel, die dafür sorgen, dass das Management motivierter bleibt und sich stärker auf den Markt als auf die interne Berichterstattung konzentriert (siehe Seite 49 zum Thema Kontrolle).

Demokratie und Diktatur bei der Arbeit

Die Revolution hat bereits stattgefunden. Die meisten der alten Diktatoren wurden weggefegt. Das traditionelle System aus Befehl und Kontrolle durch eine formale Hierarchie ist weitgehend tot. Es sind noch ein paar alte Dinosaurier unterwegs, aber die sind kurz vor dem Aussterben.

Diktatur im Unternehmen ist ein System der Mitarbeiterführung, für das viel Kontrolle und wenig Engagement typisch sind. Es fördert die Haltung

„Wir und die anderen", bei der sich das Management hinter Status, Regeln und Hierarchie versteckt, während sich die Arbeiter zum Schutz ihrer Rechte gegen den Diktator organisieren. Solange das Angebot an Arbeit größer war als das Angebot an Kapital, konnten Diktatoren diktieren. Als die Arbeiter zusätzliche Fähigkeiten erlernten, mobiler und wichtiger fürs Unternehmen wurden, stieg ihr Wert als Individuum, nicht nur als Produktionseinheit. Die Frage ist, wodurch die Diktatur ersetzt werden kann.

Die New-Age-Denkschule empfiehlt uns den gesamtdemokratischen Weg, der auch Baumumarmungen und die Rettung der Welt einschließt. Im Geschäftsleben geht es normalerweise nicht darum, Bäume zu umarmen und die Welt zu retten. Demokratie ist keine lebensfähige Alternative für die Arbeit. Unternehmen sind keine Demokratien – sie benötigen klare, effektive Entscheidungsprozesse, mit denen klare, effektive Verantwortung und Zuständigkeiten verbunden sind. Klarheit und Zuständigkeit kommen nicht durch Gruppen zustande, sondern durch Individuen. Es muss eine Entscheidungshierarchie existieren. Nicht jeder kann zu jeder Zeit an allen Entscheidungen beteiligt sein und nicht jeder wird alle Entscheidungen mögen.

Das Management muss herausfinden, wie es Kontrolle ausüben kann, das Engagement erhöht und effektive Entscheidungen fördert, ohne auf rangbedingte Autorität zurückzugreifen. Das neue nicht-diktatorische und nicht-demokratische Führungsmodell muss auf Folgendem basieren:

- Respekt: Der Leiter muss als fähig erachtet werden.
- Gegenseitiges Vertrauen: Es muss gemeinsame Ziele geben sowie Richtlinien, die sowohl dem Manager als auch den Gemanagten helfen, die Ziele zu erreichen.
- Verantwortung des Einzelnen.
- Kollektives Engagement.

Denken

Denken und Verantwortung: die Outsourcing-Optionen

Denken ist unangenehm und riskant. Es ist unangenehm, weil eine Wahl getroffen werden muss. Es ist riskant, weil bei einer Wahl die Möglichkeit besteht, verkehrt zu handeln. Dies ist der Grund dafür, dass das Management ernsthaftes Nachdenken vermeidet. Weitermachen wie bisher, auf der aktuellen Umlaufbahn bleiben, dies ist eine sichere Option. Selbst wenn der eingeschlagene Kurs zur Katastrophe führt, ist der Misserfolg absolut, nicht relativ. Mit anderen Worten: Jeder ist gescheitert, nicht nur derjenige, der mit seinem frischen Denken und einer neuen Perspektive aus der Riege hervorgetreten ist.

Letztlich geht es beim Denken um Verantwortung und um den Umgang mit der Realität. Manager können zwischen vier Möglichkeiten wählen, wenn es um Denken und Verantwortung geht. Sie können:

- Denken und Verantwortung an andere abgeben
- die Verantwortung abgeben, aber das Denken selbst erledigen
- das Denken anderen überlassen, aber die Verantwortung wahrnehmen
- sowohl Denken als auch Verantwortung selbst übernehmen

Denken und Verantwortung an andere abgeben

Dies ist das Schwarze-Peter-Spiel. Es entspricht auch den Spielregeln von „Folge der Herde". Hier wird nicht gedacht, sondern nur gefolgt. Diesen Kurs schlagen die meisten Manager die meiste Zeit ein. Der Weg ist einfach und mit einem geringen Risiko verbunden; er beschert sowohl dem Unternehmen als auch dem Einzelnen ein ruhiges Leben. Auf diese Weise drehen sich die Unternehmensrädchen weiter, ohne dass sich das Unternehmen nach vorn bewegt.

Dieser Ansatz wird nachhaltig im Beamtentum verfolgt sowie in anderen risikoscheuen Monopolen, in denen man lieber nichts tut (und keine Fehler macht), statt zu handeln. In Unternehmen, die sich dem Wettbewerb aussetzen und weiterentwickeln wollen, liegt dabei der gesamte Druck auf der Unternehmensleitung, großartige Ideen hervorzubringen, durch die sich das Geschäft weiterentwickelt. Der Ansatz wird auch häufig vom Junior Management in Organisationen mit traditioneller Hierarchie verfolgt.

Die Verantwortung abgeben, das Denken selbst erledigen

Dies ist die klassische Rolle von Mitarbeitern in Stabsfunktionen. Sie gehen irgendwohin und analysieren, kritisieren und empfehlen. Aber sie sind nicht verantwortlich für irgendwelche Handlungen. Und die Linienmanager tragen keine Verantwortung für das Denken. Hier läuft alles auf das klassische Schuldspiel hinaus.

Die Stabsmitarbeiter können zeigen, dass das Management irgendwo Mist baut, und Veränderungen empfehlen. Hat das Management dann

Erfolg, beanspruchen diese Mitarbeiter das Lob für sich. Sollte das Management scheitern, liegt es daran, dass es den Empfehlungen nicht gefolgt ist oder diese nur schlecht umgesetzt hat. Wie auch vorgegangen wird, die Stabsmitarbeiter können auf keinen Fall verlieren und das Management kann nicht gewinnen.

Das Denken anderen überlassen, aber die Verantwortung übernehmen

Dies ist eine ungewöhnliche Wahl, die mit einer potenziell hohen Leistung verbunden ist. Die Aufgabe kann gut oder schlecht ausgeführt werden. Im schlimmsten Fall ist es die Managementversion des Schwarze-Peter-Spiels, wobei die Manager eigene Schritte vermeiden. Gründen Sie eine Sondereinheit oder einen Ausschuss, holen Sie Berater ins Unternehmen, so haben die Manager im Falle eines Misserfolgs gleich jemanden, dem sie die Schuld zuschieben können.

Auch die Manager, die wirklich Verantwortung übernehmen, werden eventuell eine Sondereinheit oder einen Ausschuss bilden. Damit verfolgt ein solcher Manager jedoch das Ziel, nur die allerbesten Ideen zu erhalten und in der gesamten Organisation für das Engagement zu sorgen, das für Änderungen notwendig ist. Der Manager trägt dabei die Verantwortung, sieht es aber auch als seine persönliche Pflicht, das Unternehmen wirklich weiterzubringen, statt es auf der Stelle treten zu lassen.

Sowohl Denken als auch Verantwortung selbst übernehmen

Hierbei handelt es sich um eine Falle. Es scheint das zu sein, was das Management machen sollte, ist es aber nicht wirklich. Es ist das Paradigma der Unternehmensführung in traditionellen Hierarchien, in denen der Unternehmensleiter das Denken übernahm, während die Arbeiter die Arbeit verrichteten mit Managern in der Mitte, die für die Kommunikation zuständig waren.

Das Paradigma ist nach wie vor stark. Organisationen glauben gern daran, dass die Unternehmensleitung die Antwort für alles hat. Sie delegieren das Denken nach oben. Einige Unternehmensleiter geben sich auch gern als allmächtig und allwissend aus und verstärken damit das Paradigma. Die Kehrseite der Medaille besteht darin, dass:

- das Denken selten so gut ist, wie es sein könnte; man darf nicht erwarten, dass eine einzige Person die Antwort auf alles kennt.
- zwischen Denken und Handeln eine Lücke klafft: Ideen anderer rufen eher Apathie und Widerstand hervor als Enthusiasmus und Engagement.

Die Führungsperson muss hart arbeiten, um die Idee verkaufen zu können.
- sich die Entscheidungsfindung verlangsamt, wenn sie sich ihren Weg durch die Hierarchie filtert; dadurch entsteht eine Kultur, in der die Mitarbeiter wenig Befugnisse haben und auch wenig Engagement zeigen.

Denken und Schreiben

Mehr denken, weniger schreiben. Um den CEO zu überzeugen, benötigen Sie nicht unbedingt einen drei Kilo schweren Bericht mit Charts, Tabellen und Anhängen, den zu lesen keiner Zeit hat. Notwendig ist ein Gut überlegtes Argument.

Die Erläuterung des Arguments sollte auf einem einzigen Blatt Papier Platz haben. Gutes Schreiben ist Ausdruck von gutem Denken. Es ist besser, weniger als mehr zu schreiben. Wenn weniger zu schreiben besser ist, ist gar nicht zu schreiben am besten. Es gibt drei Gründe, warum Sie nicht schreiben sollten:

- Der Vorschlag sollte mit wenigen gesprochenen Worten klar und einfach auszudrücken sein.
- Wenn Sie reden, können Sie flexibel auf den Kommentar des CEO reagieren und müssen nicht die Formulierungen Ihres Dokuments verteidigen. Auf diese Weise kann sich ein Gespräch entwickeln.
- Gleichrangige Kollegen neigen dazu, die Dinge zu diskutieren: Zettelchen sind geradezu eine Aufforderung an die anderen, als Schulmeister aufzutreten. Es ist eine Aufforderung, Sie und Ihr Dokument zu bewerten.

Denken im Verhältnis zum Handeln

In einer idealen Welt denken Manager erst, dann handeln sie. Einige denken, handeln aber überhaupt nicht; sie werden Stabsmitarbeiter genannt. Einige wenige versuchen, weder zu denken noch zu handeln. Viele bevorzugen zu handeln, ohne zu denken. Dies ist der einfache Weg, lediglich Befehle zu befolgen. Aber damit dreht man sich nur im Kreis, man kommt nicht voran.

Klares Denken hängt normalerweise von guten Fragen ab. Die einfachste Frage lautet „Warum". Stellen Sie die Frage so lange, bis es jedem zum Halse hinaushängt, diese Frage immer wieder zu beantworten. Ungefähr beim sechsten Mal dürften Sie auf die Frage „Warum" die richtige Antwort erhalten. Die Frage „Warum" zu stellen ist ein Vorrecht von Beratern, Stabsmitarbeitern und Senior Managern, die ein unglückseliges Linienmanagement hinterfragen möchten.

Manager helfen sich selbst, wenn sie ein klares Modell haben, wie ihr Unternehmen oder ihre Abteilung arbeiten sollte. Das Modell sollte keine verordnenden, stumpfsinnigen Antworten produzieren, die auch alle Konkurrenten parat haben. Es sollte helfen, all die richtigen, hartnäckigen Fragen zu stellen, die zu den richtigen Antworten führen. Diese Modelle sind im Allgemeinen äußerst kontextspezifisch und deshalb auch so nützlich. Wenn Sie die Warum-Frage leid sind, denken Sie an das Modell, wie Ihr Unternehmen Geld verdient.

Das einfachste Modell ist die Quotenpyramide, die von den Buchhaltern verwendet wird, um die Finanzleistung des Unternehmens zu verstehen. Dieses Modell gibt keine Antworten, aber es kann deutlich machen, wo einige Probleme und Chancen liegen. Jeder Teil des Unternehmens kann über ein eigenes Modell verfügen. Beim folgenden Beispiel handelt es sich um eine Fallstudie einer Verkaufsorganisation.

Verkauf: Denken im Gegensatz zum Handeln

Der Umsatz war flau. Die Mitarbeiter glaubten, es handle sich eher um ein Produktivitätsproblem der Verkäufer als um ein Produkt- oder Werbeproblem. Daraufhin zeigte die Verkaufsabteilung eine Überreaktion: Es gab Bonuszahlungen, Wettbewerbs- und Förderungsaktionen, Neueinstellungen und Entlassungen, neue Kampagnen und viele aufmunternde Worte. Jede Bemühung sorgte für eine kleine Spitze in einer insgesamt fallenden Verkaufskurve. Je intensiver die Bemühungen wurden, desto weniger zeigte jede Einzelmaßnahme eine Auswirkung in dem Durcheinander aller Initiativen.

Nach all diesen Aktivitäten entschied sich das Unternehmen, anzufangen zu denken. Man erkannte, dass der Verkauf die Funktion einer sehr einfachen Formel war, die der Firma neue Möglichkeiten aufzeigen konnte. Die Formel lautet:

$$VW = AV \times VT \times TQ \times VB$$

Die Gleichung besagt, dass es vier Managementhebel gibt, die den Verkaufswert beeinflussen können. Die Aufgabe des Managements bestand nun darin, herauszufinden, womit die besten Ergebnisse zu erzielen waren:

- VW = Verkaufswert.
- AV = Anzahl Verkäufer. Hier ging es um die Frage der Abdeckungsdichte. Ein genauer Blick auf das Abdeckungsmuster zeigte, dass einige Teile des Landes im Verhältnis zum Marktpotenzial nicht ausreichend abgedeckt waren, andere dagegen zu dicht, was zu einer niedrigen Verkaufsproduktivität pro Person führte. Je höher die Abdeckungsdichte, desto höher war auch der Gesamtabsatz und desto niedriger der Absatz pro Verkäufer. Das war nichts Neues, aber durch eine Überarbeitung des Abdeckungsmusters konnten sowohl Gesamtabsatz als auch Produktivität pro Verkäufer gesteigert werden.
- VT = Anzahl der Verkaufsbesuche eines Verkäufers pro Tag. Diese Zahl hing davon ab, wie der Verkäufer den Tag verbrachte und wie das Unternehmen die Verkaufsanstrengungen unterstützte. Wir haben festgestellt, dass Verkäufer durchschnittlich weniger als 10 Prozent ihrer Zeit im direkten Gespräch mit dem Kunden verbringen. Das wäre vollkommen okay, wenn jedes Verkaufsgespräch erfolgreich wäre und die übrige Zeit für die Vorbereitung des Gesprächs genutzt würde. Der Rest der Zeit wurde jedoch überwiegend mit Verwaltungsaufgaben und Kundenserviceaktivitäten zugebracht, die auch von anderen Mitarbeitern hätten erledigt werden können. Eine Verdoppelung der Zeit beim Kunden wirkte sich auf die Produktivität aus und hob die Arbeitsmoral der Verkäufer. Sie mussten sich mit weniger Verwaltungsmüll abgeben und verdienten mehr, indem sie mehr verkauften.
- TQ = Trefferquote oder Umschlagsquote für Besuche, die zu Abschlüssen führen. Eine weitere Analyse zeigte, dass hierfür drei Faktoren ausschlaggebend waren:
  - Die Effektivität der Verkäufer variierte insgesamt um den Faktor 5, bei bestimmten Produkten um den Faktor 12. Einige Verkäufer waren hoffnungslose Fälle. Die breite Masse war jedoch in einer bestimmten Sache gut und konnte die Produktivität steigern, indem sie mithilfe eines Strukturprogramms die besten Praktiken lernten oder Tipps aus der Branche und von den besten Verkäufern umsetzten.
  - Gezielte Kundenansprache zeigte eine große Auswirkung: Bei einigen Kundengruppen war die Wahrscheinlichkeit, dass sie etwas kaufen würden, dreimal so hoch wie bei anderen.
  - Angemeldeter Besuch im Gegensatz zu unangemeldetem Besuch. Bei unangemeldeten Verkaufsgesprächen lag die Trefferquote bei etwa 1:20. Bei angemeldeten Verkaufsgesprächen betrug sie 1:3.
- VB = Verkaufsbeitrag. Je nach Produkt variierten Verkaufsvolumen und Profit stark. Dies hängt von der Produktstrategie ab sowie vom Vergütungs- und Messsystem für die Leistung des Verkaufspersonals. Verkäufer

sind rational eingestellte Menschen. Sie verkaufen das, was mit der geringsten Mühe den größten Nutzen einbringt. Das Leistungsanreizsystem wurde den Rahmenbedingungen des Unternehmens neu angepasst, einige Produkte fielen komplett weg.

Natürlich ist nichts davon Zauberei. Es ist nicht einmal besonders klug. Es geht schlicht und einfach darum, klares Denken in klare Handlungen zu verwandeln. Der Sinn besteht darin, weiterzukommen und sich nicht im Kreis zu drehen.

Due Diligence

Dies ist ein Prozess, bei dem ein zu erwerbendes Unternehmen in Bezug auf seine Stärken, spezifischen Chancen und Risiken beurteilt wird. Die Praxis sieht dabei so aus:

- Eine große Anzahl hochbezahlter Berater sitzt in einem Raum inmitten eines zunehmenden Chaos aus halb aufgegessenen Pizzas, verschwitzten Hemden, kaltem Kaffee und schäumenden Gedanken.
- Ob das Angebot nun erfolgreich ist oder nicht, die Berater stellen Ihnen ein verbrecherisches Honorar in Rechnung.
- Die Berater versuchen in jeder nur erdenklichen Weise, das aus dem Bauch gekommene Gefühl des Kunden, ein Übernahmeangebot zu machen, als richtig darzustellen, auch wenn eine Vielzahl an Hinweisen auf das Gegenteil hindeutet.
- Der Nervenkitzel der Jagd übermannt das Management und die Berater gleichermaßen, wobei sie jegliche Objektivität vergessen. Gewinnen ist alles, selbst wenn die Kosten außer Kontrolle geraten.

Das einzige Gegenmittel hierzu ist im Allgemeinen ein benutzter Umschlag. Schreiben Sie klar und deutlich auf der Rückseite auf, warum Sie der Ansicht sind, die Übernahme sei richtig und was Sie als Höchstpreis zu zahlen bereit sind. Erledigen Sie dies, bevor Sie mit den Beratern sprechen. Behalten Sie den Umschlag immer bei sich. Dann wissen Sie, wann Sie weggehen sollten.

Durchschnittswerte und Betrunkene

Statistiken lügen. Manager verwenden Statistiken wie ein Betrunkener einen Laternenpfahl: mehr zur Stütze als zur Erleuchtung. Von allen Statistiken ist der Durchschnitt die beste Lüge. Er wirkt so rational, dass nur wenige an ihm zu zweifeln wagen. Aber jede Statistik, die einen Durchschnitt angibt oder sich auf einen Durchschnittswert bezieht, sollte infrage gestellt und angefochten werden. Normalerweise wird eine hinter dem Durchschnitt lauernde Lüge entdeckt. Die am verbreitetsten Lügen sind:

- Leistung von Mitarbeitern im Verhältnis zum Durchschnitt. In jeder Beratungsfirma wird die Leistung von zirka 95 Prozent der Mitarbeiter als „überdurchschnittlich" eingestuft, die übrigen 5 Prozent werden auf die Straße gesetzt. Statistisch gesehen ist dies unmöglich, solange nicht die Allgemeinbevölkerung als Vergleichswert herangezogen wird, was sinnlos wäre. Offensichtlich macht die Bewertung „überdurchschnittlich" dem Beurteiler die Beurteilung leicht und sorgt dafür, dass der Beurteilte weiter glücklich ist. Aber dadurch ist der Ärger vorprogrammiert, wenn es um Beförderung und Bonuszahlung geht. Eine Einstufung nach Leistung – ein Forced Ranking – sorgt zumindest für Klarheit und trägt zur Entscheidungsfindung bei. Bei einem solchen Leistungsvergleich wird die Hälfte der Beurteilten über dem Durchschnitt liegen, die andere Hälfte darunter. Hierdurch wird deutlich, wo die Messlatte für die Leistung liegt.
- Anlage-Performance. Schauen Sie sich die Finanzseiten einer beliebigen Zeitung an. In hundert Prozent der Anzeigen für etablierte Fonds wird behauptet, der Fonds weise eine überdurchschnittliche Performance auf. Hierbei findet eine Art Eigenselektion statt: Erfolgreiche Investmentfonds inserieren, erfolglose nicht. Dies hat oftmals den unsinnigen Effekt, dass Investoren ermutigt werden, in Anlageklassen einzusteigen, die nach einer langen Phase der Outperformance gerade ihren Höhepunkt überschreiten – die neuen Investoren können sich dann auf eine lange Phase der Underperformance freuen. Für die Behauptung einer überdurchschnittlichen Entwicklung ist ein kreatives Benchmarking für die Anlagen (versus Anleihen, Bargeldpositionen und anderen Märkten) sowie eine kreative Definition der Zeitspanne (6 Monate bis 20 Jahre) notwendig. Die meisten Fonds können von Overperformance sprechen, weil der Referenzwert nebulös bleibt.

- Kundenzufriedenheit. Kunden versuchen in Kundenbefragungen stets, freundlich zu sein. Die Zufriedenheit wird nur dann als unterdurchschnittlich eingestuft, wenn die Leistung wirklich miserabel ist. Selbst das Urteil „durchschnittlich" ist normalerweise Ausdruck einer ziemlich großen Enttäuschung. Diese Umfragen können das Management in einem falschen Gefühl der Sicherheit wägen.

Durchschnittswerte sind für das Management weniger von Nutzen als Ausnahmen. Der Durchschnittsverbraucher ist vermutlich zu 50 Prozent ein Mann und zu 50 Prozent eine Frau. Dies ist irreführend. Ausnahmen bestehen dann, wenn man zum Kunden und auch zu dessen Geld vorgedrungen ist. Kunden, die man verliert oder die zurückkommen, die besonders inaktiv sind oder außergewöhnlich aktiv, sagen mehr aus über das, was Sie richtig machen oder falsch, als der Durchschnitt.

Und es sind die Ausnahmen, die rentabel sind. Das Unternehmen Procter & Gamble brachte eine Pflegeseife mit einer sehr starken Duftnote auf den Markt. Durchschnittlich gesehen wurde das Produkt nicht besonders gut aufgenommen und einige Verbraucher lehnten es aufgrund des Geruchs komplett ab. Dann gab es da noch die Ausnahmen: Zirka 15 Prozent der angepeilten Zielgruppe waren der Ansicht, diese Seife sei mit ihrer Duftnote außergewöhnlich. Sie entwickelten sich zu sehr loyalen Kunden, die bereit waren, für dieses Produkt einen Spitzenpreis zu zahlen.

E-Business: Herr oder Diener?

E-Business enthält eine große Binsenweisheit und einen großen Irrtum. Die Binsenweisheit lautet, dass das Internet das Geschäft ändert. Es wurde bereits schneller eingeführt als jede andere weltbewegende Technologie wie das Telefon, Fernsehen, Radio oder Auto. Dennoch lernen die Unternehmen erst jetzt allmählich, das Potenzial des Internet kontrolliert zu nutzen. Wie es weitergeht, kann man nur vermuten.
Der große Irrtum besteht darin, das Internet im Geschäftsleben als den Herrn zu sehen, nicht als den Diener. Beim stürmischen Vorstoß ins Internet haben Unternehmer und Wagniskapitalanleger wiederholt diesen Fehler gemacht. Man ging davon aus, dass diese neue Technologie all die langweiligen Regeln des „Old Management" – zum Beispiel dem Kunden einen einzigartigen Vorteil anzubieten oder Kosten zu kontrollieren – vom Tisch fegen würde. Die Technologie wurde dem Business vorangestellt. Das funktioniert genauso wenig, wie wenn man den Karren vor das Pferd spannt. Das große Geld werden diejenigen machen, die die Erkenntnisse der New Economy mit den Regeln der Old Economy erfolgreich verbinden.

Ehrliches Feedback

Dies ist zusammen mit „militärische Abschirmung" und „papierfreies Büro" eines der großen Oxymora (= Zusammenstellung zweier sich widersprechender Begriffe) unserer Zeit. Jeder hat schon einmal erlebt, dass er um ein ehrliches Feedback gebeten wurde, oder er hat selbst darum gebeten. CEOs sind hierfür besonders anfällig, da sie niemals von irgendeinem Mitarbeiter im Unternehmen ein ehrliches Feedback erhalten. Wir sind alle nicht gern ehrlich beim Feedback, am wenigsten gegenüber Leuten, die mit ihrer Bitte ein so großes Vertrauen in uns gezeigt haben. Wir wollen ihre Gefühle nicht verletzen.

Ehrliches Feedback

Es gibt jedoch eine Möglichkeit, effektiv ein ehrliches Feedback zu geben. Diese basiert auf drei Prinzipien:

- Gestalten Sie das Feedback unpersönlich.
- Gestalten Sie das Feedback abstrakt.
- Erzählen Sie eine Geschichte.

Beispiel eins: Ein Mitarbeiter mit einer leicht unterdurchschnittlichen Leistung fragt nach seinen Perspektiven. In diesem Fall wäre es für die Moral vernichtend und unnötig, ihm zu sagen, dass er mit seiner Leistung leicht, aber nicht ernsthaft hinterherhinkt. Gestalten Sie die Besprechung nicht persönlich und abstrahieren Sie, indem Sie von den mit der Arbeit einhergehenden Herausforderungen sprechen, von den Fähigkeiten, die Mitarbeiter in dieser Phase ihrer Karriere mit sich bringen müssen. Heben Sie die Fähigkeiten hervor, die für die Position dieses Mitarbeiters besonders wichtig sind. Verbinden Sie dies mit einigen Beispielen aus dem wahren Leben anderer Mitarbeiter, die in der gleichen Lage sind, und besprechen Sie, was diese Mitarbeiter tun, um sich den Herausforderungen zu stellen. Sie sollten ganz spezifische Beispiele für Handlungen und Verhaltensweisen parat haben, die Sie an anderen Mitarbeitern identifizieren können, sodass die Geschichte relevant und glaubhaft wirkt. Besprechen Sie das Ganze. Statt der demotivierenden Botschaft, dass der Mitarbeiter leicht zurückliegt, entsteht so ein positives Aktionsprogramm für ihn, das ihn weiterbringt.

Sollte sich dann nach einigen Monaten herausstellen, dass der Mitarbeiter die Herausforderungen nicht bewältigt, ist der Augenblick gekommen, ihn zu fragen, wie zuversichtlich er ist, den Herausforderungen gerecht zu werden. Sie können dann in gegenseitigem Einvernehmen entscheiden, ob dies die richtige Arbeit für ihn ist.

Beispiel zwei: Ein CEO bittet Sie um ein Feedback zur Frage, wie gut er seine Arbeit verrichtet. Es gibt massenhaft Möglichkeiten, in seinem Team anonyme Meinungen einzuholen, aber aller Wahrscheinlichkeit nach wissen Sie bereits, was die anderen denken. Der CEO möchte vermutlich mit der Antwort nicht gern in Verlegenheit gebracht werden. Deshalb müssen Sie ehrlich, aber positiv antworten. Dies ist ein riskantes Unterfangen, bei dem Vertrauen sehr schnell aufgebaut oder aber zerstört wird.

Auch in diesem Fall sollten Sie das Problem verallgemeinern, indem Sie eine Geschichte zu den Herausforderungen erzählen, denen sich andere CEOs in dieser Position typischerweise stellen mussten, und was diese in der Situation taten. Wenn Sie das Feedback nicht persönlich gestalten, ist es weniger bedrohlich. Auf diese Weise wird auch eine Diskussion leichter –

falls bei dem einen oder anderen Punkt des Feedbacks Uneinigkeit herrscht, können Sie diesen Punkt leicht aus der Geschichte herausnehmen. Natürlich erfordert das Erfahrung. Es hat keinen Sinn, aufs Geratewohl Geschichten zu erfinden. Sie müssen real und relevant sein.

Diese Methode unterscheidet sich von dem offiziellen bürokratischen Ansatz, der für die Beurteilung von Mitarbeitern typisch ist. Die bürokratische Variante ist wichtig, um das HR-Personal glücklich zu machen – und hat rechtliche Gründe, falls es zu einer Entlassung kommen sollte; außerdem werden Entscheidungen über Beförderungen und Bonuszahlungen erleichtert. Wenn es jedoch um ein ehrliches Feedback und eine Beratung in Bezug auf die Karriere geht, ist das Kreuzchen in einem Kästchen mit der einfachen Beurteilung „gut" oder „schlecht" wenig sinnvoll.

Eile mit Weile

Einer der klügsten Menschen, die ich kenne, glaubte, er würde zu viel Zeit verschwenden, wenn er nicht mindestens jeden zehnten Flug verpasste. Er rannte immer in Spitzengeschwindigkeit von einem Meeting zum anderen, um alles unter einen Hut zu bringen. Er war ein äußerst gestresster Mensch. Er rauchte zu viel, er trank zu viel und er starb zu jung.

Der beste Verkäufer, den ich kenne, ist nicht so klug. Immer wenn er zu einem neuen Großkunden geht, ist er unverschämt früh. Selbst wenn das Flugzeug Verspätung hat, das Taxi sich verfährt und er eine falsche Adresse in den Händen hält, verfügt er immer noch über genug Zeit, dorthin zu gelangen.

Hier geht es nicht nur darum zu vermeiden, dass ein Meeting verpasst wird. Es geht darum, entspannt und vorbereitet zu sein. Da der Verkäufer weiß, dass er früh dran ist, konzentriert er sich auf die Vorbereitung des Meetings, nicht darauf, wie er dorthin gelangt. Wenn das Meeting beginnt, ist er zu hundert Prozent bereit und konzentriert. Er geht nicht auf allzu viele Kundenmeetings, aber jedes einzelne ist ein echter Knüller.

Natürlich trinkt auch er zu viel und er raucht zu viel. Aber er ist sehr viel weniger gestresst und er lebt noch.

Einigkeit und Auseinandersetzung

Einigkeit zu zeigen ist einfach – und gefährlich. Zu viel Übereinstimmung ist eindeutig ungesund. Der Mensch scheut von Natur aus Konflikte; somit ist Zustimmung oftmals ein bequemer Ausstieg aus einer Situation, in der in Wirklichkeit Uneinigkeit herrscht. Dass unterschiedliche Meinungen vorliegen, wird erst nach dem Meeting offensichtlich, wenn sich die Mitarbeiter zum Plausch an der Kaffeemaschine treffen. Dies ist jedoch der falsche Zeitpunkt, um mit einer Auseinandersetzung zu beginnen. Zu viel Einigkeit ist gefährlich, weil:

- sie selten die beste Lösung darstellt. Wenn jeder diskussionslos zustimmt, ist das normalerweise eher ein Ausdruck von Hierarchiegläubigkeit oder mangelndem Interesse als von begeisterter Zustimmung.
- sie Zynismus fördert. Eine richtige Diskussion und echte Meinungsdifferenzen ergeben sich erst nach dem Meeting.
- damit Zeit verschwendet wird: Wenn echte Opposition und Diskussionen nur außerhalb des Meetings zustande kommen, müssen enorme Kräfte freigesetzt werden, um all die abtrünnigen Meinungen zusammenzutragen und zu erfassen.
- sie die Hierarchie verstärkt: Der Chef gibt Anweisungen und das Personal befolgt diese – das funktionierte vielleicht vor 50 Jahren, aber nicht heute. Eine Organisation ist dann effektiv, wenn die Vorgesetzten nicht den Eindruck erwecken müssen, die Weisheit für sich gepachtet zu haben.
- sie für einen anderen Menschen wie ein nachdatierter Scheck wirkt. Wurde über ein bestimmtes Thema eine Einigung erzielt, hat dies normalerweise für eine andere Person eine weitere Handlung oder ein Ergebnis zur Folge. Sollten Sie diese Person sein, stellen Sie sich darauf ein, dass der Scheck auch eingelöst wird.

Es ist offensichtlich, dass einige Organisationen dem Übel der exzessiven Einigkeit schneller zum Opfer fallen als andere. Erfahrungsgemäß ist dies am schlimmsten in streng hierarchisch aufgebauten Organisationen wie Regierungsbehörden und Versicherungsunternehmen. Kreative Branchen haben eher das Problem, nicht länger als eine Woche für eine Einigung zu benötigen.

Die größte Schwierigkeit besteht jedoch darin herauszufinden, wie eine positive Diskussion in Gang gesetzt werden kann, in der die Beteiligten

Meinungsverschiedenheiten als hilfreich und nicht etwa als unloyal betrachten. Sowohl Vorgesetzte als auch Mitarbeiter sind selbst dafür verantwortlich, ihr Verhalten zu ändern. Der Chef muss signalisieren, dass Diskussionen gut sind, und er muss dieses Signal sowohl privat als auch in der Öffentlichkeit verstärken.

Für den Mitarbeiter besteht die Aufgabe darin, die divergierende Meinung in positive Worte zu kleiden, sodass sie nicht wie ein Einwand wirkt, sondern wie ein dem Ziel förderliches Argument. Zwei Vorgehensweisen sind dabei hilfreich. Erstens sollten Sie zunächst die Pluspunkte aufzählen (was Ihnen an einer Idee gefällt), dann die Bedenken. Damit können Sie zeigen, dass Sie zugehört haben und den Gedanken verstehen. Zweitens sollten Sie Ihre Bedenken mit den Worten „Wie könnten wir …" zum Ausdruck bringen. Anstatt zu sagen: „Das ist absoluter Blödsinn, das können wir uns nicht leisten", versuchen Sie es doch einmal mit: „Wie könnten wir den finanziellen Rahmen hierfür schaffen?" Ein und derselbe Einwand, aber im zweiten Fall weisen Sie darauf hin, dass Sie selbst Teil der Lösung sein könnten, nicht nur Teil des Problems.

Emotionaler Veränderungszyklus und das Tal der Toten

Rationale Manager sollten angeblich keine Emotionen haben. Kluge Manager erkennen, dass Emotionen vorhanden sind und nutzen diese zu ihrem Vorteil. Als Berater bestand unsere stärkste Verkaufswaffe darin, dass wir wussten, wie der emotionale Veränderungszyklus wirkt. Das half uns, den Kunden durch den Wandel zu führen und zu erkennen, wann und wie wir die nächste Multimillionen-Dollar-Veränderungsinitiative verkaufen sollten.

Der emotionale Veränderungszyklus ist wie ein Achterbahn. Die Höhen sind sehr hoch, die Tiefen sehr tief. Die rasche Fahrt nach unten ist immer schneller als das mühselige Kriechen nach oben. Der emotionale Zyklus verfügt über fünf Stadien, die sich während des Veränderungsprogramms kontinuierlich wiederholen.

Im folgenden Beispiel wird nur ein Zyklus betrachtet. Es handelt sich dabei um den Verkaufszyklus eines großen Beratungsunternehmens. Nach einem bescheidenen Anfang bringen die Berater den Klienten innerhalb von acht Wochen dazu, den Vertrag für ein Multimillionen-Dollar-Veränderungsprogramm zu unterzeichnen. Sie erreichen dies, indem sie die emotionalen wie auch politischen und rationalen Aspekte der Veränderung klar steuern. Das ist Manipulation, deshalb funktioniert es auch. Das Management sollte das Verhalten für sich selbst anwenden:

1. Woche null. Euphorie. Jeder ist über die Phase hinweg, zu behaupten, es gäbe kein Problem, und die Schuld anderen zuzuweisen. Man hat sich auf eine Lösung geeinigt – die Berater müssen her. Das Problem wird nun an sie weitergegeben. Es geschieht etwas und die Leute fangen an sich zu entspannen. Bis zum Ende von Woche eins hat der Berater einen schnellen Start hingelegt, der Kunde ist nun überzeugt, eine kluge Entscheidung getroffen zu haben, und das Vertrauen wächst.
2. Woche zwei. Die Todesspirale. Die Berater legen nun starke, wissenschaftlich abgesicherte Daten zum Beweis vor, dass das Geschäft in einer weit schlechteren Verfassung ist als vom Management zunächst angenommen. Die Berater wissen, wo sie die versteckten Leichen finden. Verstandesmäßig erkennt das Management das Problem. Die Berater flüstern den Managern persönlich zu, dass es noch schlimmer kommt. Beim Management steigt das Gefühl der Nervosität.
3. Woche vier. Das Todestal. Zu diesem Zeitpunkt sagen die Berater: „Das ist das Schlimmste, was ich je gesehen habe." Die Todestal-Lektion muss jeder Senior Manager persönlich über sich ergehen lassen. Der Zweck besteht darin zu zeigen, dass
   – die Situation wirklich furchtbar ist: Würde man dies abstreiten oder nicht darauf reagieren, hätte das fatale Folgen; eine Lösung muss gefunden werden.
   – das Management das Problem hat – und auch die Lösung dazu: Es kann die Schuld keinem anderen zuschieben.
   – die Situation dringend und persönlich ist: Hier handelt es sich nicht um eine zweckmäßige Debatte über das Überleben des Unternehmens, hier geht es um das eigene Überleben.
   Solange sich die Manager nicht in dieses Tal des Todes begeben, geht es nicht weiter. Sie werden nach wie vor alles abstreiten, die Schuld auf andere schieben oder die Dringlichkeit nicht erkennen. Durch dieses Tal des Todes müssen sie auch persönlich gehen. Das ist keine fröhliche Gruppenübung. Für den Berater besteht die Herausforderung darin, jeden der Manager dazu zu bewegen, allein und doch zur gleichen Zeit wie die anderen durch das Tal zu marschieren.
4. Woche sechs. Die vorsichtige Erholung. Die Berater malen nicht länger ein Bild der Apokalypse. Stattdessen bieten sie einen Rettungsanker,

einige potenzielle Lösungen, in die sich das Management einkaufen kann. Je tiefer das Tal des Todes gewesen ist, umso anspruchsvoller (teurer) dürfte die Lösung werden. Das Management ist dankbar für den Rettungsanker. Die Berater entwerfen ein Arbeitsprogramm, das sie vorlegen können und das alle unterschiedlichen Managementgruppen zufrieden stellt. Jetzt ist es eine politische Angelegenheit.

5. Woche acht: Rückkehr zur Euphorie. Nach der Hölle der letzten zwei Wochen haben die Manager in den Abgrund des Verderbens geblickt und einen Weg gefunden, über diese Klippe zu springen. Es gibt eine Lösung. Diese hängt von den freundlichen Beratern ab, die einen Weg gefunden haben, um über den Abgrund zu springen. Das Multimillionen-Dollar-Investment (nicht Kosten) der Berater verspricht die Rückkehr zu hohen Renditen und das Geschäft kann weitergehen. Nicht zu vermeiden ist das Bedauern, das für den Käufer zwei Wochen später folgt, wenn er die immensen Ausmaße der vor ihm liegenden Aufgabe – und der Kosten – erkennt. Zu dem Zeitpunkt ist es aber für eine Umkehr zu spät. Das Management hat sich verpflichtet und der emotionale Veränderungszyklus beginnt von vorn, wenn die Manager erneut die Todesspirale erleben.

Enthusiasmus

„Alle Kreaturen des Universums: Freut euch!" Das ruft Imperator Ming den Kreaturen des Universums in *Flash Gordon* zu, und zwar unter Androhung der Todesstrafe. Sagt man einem anderen Menschen, er solle enthusiastisch sein, ist dies der beste Weg, Enthusiasmus zu zerstören. Aber solange Menschen nicht ein bisschen Begeisterung und Freude verspüren, zeigen sie auch nicht das Quäntchen an zusätzlichem Engagement, welches ein Geschäft zu einem Erfolg werden lässt. Die Menschen sind in ihrem Tun nicht wirklich gut, wenn sie keinen Spaß daran haben. Nur bei Tätigkeiten, die sie gern machen, leisten sie Hervorragendes.

Was Ihnen in Ihrem Bestreben, Begeisterung zu erwecken am wenigsten hilft, sind Unternehmensveranstaltungen, teamorientierte Übungen und erzwungene Gute-Laune-Partys sind vergeutete Zeit. Einigen der Mitarbeiter werden diese Veranstaltungen gefallen, aber kaum sind sie in ihr scheußliches Büro zurückgekehrt, kommen das alte Elend und die alten Gewohnheiten wieder hervor. Die übrigen Mitarbeiter haben vermutlich gar keine Lust, zum Klettern in die Berge oder zum Floßbauen zu fahren, und hassen jede einzelne Minute; sie wissen jedoch, dass sie das nicht sagen dürfen. Es gibt praktisch drei Dinge, mit deren Hilfe Manager Begeisterung wecken können:

- Seien Sie selbst begeistert. Entweder gelingt Ihnen das oder nicht. Auf jeden Fall schauen sich die Mitarbeiter zunächst das Management an. Wenn Sie ein schlecht gelauntes, berechnendes Ekel sind, seien Sie nicht erstaunt, wenn auch die Mitarbeiter den Eindruck erwecken, schlecht gelaunte, berechnende Ekel zu sein. Unternehmenskulturen verstärken sich selbst. Schlechte werden noch schlechter, gute werden besser. Wenn Sie Ihre Aufgaben nicht voller Begeisterung erledigen, machen Sie vermutlich das Verkehrte.
- Zeigen Sie, dass Sie Ihre Mitarbeiter kennen und sich um sie kümmern. In einer Umfrage wurde die Frage gestellt, wie die Angestellten das Management bewerten. Wenn das Personal den Einruck hatte, dass ein Manager sich persönlich um seine Mitarbeiter kümmerte, wurden auch die anderen Attribute des Managers (Intelligenz, Einsicht, Effektivität, Ergebnisse etc.) als positiv gesehen. Manager, die sich nicht um die Mitarbeiter kümmerten, wurden auch in Bezug auf die anderen Managementkriterien schlecht bewertet. Sollten Sie einmal ein rundum gutes Feedback wollen, erreichen Sie dies am besten, indem Sie Interesse an den Mitarbeitern zeigen. Das bedeutet nicht, dass Sie auf falsche Weise nett sein sollten – damit ist gemeint, dass Sie ehrlich sind und sich die Zeit und Mühe nehmen, jedem Mitarbeiter zuzuhören und mit ihm zu reden.
- Zeigen Sie den Mitarbeitern, in welche Richtung es geht und warum. Der Mensch hasst Uneindeutiges und Risiko. Sie können das vermeiden, indem Sie ein klares Bild davon zeichnen, wohin Sie gehen möchten und welche Chancen damit für die Mitarbeiter verbunden sind. Sie benötigen sie vielleicht, um den Mount Everest zu besteigen; das ist besser, als sie am Fuße des Berges herumirren zu lassen.

Entropie und Exzellenz

Exzellenz ist der Heilige Gral des Managements. Man wird sie niemals finden und das macht auch nichts. Die Realität des Managements besteht darin, täglich gegen den Kriegsnebel sowie die ständig wirkenden Kräfte der Entropie anzukämpfen, die aus der Ordnung Chaos machen. Die meisten Führungskräfte sehen es bereits als Erfolg an, kompetent zu sein und zu überleben. Das ist die schlechte Nachricht. Die gute Nachricht ist die, dass auch alle Mitbewerber genauso hart gegen den Kriegsnebel und die Kräfte der Entropie ankämpfen müssen. Somit beruht ein Wettbewerbsvorteil nicht auf einer abstrakten Vorstellung von absoluter Exzellenz. Ein Wettbewerbsvorteil besteht bereits dann, wenn man weniger inkompetent ist als die Wettbewerber.

In einigen Bereichen einiger Branchen ist das Kompetenzniveau wirklich hoch. Das technische Fachwissen, das bei der Herstellung von Mikrochips erforderlich ist, die Marketingfähigkeiten von Procter & Gamble oder die Trading-Fertigkeiten einiger Investmentbanken sind hervorragend. Aber selbst diese Unternehmen machen die Erfahrung, dass sie bei allem anderen, was sie machen, sehr weit davon entfernt sind, exzellent zu sein. Was P & G sich im Handel leistet, ist grausam – das Unternehmen verlor Hunderte von Millionen beim Versuch, zu klug zu sein. Investmentbanken haben dafür keine Ahnung von Marketing.

Die Suche nach Exzellenz ist ein sinnloses, zeitverschwendendes Unterfangen. Entscheidend ist, dass ein Unternehmen zunächst einmal sein Grundhandwerk richtig macht und dies anschließend weiter verbessert, und das möglichst etwas schneller als die Konkurrenz.

Entschuldigungen

Benutzen und akzeptieren Sie niemals Entschuldigungen. Falls es ein Problem gibt, erklären Sie klar und deutlich, warum dieses Problem aufgetreten ist. Wenn Sie wissen, warum es passiert ist, sollten Sie auch die Lösung dafür bereithalten. Legen Sie beides, das Problem und die Lösung, auf den Tisch. Dann wirken Sie positiv, proaktiv und so, als ob Sie alles im Griff hätten.

Schwache und defensive Manager tauchen einfach mit Entschuldigungen auf. Noch schlimmer ist es, wenn sie versuchen, Fehler zu verbergen oder die Verantwortung auf andere zu schieben. Vorsorge ist besser als Nachsorge. Stellen Sie Ihr Team so zusammen, dass es erfolgreich sein kann, und helfen Sie ihm dabei zu gewinnen, dann sind keine Entschuldigungen notwendig. Tauchen doch Entschuldigungen auf, dann ist dies genauso gut

Entschuldigungen

Ihr Fehler wie der des Mitarbeiters, der Entschuldigungen vorbringt. Sorgen Sie zuerst einmal dafür, dass das Team mit einer Lösung ankommt, nicht mit Entschuldigungen. Dann finden Sie heraus, wie sich das Problem und auch die Entschuldigungsreaktion künftig vermeiden lassen.

Fähigkeiten: Von fachlichen Dingen und Menschen

Die meisten Menschen beginnen ihr Berufsleben damit, dass sie technische Fertigkeiten erlernen. Vielleicht sind sie Programmierer, Buchhalter, führen Preisanalysen durch oder machen Verkaufsförderung. Wenn Sie dies nach 20 Jahren immer noch tun, haben Sie wahrscheinlich etwas falsch gemacht.

Die Bedeutung der rein fachlichen und funktionellen Tätigkeiten nimmt zurzeit proportional ab. Führungsstil und allgemeine Managementfertigkeiten werden auf dem Weg nach oben immer wichtiger. Wenn die Menschen jedoch auf der Karriereleiter nach oben klettern, halten sie an der Richtung fest, in die sie einst durch ein Fachtraining gestoßen wurden. CEOs mit Wurzeln im Rechnungswesen betrachten immer zuerst die Finanzkennzahlen und Eckdaten. Der Blick marketingstämmiger CEOs richtet sich zuerst auf die Zahlen für die Entwicklung des Marktes, der Kunden und der Marktanteile. Techniker sehen als Erstes das Produkt. Dies hat grundlegende Folgen:

- Die persönliche Weiterentwicklung hängt davon ab, dass Fähigkeiten in der Führung von Mitarbeitern sowie allgemeine Managementfertigkeiten entwickelt werden. Business Schools helfen bei den allgemeinen Managementfertigkeiten. Sie bieten jedoch keine Vorbereitung für die chaotische Realität der Mitarbeiterführung.
- Zu viel fachliche Exzellenz und Begeisterung ist nicht förderlich für die Karriere. Mitarbeiter, die sich in einer bestimmten Funktion als exzellent erweisen, werden oftmals gebeten, mehr und mehr ihrer funktionell exzellenten Arbeit zu verrichten. Sie sind abgestempelt als Experte für die Entwicklung von Verkaufsförderungsaktionen oder für die Erstellung von Preisanalysen. Dies ist eine Schublade, aus der man immer schwerer herauskommt. Das Unternehmen möchte, dass sie die Tätigkeiten, die sie so ausgezeichnet beherrschen, weiter verrichten. Diese Mitarbeiter werden gewissermaßen immer mehr als Fachidiot auf ihrem Spezialgebiet gesehen und man traut ihnen keine umfangreicheren Aufgaben zu.

- Bei der Wahl des Unternehmensleiters reicht es nicht aus, dass sich der Kandidat durch exzellente Managementfähigkeiten auszeichnet, er muss auch passen. Ein Wachstumsunternehmen benötigt unter Umständen einen wachstumsorientierten Marketing-CEO. Ein in einem rückläufigen Markt agierendes Unternehmen braucht eventuell einen CEO, der stärker auf Kontrolle und Bilanzierung ausgerichtet ist. Im Führungsteam als Ganzem müssen diese Fähigkeiten ausgewogen vertreten sein.

Fiasko und Schuldzuweisung

Solange es Menschen gibt, kommt auch immer wieder ein Fiasko vor. Jedes Fiasko endet in einem grausamen Spiel mit dem Namen „Such den Sündenbock". Die Jagd nach einem Schuldigen wird eröffnet, und zwar möglichst weit von der eigenen Haustür entfernt. Das ist ganz natürlich: Keiner möchte die Narrenkappe für Manager aufsetzen.

Schwache Menschen spielen gern „Such den Sündenbock". Es ist eine Möglichkeit, sich vor der Verantwortung zu drücken und die Dinge zu vereinfachen; es ermöglicht, ein lästiges Problem abzustreifen. Aber mit einer Treibjagd lässt sich im Management kaum das Niveau an Vertrauen und Zusammenarbeit verbessern.

Starke Manager spielen das Sündenbockspiel nicht. Sie erkennen, dass dieses Spiel für die Mitarbeiter destruktiv und für das Unternehmen kontraproduktiv ist. Wenn etwas schief geht, ist dies normalerweise ein Symptom dafür, dass es ein Systemproblem im Unternehmen gibt. Die Jagd sollte sich darauf konzentrieren, was am System verkehrt ist, das einen solchen Fehler ermöglicht. Indem der Fokus zunächst auf dem System liegt, nicht auf der Person, wird die Jagd entpersonalisiert und das Management erhält eine gute Chance herauszufinden, was wirklich geschehen ist, anstatt gegen eine Mauer aus politischem Nebel und Verdunkelung anzurennen. Ist das Management erst einmal im Bilde, kann es Maßnahmen ergreifen, um eine Wiederholung zu verhindern.

Starke Manager stehen auch dafür gerade, wenn der Fehler in ihrem eigenen Umfeld passiert ist. Wenn sie dies tun, geht ein Aufatmen durchs Unternehmen und es herrscht im Stillen ein Gefühl der Dankbarkeit, wenn andere am Fiasko Beteiligte unbehelligt bleiben. Wenn besagter Manager dann verständigen Senior Managern Bericht erstattet, wird ihn dieser Akt staatsmännischer Kunst eher stärken als schwächen. Vorausgesetzt, das Fiasko hat keine fatalen Folgen und wiederholt sich nicht.

Die hierin enthaltene Botschaft ist einfach: Wenn es zu einem Fiasko kommt, machen Sie das System dafür verantwortlich, nicht die Person. Auf diese Weise kann das Unternehmen dazulernen und sich verbessern.

Financial Accounting: Der Weg in die Irrelevanz

Finanzbuchhaltung – Financial Accounting – war zu keinem Zeitpunkt perfekt. Ein System, das vor Hunderten von Jahren ins Leben gerufen wurde, ist für das Geschäft von heute so relevant wie der Federkiel für das Geschäftsbuch. Es gab schon immer einige grundlegende Probleme:

- Die Finanzbuchhaltung orientiert sich an der Vergangenheit, nicht an der Zukunft. Zum Führen von Büchern ist dies in Ordnung, nicht aber für die Bewertung von Zielen.
- Die Bilanzierungskonventionen lassen noch einiges an Interpretationsspielraum zu, sodass ein enorm großes Potenzial für Irrtümer besteht. Ergebniszahlen, die Jahr für Jahr durch Sonderposten maniküret werden, Abschreibungen, die Geltendmachung von Goodwill, unterschiedliche Methoden der Lagerbewertung, Vorräte und selbst eine unterschiedliche Betrachtung des Umsatzes, all dies kann den Handlungsspielraum enorm erweitern. Kein Wunder, dass Analysten und Fondsmanager Unternehmen zerreißen, die ihr Gewinnziel um nur einen Cent verpassen. Wenn sie trotz der Zahlenmanipulation an den eigenen Erwartungen vorbei das Ziel verfehlen, muss etwas wirklich Ernstes vorliegen.
- Financial Accounting ist ein erster Versuch, die Leistung eines Unternehmens zu verstehen. Marktanteile, Umsatz, Wachstum, Produktivität und neue Produkte sind vermutlich bessere Indikatoren für die künftige Leistung als retrospektive Finanzdaten.

Im 21. Jahrhundert verschärfen sich die Probleme. Der Berufsstand der Financial Accountants kämpft noch mit den Schwierigkeiten des letzten Jahrhunderts und versucht, irrelevante Standards zu harmonisieren. Das Problem der Finanzbuchhalter heißt aber nicht Standardisierung, sondern Relevanz.

Hauptursache der Schwierigkeiten sind immaterielle Anlagewerte. Als Pacciole die doppelte Buchführung erfand, ging er von der Annahme aus, dass die Bucheintragungen reale Sachanlagen mit einem klaren Markt und einem eindeutigen Geldwert betrafen. Diese 500 Jahre alte Annahme bildet nach wie vor den Kern der Finanzbuchhaltung. Ein Blick auf das Geschäft des 21. Jahrhunderts zeigt jedoch, dass diese Annahme falsch ist. Im heutigen Geschäftsleben geht es nicht mehr unbedingt um materielle oder handelbare Vermögenswerte:

- Nike: Der Wert des Geschäfts besteht in der Marke. Die Produktion erfolgt per Outsourcing. Abgesehen von vielen alten Werbeplakaten gibt es kaum etwas, das als physischer Vermögenswert bezeichnet werden könnte. Es wurden einige heroische, aber wenig überzeugende Bemühungen unternommen, die Marke zu bewerten. Aus Sicht der Buchhaltung gibt es keinen verlässlichen Weg, die Marke angemessen zu bilanzieren: Fällt Werbung unter Aufwendungen oder ist es eine Investition, die den Wert der Marke aufbaut?
- Investmentbanken: Die Vermögenswerte spazieren an jedem Abend zur Tür hinaus. Die Vermögenswerte sind das Know-how der Mitarbeiter. Vor 100 Jahren musste sich die Buchhaltung noch keine Gedanken über Fähigkeiten machen: Kapitalisten sorgten für das Kapital, Manager managten und Arbeiter arbeiteten. Die Arbeiter besaßen keine besondere Ausbildung und konnten leicht ersetzt werden.
- Dot.coms: Der Wert von Internetfirmen liegt nicht in materiellen Vermögenswerten. Er beruht auf dem Wert des geistigen Eigentums, der Geschäftsidee der Internetfirma.
- Pharmaunternehmen: Unterstützt durch ein starkes Vertriebsnetzwerk besteht der Wert dieses Geschäfts in den Patenten. Die materiellen Anlagewerte sind weitgehend irrelevant mit Ausnahme der Berge an Bargeld. Financial Accounting reflektiert nicht die Werte dieser Art von Vermögen und gibt auch keinen Hinweis darauf, wie eine Investition in diese Werte behandelt werden sollte.

Mit dem Übergang von materiellen zu immateriellen Anlagewerten ging auch die Veränderung einher, dass größtenteils variable Kosten zu größtenteils Fixkosten wurden. Als Adam Smith die Stecknadelfabrik in Gloucester beobachtete, waren die Kosten einer jeden Stecknadel an zwei variable Kosten gebunden: Rohstoff und Arbeit. Es gab überhaupt keine Gemeinkosten. Die Stecknadelhersteller besaßen keine Marketingleute, keine Schulungsabteilung, keine Strategie- und HR-Funktionen, Computersysteme, Telefonnetzwerke, Unternehmenszentralen, Mitarbeiter in der Buchhaltung oder sonst irgendwelche Gemeinkosten, die für das heutige Lebenserhaltungssystem eines Unternehmens typisch sind. Die Explosion der Gemein- und Semifixkosten ist ein Albtraum für die traditionellen Buchhaltungssysteme:

- Kosten und Gewinn hängen in zunehmendem Maß von potenziell willkürlichen Entscheidungen in Bezug auf die Zuordnung von Betriebskosten ab.
- Die Bilanz reflektiert immer weniger den Wert des Geschäfts und die wahren zugrunde liegenden immateriellen Anlagewerte.
- Der Ergebnis kann verzerrt sein: Beim Geschäftsbericht sollte man nicht zuerst auf Gewinn und Verlust schauen, sondern auf die Anmerkungen, die zeigen, wo Zahlenkosmetik stattgefunden hat.

Die einzige Zahl, die noch etwas Integrität besitzt, ist der Cashflow. Auch er kann auf Jahresbasis durch geschicktes Timing von Einnahmen und Ausgaben verzerrt werden. Es ist jedoch schwierig, über eine Periode von drei bis fünf Jahren falsche Angaben zum Cashflow zu machen. Fünf Jahre, das ist Geschichte, ein Zeitrahmen, den das Management und die Investoren nur schwer verfolgen können. Management Accounting bekommt allmählich die Probleme des 21. Jahrhunderts in den Griff. Financial Accounting ist im falschen Jahrhundert stecken geblieben.

Fixierung auf Patentrezepte

Wir sehen den Quacksalberverkäufer auf uns zukommen. Wir wissen, dass er uns hereinlegen wird. Wir wissen, dass er uns ein Wundermittel aufschwatzen wird, das alles heilt, angefangen vom dümpelnden Aktienkurs über unglückliche Kunden, demotivierte Mitarbeiter bis hin zum Wohlergehen und Glück sowohl für unser Unternehmen als auch für uns als Privatperson. Wir wissen, dass das Müll ist. Und doch werden wir es kaufen.

Wir gewinnen aus jedem Allheilmittel etwas für uns: Total Quality, Reengineering, Kaizen, Portfolio Management, zeitbasierter Wettbewerb. Wir waren mit dabei und wir haben Urlaubsfotos, um dies zu beweisen.

Natürlich bewirken diese Wundermittel nie genau das, was sie versprechen. Unser Aktienkurs dümpelt weiter vor sich hin, wir haben unglückliche Kunden und demotivierte Mitarbeiter. Somit warten wir alle auf den nächsten Quacksalber, der einen Abstecher in unsere Stadt macht. Entweder sind wir alle unheilbar dumm oder es steckt noch etwas anderes dahinter. Die wahren Fragen, die wir stellen sollten, lauten:

- Warum haben wir eine Vorliebe für Quacksalber?
- Warum werden unsere Erwartungen mit Sicherheit nicht erfüllt?
- Was können wir daran ändern?

Warum haben wir eine Vorliebe für Quacksalber?

Das Management trifft vernunftmäßig die richtige Entscheidung, wenn es sich auf den Quacksalber einlässt, obwohl es weiß, dass es das gewünschte Resultat nicht erhält. Überlegen Sie, welcher Ausgang für das Management möglich ist. Wenn sich ein Manager für eine neue Managementidee entscheidet, kann er gar nicht verlieren. Wenn er sich ihr aber widersetzt, kann er nicht gewinnen.

Der Quacksalber kann somit sogar etwas Gutes bewirken. Jede Unternehmensinitiative, bei der die Mitarbeiter gemeinsam herauszufinden versuchen, was sich verbessern lässt, dürfte einen Nutzen haben. Jeder neue Trend vermittelt eine Struktur und einen Schwerpunkt und bringt die Mitarbeiter für ein konstruktives Ziel zusammen. Wenn also der Manager die neueste Modeerscheinung vorstellt, hat er die Chance zu gewinnen. Unter Umständen kann er gewisse Fortschritte erreichen.

Wenn die Initiative keinen Erfolg hat, wird der Manager vermutlich kaum den Kürzeren ziehen. Zunächst einmal sind die meisten dieser Initiativen mit der Unternehmensspitze verhaftet. Sobald ein CEO sich definitiv für ein Programm entschieden und Mitarbeiter und Geld dafür zur Verfügung gestellt hat, wird er nicht zulassen, dass es scheitert. Der CEO wird dafür sorgen, dass etwas dabei herausspringt. Selbst wenn sich das Ergebnis als schwach herausstellen sollte, wird das Management einfach einen Sieg verkünden und weitermachen.

Wenn die Manager nicht das Quacksalberprodukt ausprobieren, sind sie selbst exponiert. Geht etwas schief im Unternehmen, zeigt der Finger in Richtung des Managers, der versäumt hat, ein Reengineering- oder Qualitätsprogramm zu implementieren. Auch CEOs wollen nicht den Eindruck erwecken, sie würden sich Veränderungen und den „Best Practices" widersetzen. Wenn alles ohne neuesten Managementtrend gut geht, geschieht überhaupt nichts Neues.

Wir mögen den neuen Modeerscheinungen gegenüber zynisch eingestellt sein. Aber wenn ein risikoscheues Management einer solchen Idee folgt, geht es damit ein geringeres Risiko ein, als wenn es die Idee ablehnt. Je mehr eine solche Idee im Markt an Dynamik gewinnt, umso bekannter wird sie und umso größer wird das eigene Risiko, wenn man sie einfach ignoriert. Das ist der Grund dafür, dass Managementtrends in der Tendenz einen Schneeballeffekt haben und dann verklingen. Während sich die Dynamik aufbaut, wollen immer weniger Leute verpassen, auf diesen Karren aufzuspringen. Hat jeder Manager erst einmal sein Reengineering-Programm durchgeführt, hakt er es auf seiner Liste ab und wartet darauf, dass der nächste Karren um die Ecke rollt.

Warum sind alle Patentrezepte dazu verurteilt, unsere Erwartungen nicht zu erfüllen?

Kurzfristige Patentlösungen sind zum Scheitern verurteilt:

- Sie sind nicht wiederholbar. Der neue Spleen basiert normalerweise auf Fallstudien, denen zufolge die Patentlösung einen spektakulären Erfolg aufweist. Diese Fälle lassen sich jedoch aus folgenden Gründen nicht exakt wiederholen:
  - Die spektakulären Fälle wurden von den fähigsten Mitarbeitern gemanagt. Ihre eigene Version der Schnellpatentlösung wird von Mitarbeitern eingeführt, die die Lösung aus zweiter oder dritter Hand haben. Sie verfügen nicht über das gleiche Befähigungsniveau wie die Erfinder des Trends.
  - Die neue Managementidee ist vielleicht die großartige Lösung für das Problem eines anderen.
  - Die Voraussetzungen in Ihrem Unternehmen unterscheiden sich von den Ursprungsvoraussetzungen. Kaizen mag in Japan funktionieren, aber es ist Teil eines umfassenderen Systems, zu dem JIT, Arbeitsplatz auf Lebenszeit (manchmal), Qualität, einzigartige Firmenbeziehungen und Unternehmensphilosophie sowie das Essen von Sushi gehören. In West Virginia findet man nicht viel Sushi.
- Der Trend ist ein Spiel, bei dem unter dem Strich null herauskommt. Wenn jeder erst einmal Reengineering implementiert und die Kostenbasis um 20 Prozent gesenkt hat, steht er – relativ gesehen – nicht besser da als zu Beginn. Zumindest kommt bei Trends auf operativer Basis unter dem Strich null heraus. Strategietrends zeigen unter dem Strich ein negatives Vorzeichen. Da jeder die neuen Strategierezepte und Analysen zum gleichen Zeitpunkt auf breiter Ebene umsetzt, zieht es alle in die gleichen Märkte. Diese Wettbewerbskonformität entspricht Wettbe-

- werbsselbstmord und zerstört die Rentabilität der Branche, bis es zu einer Konsolidierung kommt.
- Die neueste Managementvorliebe stellt bestenfalls eine Teillösung dar. Qualitätsmanagement, Wissensmanagement, Wettbewerb auf Zeit, Re-engineering, all das sind an sich großartige Ideen. Sie sind jedoch keine Lösung, die für sich allein stehen kann. Sie müssen in die Arbeitsweise des Unternehmens integriert werden.
- Schlechte Umsetzung. Dies ist weit verbreitet; es gibt tausend Möglichkeiten, alles zu vermasseln. Manche Unternehmen sind sehr kreativ bei der Suche nach neuen Möglichkeiten, das Ganze in den Sand zu setzen. Das Hauptproblem besteht darin, dass das Management per Definition versucht, etwas Neues auszuprobieren, bei dem es keine Erfahrung hat. Dadurch erhöht sich die Möglichkeit eines Fehlschlags dramatisch. Die Berater helfen nicht. Sie bringen nur junge Mitarbeiter ins Spiel, die genauso wenig Erfahrung haben wie das Management; der Beratungspartner hat sein Wissen aus zweiter Hand. Die einzige Hoffnung besteht darin, dass es mittendrin jemanden gibt, der das Projekt managt und dabei tatsächlich versteht, was er eigentlich macht.

Diese Faktoren sind mehr oder weniger fest programmierte Bestandteile einer schnellen Patentlösung und ein Garant dafür, dass das Ergebnis dem ganzen Rummel nicht gerecht wird. Somit stellt sich die große Frage:

Was können wir ändern?

Die Lösung basiert nicht auf Zauberei. Sie beruht auf gesundem Menschenverstand.

- Konzentrieren Sie sich auf das Problem, nicht auf die Lösung. Wenn Sie das Problem verstehen, haben Sie die Chance, die richtige Lösung zu finden, zu der vielleicht die neueste Managementidee gehört.
- Suchen Sie nach einer Gesamtlösung, nicht nach einer Teillösung. Der neueste Managementspleen ist allein für sich mit größerer Wahrscheinlichkeit keine Gesamtlösung. Die Suche nach einer Gesamtlösung ist mit enormen Mühen verbunden. Geringe Mühen sind vermutlich nur verschwendete Mühen. Sie müssen vielleicht nicht nur die neue Managementidee umsetzen, sondern noch viel mehr.
- Setzen Sie die richtigen Leute für die Aufgabe ein. Das sind vermutlich diejenigen, die einzusetzen Sie sich am wenigsten leisten können. Hier geht es um Prioritäten. Wenn die Lösung des Problems keinen wirklich großen Vorteil verspricht, sollten Sie sich vermutlich nicht weiter mit der

Lösung oder der Managementidee auseinander setzen. Wenn es sich lohnt, sind Spitzenkräfte gefragt, um die Idee umzusetzen. Um die richtigen Mitarbeiter zu bekommen, müssen Sie das Projekt auch auf angemessene Weise politisch unterstützen und eventuell auch außerhalb des Unternehmens nach einer passenden Unterstützung suchen.
- Schätzen Sie den Vorteil ab. Erkennen Sie, wie groß die Chance wirklich ist. Bewerten und prüfen Sie die Leistung im Verhältnis zur Lösung. Der Vorteil ist nicht allein finanzieller Natur. Wenn es sich um eine rein finanzielle Sache handelt, dann werden nur einige Ihrer Mitarbeiter durch das Unternehmen rennen und kurzfristig Budgets kürzen, anstatt zu versuchen, die von Ihnen benötigte langfristige Kompetenz zu entwickeln.

Flache Hierarchie, flaches Ergebnis

Ein Unternehmen mit flacher Hierarchie kann eine Hochleistungsorganisation sein. Im Idealfall handelt es sich um eine Firma, die durch großes Engagement, ein hohes Energieniveau, Flexibilität und eine enge Zusammenarbeit geprägt ist. Nachdem einige traditionelle Organisationen dies erkannt hatten, versuchten sie ebenfalls, eine flachere Hierarchie einzuführen. Als Folge flachten sie damit ihr Ergebnis ab. Ihnen fehlten einfach die richtige Unternehmensphilosophie, das kulturelle Erbe oder die notwendigen Fähigkeiten, um als flache Organisation erfolgreich zu sein. Sie sollten sich besser selbst treu bleiben und nicht vorgeben, etwas zu sein, was sie nicht sein können. Allen Behauptungen zum Trotz lernen Elefanten nicht das Tanzen, außer in Form einer komischen Dressur in einem altmodischen Zirkus. Im Folgenden ein Beispiel, wie ein sehr erfolgreiches, aber traditionelles Unternehmen versuchte, die Hierarchie flacher zu gestalten, und damit gekonnt seine Leistung abflachte:

- Massive Zentralisierung und Bürokratie. Die neue Organisation musste nach wie vor ihre verschiedenen Aktivitäten integrieren und koordinieren. Bisher war das über die Hierarchie geregelt worden. Als Ersatz für die formale hierarchische Kontrolle entstanden nun für viele Mitarbeiter neue Arbeitsplätze, die darin bestanden, die unterschiedliche Politik der Bereiche Schulung, Personalanwerbung, Standards, Qualität, Kommunikation, Finanzkontrolle und firmenweite Initiativen zu koordinieren.

Waren diese erst einmal eingerichtet, ließen sie sich nicht ohne weiteres wieder abschaffen.
- Exponentielles Wachstum der internen Kommunikation und Konzentration. Entscheidungen, für die einst zwei bis drei Mitarbeiter erforderlich waren, wurden plötzlich von 10 bis 20 Leuten getroffen. Die Anzahl der Kontakt- und Kommunikationspunkte wuchs mit der Einführung jeder neuen Dimension der Matrix exponentiell. Die flache Organisation verfügte über eine fünfdimensionale Matrix. Der normale Mensch kann nur in drei Dimensionen denken (oder vier, wenn eine der Dimensionen die Zeit ist). Nun waren Industriegruppen, regionale Gruppen, funktionelle Gruppen, Produkt- und Servicegruppen sowie fertigkeitsorientierte Gruppen am Entscheidungsprozess beteiligt. Die jeweiligen Gruppen hatten miteinander konkurrierende Agenden und sich überschneidende Verantwortungsbereiche.
- Es gab immer mehr Politik und immer weniger Zuständigkeit. In der Matrix konnten sich Menschen und Leistung gut verstecken. Sie ermöglichte dem Einzelnen, sich den erfolgreich wirkenden Initiativen anzuschließen und sich abzukoppeln, wenn sie wenig Erfolg zu versprechen schienen.
- Die Manager hörten auf, miteinander zu reden. Die Kommunikation wurde so komplex, dass es einige Führungskräfte am leichtesten fanden, alle betroffenen Parteien zu einem großen Meeting zusammenzurufen, anstatt mit anderen Managern persönlich zu reden. Dies war der einfachste Weg, sich dem Problem der unterschiedlichen Tagesordnungen zu stellen. Wo einst ein Manager den anderen direkt angerufen hatte, um das Problem zu besprechen oder ein Treffen zu vereinbaren, übernahmen nun die Sekretärinnen die Aufgabe, die Vielzahl an Terminplänen zu koordinieren.
- Interne Meetings und Konferenzen vermehrten sich rasant. Jeder gehörte zu allen fünf Seiten der Matrix. Um ihre Autorität und ihren Einfluss geltend zu machen, schickte jeder Manager jeder Dimension seine Untertanen zu Meetings, Trainingsveranstaltungen und immer häufiger auch zu generösen Vergnügungen außerhalb des Büros, die das Ziel verfolgten, die Untergebenen bei Laune zu halten.

Als natürliche Folge war das Unternehmen so eifrig beschäftigt, sich selbst zu organisieren, dass es den Kunden aus dem Blick verlor.

Mit einer flachen Organisation ist nicht nur eine organisatorische, sondern ebenso stark auch eine kulturelle Aussage verbunden. Legen Sie den Chart einer Organisation mit flacher Hierarchie auf den einer hierarchischen Organisation und schon fängt der Albtraum an. Der

Manager der traditionell hierarchischen Organisation nimmt den Chart der flachen Organisation viel zu ernst und verbringt die gesamte Zeit damit herauszufinden, was der Chart in Bezug auf Verantwortlichkeit, Zuständigkeit, Macht und Autorität bedeutet. Er macht den Fehler, dem Chart zu glauben. Das Ergebnis ist nicht ein flach strukturiertes, flexibles und marktorientiertes Unternehmen, sondern ein bürokratisches, politisches Durcheinander.

Führung

Die meisten Menschen setzen die Unternehmensleitung mit dem CEO gleich. Viele wissenschaftlichen Berichte zum Thema Unternehmensführung konzentrieren sich auf die Rolle des Unternehmensleiters. Das ist vollkommen irreführend. Jeder Manager sollte die Funktion eines Leiters erfüllen.

Kissinger definierte Führung als eine Kunst, die Menschen dorthin zu geleiten, wohin sie allein nicht gegangen wären. Mit anderen Worten geht es darum, der Organisation das Äußerste abzuverlangen und die Erreichung dieser äußersten Ziele auch zu ermöglichen. Diese Art von Führung lässt sich auf allen Ebenen der Organisation realisieren. Die Umsetzung kann genauso einfach sein, wie einen Auszubildenden dazu zu bringen, sein erstes Verkaufsgespräch erfolgreich zu führen.

Die meisten Manager entwickeln sich letztlich zu einer Mischung aus Verwalter und Leiter. Hier ein einfacher Test, der zeigt, über welche Art von Management Sie verfügen:

Kriterien	Verwalter	Leiter (Führer)
Autoritätsbasis	Organisationschart	Glaubwürdigkeit, Vertrauen
Hauptressource	Budget	Menschen
Beförderungsbasis	Keine Fehler	Erreicht die anspruchvollsten Ziele
Fokus der Aufmerksamkeit	Input, Kosten	Output, Ergebnisse

	Verwalter	**Leiter (Führer)**
Kommunikation	Top-down	360 Grad
Stil	Befolgen, Kontrolle	Ermächtigung
Einstellung gegenüber Veränderung	Risiko	Chance
Perspektive	Detail	Gesamtbild

Im Idealfall verfügen Manager sowohl über Kompetenz im Verwalten als auch über Führungsqualitäten. Das kommt jedoch selten vor. Im Allgemeinen ist es leichter, einen in der Verwaltung kompetenten Mitarbeiter zu finden, der die Verwaltungsmängel einer Führungskraft kompensiert, als einen allseits fähigen Führer, der auch einen Mitarbeiter bei der Verwaltungsarbeit unterstützt.

Führungsperson und Geführte

Alle schimpfen über das Management, sobald unter Management übergeordnete Mitarbeiter zu verstehen sind. Hört man sich das Geschimpfe an, könnte der Eindruck entstehen, die Menschen hassten es, geführt zu werden. Tatsächlich lieben sie es. Geführt zu werden heißt vor allem, ein bequemes, risikoarmes Leben zu führen. Die Führungsperson erfüllt für die anderen insofern eine wunderbare Funktion, als die Menschen übermäßig viel Arbeit oder Risiko nicht mögen. Die Gefolgschaft lässt den Anführer allein alle Mühen und das gesamte Risiko der Entscheidung tragen, wohin es geht und was zu tun ist. Misslingt dann etwas, kann man dem Leiter die Schuld geben.

Wenn flache Hierarchien Substanz haben sollen, müssen in der gesamten Organisation sowohl vertikal als auch horizontal Partnerschaften gebildet werden. Die Zeiten der allwissenden, allmächtigen Chefs, die vermutlich sowieso nur in den Köpfen der Mitarbeiter existierten, sind endgültig vorbei. Eine solche Partnerschaft setzt jedoch voraus, dass die Anhänger nicht nur passiv folgen: Sie drängen auch mal andere zurück, befürworten neue Richtungen und übernehmen selbst Verantwortung. Mit anderen Worten: In einer Organisation mit flacher Hierarchie sollte jeder ein Leiter sein. Sich führen zu lassen ist eine bequeme, passive und unproduktive Haltung. Es ist allerdings auch ein schmackhaftes Rezept für ein einfaches Leben.

Führungsparadies und Führungshölle

Führungspersonen, die das Arbeitsleben fast zur Hölle machen, können genauso erfolgreich sein wie solche, unter denen das Arbeiten eine wahre Freude ist. Dies sind schlechte Nachrichten für alle, die die Führungshölle erleben. Keine gute Nachricht ist dies auch für Wissenschaftler und Berater, die vorzuschreiben versuchen, was eine gute Führungsperson tun sollte und was nicht.

Der Überlebensstratege im Management sollte den Chef nicht beurteilen und schon gar nicht versuchen, ihn zu ändern. Entscheidend ist, dass er abschaut, was der Chef eigentlich macht: Warum hat der Leiter Erfolg und welche Verhaltensweisen schätzt er und legt er selbst an den Tag? Auf diese Weise lernen Sie die Spielregeln, die zum Erfolg führen. Anschließend können Sie diese Spielregeln anwenden oder aus dem Spiel aussteigen.

Wir alle können uns an Führungspersonen erinnern, für die zu arbeiten eine Qual war, während sich unter anderen das Arbeiten geradezu paradiesisch gestaltete. Wenn man sie beurteilt, sagt dies teilweise etwas über die Führungsperson aus, vor allem aber etwas über den Beurteilenden. Mit dieser Erkenntnis im Hinterkopf schauen wir uns das Personprofil von zwei richtigen Führungspersonen an, einem angenehmen und einem unangenehmen Chef:

Führungskriterien	Angenehmer Chef	Unangenehmer Chef
Stil	Befehl und Kontrolle „Tun Sie, was ich Ihnen sage"	Inspirierendes „Auf geht's"
Autoritätsgrundlage	Rang	Vertrauen, Respekt
Leistung	Machen Sie ja keinen Fehler	Zeigen Sie Leistungen
Erwartungen	keine Risikotoleranz	Risikotoleranz
Fokus der Kontrolle	Prozess: Meetings und frühzeitig Schriftliches, alles hübsch ordentlich	Ausgang und Ergebnisse
Konzentration aufs Detail	Hoch	Niedrig

Führung

	Angenehmer Chef	**Unangenehmer Chef**
Einsicht/Fokus Gesamtbild	Niedrig	Hoch
Kommunikation	Chef: „Ich/Sie"	Ebenbürtig: „Wir"
	Verschwiegen	Offen
Politische Fähigkeiten	Hoch	Hoch
Technische Fähigkeiten	Reichen aus	Hoch
Soziale Fähigkeiten	Niedrig	Hoch

Aus Unternehmenssicht ist der unangenehme Leiter ebenso erfolgreich wie der angenehme. In einer großen, traditionellen Hierarchie, die prozessorientiert und wenig risikofreudig ist, passt sich der unangenehme Leiter wunderbar der Unternehmenskultur und den Bedürfnissen des Unternehmens an. Der angenehme Leiter wäre für diese Firma eine vollkommene Katastrophe.

Aus persönlicher Sicht werden einige Leute den angenehmen Leiter dem unangenehmen vorziehen. In der Praxis hat der Vorgesetzte, für den es angenehm zu arbeiten ist, viel höhere Erwartungen und höhere Ansprüche an die Mitarbeiter als der unangenehme Chef. Der unangenehme Chef erwartet nur, dass die Regeln befolgt und keine Fehler gemacht werden: Bei ihm können Sie Ihren Verstand an der Eingangstür abgeben und dennoch Erfolg haben. Der angenehme Chef erwartet überdurchschnittliche Leistungen. Diese zu erzielen ist anstrengender, als Befehle zu befolgen.

G

Garantien: Versprechen und Lügen

Unternehmen liebäugeln gern mit dem Gedanken, eine Garantie anzubieten. Eine Garantie zeigt, dass die Firma Vertrauen in ihr Produkt hat und dass sie Kunden anlocken kann. Viele Firmen versuchen jedoch, sich wieder herauszumogeln, wenn der Zeitpunkt kommt, dass die Garantie tatsächlich angeboten oder Ansprüche aus Garantien erfüllt werden sollen. In diesem Augenblick zählt die Vorsicht der Erbsenzähler und Anwälte mehr als die Logik des Marktes. Es gibt für ein Unternehmen drei typische Beweggründe, sich herauszuwinden:

- Einige Kunden werden mogeln. Zu meinen Universitätszeiten bestand ein alter Trick darin, einen Anzug von M&S zu kaufen, ihn bei einem Interview zu tragen, anschließend zum Laden zurückzubringen und sich das Geld zurückerstatten zu lassen. Die Studenten lösten effektiv einen Scheck ein und mieteten gratis einen guten Anzug. Dafür gewann M&S für die Zukunft viele treue Kunden. Die Mogler – abgesehen von den Studenten – sind nur eine kleine Minderheit, die man sich leisten kann.
- Höhere Gewalt. Wir können keine Lieferung über Nacht garantieren, wenn eine Katastrophe passiert. Das ist richtig. Teilweise besteht die Lösung darin, die Katastrophe von vornherein zu verhindern. Wenn der Lieferwagen des zuständigen Lieferanten eine Panne hat, erteilen Sie ihm die Erlaubnis, alles Menschenmögliche zu unternehmen, um rechtzeitig zu liefern. Die Garantie wirkt sich nicht nur für den Kunden aus, sondern auch für das Unternehmen; zwingen Sie alle Mitarbeiter, Lösungen zu finden, um die Leistung zu verbessern und Vorsorge zu treffen, dass der Kunde die Garantie gar nicht erst in Anspruch nehmen muss.
- Garantiekosten. Diese entstehen durch eine schlechte Leistung sowie dadurch, dass einige Kunden mogeln. Schwierig ist für das Unternehmen, die aus Garantien entstehenden Kosten sofort sichtbar zu machen, während die Vorteile erst später in Form einer Leistungsverbesserung, Kundenloyalität und Mund-zu-Mund-Propaganda zu erkennen sind.

Hier zeigt sich oftmals, wem die Loyalität des Managers letztlich gilt – den Erbsenzählern oder dem Markt.

Die Lösung des Herausschleichers besteht darin, eine wertlose Garantie anzubieten. Typische Methoden, eine Garantie wertlos zu machen, sind:

- Stellen Sie viele Bedingungen. Sorgen Sie für schwer zu erfüllende Anforderungen, die der Kunde einhalten muss, damit die Garantie wirksam bleibt.
- Verkomplizieren Sie den Prozess der Reklamation. Verpflichten Sie den Kunden, innerhalb von sieben Tagen nach Kauf des Produkts ein Registrierungsformular einzusenden, verlangen Sie bei einer Reklamation, dass der Kunde einen genauen Kaufnachweis erbringt und das Produkt in seiner Originalverpackung auf eigene Kosten einsendet. Hierdurch erledigen sich bereits 99 Prozent der Reklamationen.
- Setzen Sie den Garantiewert niedrig an. Berater bieten oftmals eine einmonatige Einspruchsklausel. Das ist wertlos.

Diese Nichtgarantien haben zur Folge, dass der Kunde davon abgehalten wird, seine Ansprüche geltend zu machen. Das Unternehmen erkennt nicht, was verkehrt läuft; es empfängt keine Signale, die zeigen würden, wie und wo die Leistung verbessert werden muss; es zerstört die Kundenloyalität, was dazu führt, dass entfremdete Kunden für das Unternehmen Negativwerbung im Markt machen. Die Garantiekosten sind zwar niedrig, aber der Preis, den das Unternehmen dafür zahlt, ist horrend. Eine effektive Servicegarantie zeichnet sich dagegen durch verschiedene Schlüsselelemente aus:

- Sie ist zuverlässig. Garantierte Lieferung bis zum nächsten Tag mittags ist relevant für Leute, die wichtige Päckchen verschicken. Die Macht dieser Garantie veranlasste eine Firma in New York, ihre Manager zu beauftragen, für das Versenden von Päckchen von Stockwerk zu Stockwerk desselben Gebäudes FedEx zu benutzen. Alle Pakete gingen zu hohen Kosten von New York nach Memphis und zurück nach New York, nur weil garantiert wurde, dass das Paket wirklich ankommen würde, was angesichts der Unsicherheiten des hausinternen Postsystems nicht selbstverständlich war.
- Sie enthält keine Konditionen. Domino's Pizza versprach, die Pizza in 30 Minuten zu liefern, geschah dies nicht, war die Pizza gratis. An die Garantie waren keine Bedingungen geknüpft – keine Entschuldigungen für schlechtes Wetter, Staus und Pannen. Was auch wichtig war: Der

Kunde musste nichts unternehmen, um seine Ansprüche geltend zu machen. Er konnte einfach die Pizza in Empfang nehmen und brauchte nichts zu zahlen. Die Garantie wurde allerdings zurückgenommen, als einer der Pizzafahrer zu schnell war, einen Fußgänger überfuhr und Domino's Pizza auf Schadensersatz in Höhe von 78 Millionen Dollar verklagt wurde.
- Die Garantie ist leicht zu verstehen und gut einzulösen, so wie im Fall Domino's Pizza.
- Sie ist glaubhaft. Verlieren Sie nächste Woche 40 Pfund an Gewicht oder Sie erhalten Ihr Geld zurück. Lernen Sie innerhalb von zwei Wochen eine Fremdsprache wie Ihre Muttersprache oder Sie erhalten Ihr Geld zurück – Das klingt zu gut, um wahr zu sein. Ist es auch.

Geforderte Kapitalverzinsung

Die fundamentale Frage lautet: Wie viel sollte ein Projekt einbringen, damit die Investition gerechtfertigt ist? Die Theorie leistet hier keine große Hilfe. Die Discounted Cashflow-Methode ist gut, vorausgesetzt, Sie wissen, wie der Diskontierungsfaktor aussehen sollte. Bei dieser Frage gerät alles ins Wanken. Schnell zur Erinnerung. Die Eigenkapitalkosten errechnen sich folgendermaßen: $EK = Rf + B(Rm)$, wobei gilt:

- EK = Eigenkapitalkosten
- Rf = risikofreier Zinssatz, normalerweise in Form einer Staatsanleihe
- B = Beta oder das spezifische Risiko einer Aktie oder eines Projekts
- Rm = Risikoprämie des Marktes

Es gibt endlose Diskussionen darüber, wie man das Beta (Risiko) messen und wie hoch der risikofreie Zinssatz angesetzt werden sollte. Diese Diskussionen mögen zwar begründet sein, verblassen aber vollkommen vor der Frage, welches die richtige Risikoprämie ist. In einem der Lager befindet sich die Schule, die historische Daten heranzieht und behauptet, die Risikoprämie läge irgendwo zwischen 5 und 8 Prozent. In diesem historischen Lager tummeln sich vor allem Wissenschaftler. Im anderen Lager befinden sich Aktienanalysten, die ein lebhaftes Interesse daran haben, immer höhere Aktienbewertungen zu rechtfertigen, und die eine prognostizierte Risikoprämie von 2 bis 3 Prozent zugrunde legen. Aus rein verstandesmäßiger Sicht steckt hinter beiden Theorien eine gewisse Logik, was jedoch dem unbeteiligten Betrachter nicht weiterhilft.

In Zeiten niedriger Inflation ist der Unterschied, der sich auf der Grundlage der beiden Lager ergibt, enorm groß. Legen wir einmal einen risikofreien Satz von 5 Prozent zugrunde (die Rendite für eine langfristige Staatsanleihe). Das historische Lager errechnet Eigenkapitalkosten von etwa 13 Prozent. Nach der Berechnung des Prognoselagers ergeben sich Eigenkapitalkosten von lediglich 7 Prozent.

Für Manager bedeutet dies, dass ein Investitionsvorschlag unter Anwendung des historischen Ansatzes doppelt so viel einbringen muss als auf Basis der Kalkulation nach der Prognoseschule. Mit anderen Worten: Entweder verzichtet die historische Schule auf eine riesige Anzahl lohnenswerter Investitionen oder die Prognoseschule macht eine Menge unkluger Investitionen.

Wenn es um eine Entscheidung über eine langfristige Großinvestition wie zum Beispiel die Erschließung von Ölfeldern geht, spielt diese Debatte eine wichtige Rolle. In der Praxis kann sich das Management jedoch leisten, die Debatte einfach zu ignorieren. Gute Investitionen weisen im Normalfall eine Reihe typischer Charakteristika auf:

- Der Ertrag ist so attraktiv, dass er locker über jeder erwarteten Mindestrendite liegt. Handelt es sich um einen Grenzfall, der eine kreative Zahlengestaltung erforderlich macht, damit die Mindestrendite erreicht wird, ist der Vorschlag in sich unsolide.
- Der Vorschlag passt genau in die strategische Ausrichtung des Unternehmens.
- Die Manager, die den Vorschlag unterbreiten, waren in der Vergangenheit recht erfolgreich; jedes finanzielle Risiko wird durch ein reduziertes Nichterfüllungsrisiko ausgeglichen.
- Der Plan wird operativ von einigen Risiken befreit: Es gibt klare Anhaltspunkte, die eine eindeutige Entscheidung darüber ermöglichen, ob weitergemacht wird oder nicht.
- Handelt es sich verstärkt um einen Grenzfall, wird der Tilgungszeitraum kurz gehalten.

Die Finanzierungsfrage ist wichtig; aber sie lässt sich meistens am besten beantworten, wenn sie vor allem als Leitfaden dafür dient, die richtigen Fragen zu stellen und zu prüfen, ob die Annahmen richtig sind; sie sollte nicht so sehr als eigenständiges Thema gesehen werden.

Gehälter und Geheimnisse

Geheimhaltung ist zu einer wahren Besessenheit geworden. Geheimnisse sorgen jedoch lediglich für Gerüchte, Getratsche und Fehlinformationen. Weg damit! Es sollte eine Atmosphäre der Offenheit herrschen, nicht der Geheimhaltung. Geheimhaltung gehört zum Umfeld des alten Befehl- und Kontrollsystems in traditionellen Hierarchien.

Wenn es um Geheimhaltung geht, sind Gehälter heilige Kühe. Schlachten Sie sie. Veröffentlichen Sie die Gehaltsangaben. Damit enden alle Gerüchte und jegliches Gehaltsgetratsche und die Mitarbeiter erhalten wertvolle Informationen. Ihnen wird deutlich gemacht, wer im Unternehmen als erfolgreich angesehen wird. Für das Management ist es ein einfacher Weg zu zeigen, was erfolgreiche Rollenmodelle sind. Bleibt zu hoffen, dass die Mitarbeiter dadurch den Wunsch entwickeln, das eigene Verdienstpotenzial besser auszuschöpfen. Die Dummen werden fragen: „Warum kann ich nicht 10 Prozent mehr als meine Kollegen erhalten?" Die Klugen werden fragen: „Wie bekomme ich das 10fache, so wie der CEO?"

Mit der Veröffentlichung von Gehaltsinformationen wird auf genau die richtigen Mitarbeiter Druck ausgeübt. Einzelne Personen, die eine große Gehaltserhöhung erhalten, sind stark dem Druck der Kollegen ausgesetzt, zu beweisen, dass sie ihr Gehalt tatsächlich verdienen. Der Senior Manager muss seinen strengsten Kritikern zeigen, dass er sein Gehalt wert ist – dem Team. Das Management steht unter dem Druck, für das richtige Ergebnis zu sorgen.

Mit der Veröffentlichung von Gehaltsinformationen kommen auch echte Marktkräfte ins Spiel. Die Wettbewerber und die Headhunter könnten die Information spitzbekommen. Wenn es ihnen dann gelingt, die schlechter bezahlten Mitarbeiter abzuwerben, ist das kein Problem. Vorausgesetzt, das Management hat die Fähigkeiten der schlechter bezahlten Mitarbeiter richtig eingeschätzt. Wenn jedoch die höher bezahlten Mitarbeiter abgeworben werden, ist das ein Signal dafür, dass das Management die Spitzenkräfte unterbezahlt.

Geheimhaltung: Zurückhalten von Informationen

Dies ist ein wertvoller Notfallknopf, den Sie gelegentlich drücken sollten. Er wird insbesondere von Regierungen gern in Anspruch genommen, wenn es darum geht, ein größeres Fiasko zu verbergen. Das Management bedient ihn, um zu vermeiden, dass Unantastbares angetastet wird.

Eine leichte Abwandlung davon ist die juristische Version des Aussageverweigerungsrechts. Dies kann vom Management mit großer Wirkung eingesetzt werden. Wenn Sie um eine Referenz für einen streitsüchtigen ehemaligen Mitarbeiter gebeten werden, den Sie auf die Straße gesetzt haben, geben Sie die Angelegenheit einfach an die Rechtsanwälte weiter und lassen Sie die Antwort von ihnen entwerfen. Damit ist das Thema Referenz gestorben.

Der Geschäftsbericht: Verherrlichung und Lügerei

Der Geschäftsbericht eines Unternehmens verfolgt ein Hauptziel – das oberste Management zu glorifizieren. Die Verherrlichung beginnt mit vielen Bildern und mit Kommentaren der großen Wichtigtuer. Hier geht es gleich los mit der Lügerei. Um deutlich zu machen, dass die Wichtigtuer auch des Ruhmes wert sind, muss der Geschäftsbericht beweisen, wie gut sich das Unternehmen trotz des aktuellen Ergebnisses entwickelt hat.

Unten finden Sie einen patentierten Lügendetektortest für Geschäftsberichte. Jeder Bericht, der mehr als 75 Prozent der möglichen Punkte erreicht, erhält die Auszeichnung „Goldniveau". Damit sind Sie berechtigt, an den Vorstandsvorsitzenden eine Kopie des bewerteten Tests zu senden – zusammen mit einer Himbeere oder einer anderen Auszeichnung, die Sie für die von Ihnen entdeckten Lügen auf Goldniveau für angemessen halten. Es gibt drei Kategorien von Lügen:

Der Geschäftsbericht: Verherrlichung und Lügerei

1. Lügen der Kategorie eins: Wir sind ein glückliches, sozial eingestelltes Unternehmen. Der Beweis liegt vor allem in den Bildern:
   - Bilder von der einzigen Frau im Senior Management oder von führenden Angestellten, die zu einer Minderheitengruppe gehören, um die im Unternehmen vorhandene unsichtbare Trennwand zu verbergen
   - Bilder von lächelnden behinderten Angestellten, von Frauen und zu einer Minderheit zählenden Arbeitern an vorderster Front, die Niedrig- oder Mindestlöhne erhalten und ums nackte Überleben kämpfen, indem sie schmutzige, stumpfsinnige oder gefährliche Arbeit verrichten
   - Bilder von Wohltätigkeitsvereinen, die von der Tatsache profitieren, dass das Unternehmen einen „anständigen" Eindruck vermitteln muss
   - Aussagen, die belegen, dass die Firma sich um die Umwelt sorgt (Unternehmen, die die Umwelt am meisten verschmutzen, treten besonders laut auf)
   - Bilder von glücklichen regionalen Mitarbeitern an exotischen Orten, ebenfalls Mindestlohnempfänger – dagegen werden Bilder aus exotischen, aber politisch unkorrekten Ländern (Diktaturen, Kleptokratien) vermieden
2. Lügen der Kategorie zwei: Das Management leistet gute Arbeit. Für schlechte Jahre liefert der Geschäftsbericht Entschuldigungen, für gute betont er die herausragende Leistung des Managements. Jedes Unternehmen, das in schlechten Jahren von Fehlleistungen des Managements spricht oder in guten Jahren von Glück, eignet sich als Anlage für Investoren. Denn das Unternehmen zeigt eine große Affinität zur Realität, nicht zum Betrug. Beweismittel sind vor allem Aussagen des Vorsitzenden und des CEO:
   - In schlechten Jahren gibt es Sammelpunkte für jede Entschuldigung: Marktrückgang, Maßnahmen oder fehlende Maßnahmen der Regierung, Beschaffungs- und Inputkosten, Währungseffekte, wetterbedingte und sonstige Katastrophen sowie andere kreative Entschuldigungen. Mit anderen Worten: Alles Schlechte ist nur externen Faktoren zu verdanken, nicht jedoch dem Management.
   - In guten Jahren gibt es einen Sammelpunkt für jedes Eigenlob: neue Produkterfolge, neue strategische Ausrichtung, Kostensenkungsmaßnahmen, Qualitätsprogramme, neue Allianzen und jedwede Aktion, die bei genauer Betrachtung für dieses Unternehmen ebenso wie für die Mitbewerber eine Selbstverständlichkeit ist. Alles Gute ist nur dem Management zu verdanken, nicht den externen Faktoren.

- Doppelte Punktzahl gibt es für jedes Unternehmen, das sowohl Entschuldigungen als auch eine Eigenlobliste vorlegt, mit der es sich kein bisschen von der Konkurrenz unterscheidet.
3. Lügen der Kategorie drei: Die Zahlen sind gar nicht so schlecht. Hier verdient der Finanzvorstand sein Geld. Das Ziel besteht darin, sicherzustellen, dass die Zahlen ungeachtet der zugrunde liegenden Geschäftsleistung die Erwartungen der Analysten treffen. Beweise hierfür sind die Gewinn- und Verlustrechnung, die Bilanz und die Kapitalflussrechnung. In den Anmerkungen lassen sich dann mit forensischer Genauigkeit die Lügen aufdecken. Mit ihnen kann man mehrere Bücher füllen. Glanzstücke sind dabei:
   - Gewinn und Verlust werden nach unten angepasst: höhere Abschreibungen und Sonderposten als üblich, außerordentliche Aufwendungen für die Altersvorsorge, Rückstellungen für Umstrukturierungen sowie faule Kredite.
   - Gewinn und Verlust werden nach oben angepasst: niedrigere Abschreibungen und Sonderposten als üblich, keine Aufwendungen für die Altersvorsorge, Auflösung von Rückstellungen, Gewinne aus Vermögensveräußerungen, Aktivierung von Aufwandsposten (IT-Investitionen).
   - Bilanzkosmetik, um die Margen gut aussehen zu lassen: nicht in der Bilanz erfasste Kredite und sonstige finanzielle Verpflichtungen, Lagerbewertung und Abschreibungen, Neubewertung von Eigentum.
   - Kreative Gestaltung der Kapitalflussrechnung: größere Zahlungen oder hereinkommende Zahlungsströme sind so getimet, dass sie gerade nicht mehr in den Bilanzierungszeitraum fallen.

Gelingt es dem Finanzvorstand nicht, die Zahlen den Erwartungen anzupassen, ist er entweder inkompetent oder das Ergebnis muss wirklich grauenvoll sein. Wie auch immer – für die Überreaktion der Investmentanalysten sowie den Kursverfall wird man eine gute Rechtfertigung parat haben.

Glück

Napoleon bevorzugte Generäle, die oft Glück hatten. Er hatte Recht. Glückspilze haben die Angewohnheit, ständig Glück zu haben. Was bedeutet, dass es sich nicht wirklich um Glück handelt. Wenn man sich das Glück einmal genauer anschaut, springen normalerweise drei Merkmale ins Auge: Übung, Hartnäckigkeit, Vorbereitung.

Übung

Arnold Palmer sagte: „Je mehr ich übe, desto mehr Glück habe ich." Das stimmt: Die 50:50-Chance, ein Loch zu treffen, wird zu einer 60:40-Chance und die 60:40-Chance könnte zu einer 70:30-Chance werden. Im Management funktioniert das genauso. Es gibt immer Gespräche, die zu einem Verkaufsabschluss führen. Je mehr Übung und Erfahrung ein Manager hat, desto größer wird die Wahrscheinlichkeit, dass er das richtige Verkaufsgespräch führt.

Hartnäckigkeit

Häufig kommt der Erfolg nach einer Reihe von Fehlschlägen. Die eiskalten Worte der IRA, nachdem es ihr in Brighton misslungen war, Premierministerin Margaret Thatcher in die Luft zu jagen, bringen es auf den Punkt: „Dieses Mal hatten wir kein Glück. Denken Sie daran, wir müssen nur einmal Glück haben." Zwischen Misserfolg und Erfolg liegt oftmals nur ein kleiner Schritt, der genauso einfach sein kann wie aufzugeben.

Vorbereitung

Menschen mit Glück bereiten sich vor. Wenn sich eine Gelegenheit eröffnet, ist dies für jeden sichtbar. Jedoch schauen nur wenige Menschen genauer hin. Im Nachhinein waren manche Chancen so eindeutig, dass wir sagen müssen: „Wir hätten es machen können." Nur konnten wir es eben nicht machen, weil wir nicht in die richtige Richtung geblickt hatten. Oftmals muss ein Branchenkenner das Geschäft einmal ganz neu und unvoreingenommen sehen. Zu den Beispielen zählen der Verkauf von Komplettbüros (Regus), von Büchern über das Internet (Amazon) und von tragbaren Kassettengeräten (Sony Walkman). Außergewöhnliches Glück geht manchmal seltsame Wege. Aber im Allgemeinen haben Manager mit Glück durchgehend Glück – so wie Napoleons Generäle.

Grenzen

Klare Unternehmensgrenzen sind wichtig für den Erfolg:

- Durch eindeutige Grenzen sind die Rollen genau definiert und die Verantwortungsbereiche klarer abgegrenzt. Es gibt keine Möglichkeit, sich zu verstecken. Jeder weiß, was er zu tun hat. Die für flache Hierarchien typischen Ambiguitäten sind ausgeschlossen.
- Saubere Hierarchiestrukturen sorgen für einen klaren und vereinfachten Entscheidungsprozess: Autoritätsebenen sind gut zu erkennen.
- Kosten und Budget lassen sich leicht verwalten, wenn genau definiert ist, welche Abteilung wofür zuständig ist.
- Zeit und Mühen werden nicht mit zahllosen internen Meetings verschwendet, die in einer flachen Hierarchie notwendig sind, um alle Leistungen zu koordinieren.
- Fachliche Kompetenz ist ausdrücklich erwünscht.

Klare Unternehmensgrenzen sind anderseits eine Katastrophe für Unternehmen des 21. Jahrhunderts:

- Starke Grenzen wirken hemmend, wenn eine Zusammenarbeit über mehrere Tätigkeitsbereiche hinaus erforderlich wird. Die meisten Geschäftsprobleme und -prozesse betreffen nicht nur einen einzigen Aufgabenbereich, sie erfordern also eine abteilungsübergreifende Zusammenarbeit.
- Starke Grenzen bestärken Mitarbeiter mit bestimmten Funktionen darin, sich auf Kosten der umfassenderen Unternehmensziele nur auf ihr eigenes funktionelles Ziel zu konzentrieren.
- Hierarchische Grenzen vermitteln die falsche Botschaft in Bezug auf Delegation von Verantwortung, Vertrauen und Autorisierung und führen zu einer langsamen Entscheidungsfindung, da Entscheidungen die Hierarchie rauf und runter gehen.
- Die wahren Kosten und die Rentabilität werden verschleiert, wenn der Blick nur auf der Abteilung ruht: Kostentreiber sind vor allem Aktivitäten, die über mehr als eine Abteilung hinausgehen (Auftragserfüllung, Akquisition und Etablierung von Neukunden). Außerdem sorgen die Kunden, nicht allein die Produkte, für Rentabilität.

- Wenn die Mitarbeiter angehalten werden, nicht nur in den eigenen Fachbereichen, sondern auch darüber hinaus zu arbeiten, trägt dies zu einem wachsenden Sachverstand des Managements bei.

Wer zahlt, schafft an.

Headhunter

Sie selbst sind der beste Headhunter

Sie wissen, wem Sie vertrauen können und wer gute Leistungen zeigt. Bauen Sie ein Netzwerk auf. Sie werden es für den Kauf (die Suche nach Managern) ebenso wie für den Verkauf (die Suche nach neuen Möglichkeiten) benötigen. Headhunting ist keine Zauberei. Selbst wenn die Leute, die Sie kennen und denen Sie vertrauen, in Bezug auf ihre Fähigkeiten nicht dem gesuchten Anforderungsprofil entsprechen, kennen sie vielleicht andere Leute, die eben diese Qualifikationen besitzen. Setzen Sie das Netzwerk in Betrieb.

Das erste Mal, als ich einen CEO angesprochen habe mit dem Vorschlag, seine Firma zu verlassen, schlug mir das Herz bis zum Hals. Ich war kein Headhunter. Ich wollte nur, dass er sich meinem neu gegründeten Unternehmen anschloss. Schnell entdeckte ich, dass CEOs auch nur Menschen sind – selbst wenn ihr Auftreten das Gegenteil vermuten lässt. Wenn man sie anspricht, sind sie fasziniert und geschmeichelt. Man kann CEOs wie seinesgleichen behandeln: Man bittet nicht um etwas, sondern hat ihnen vielleicht etwas zu bieten. Man kann es sich leisten, kühn aufzutreten.

Das funktioniert umgekehrt genauso. Mithilfe Ihres Netzwerks können Sie vermutlich am besten identifizieren, welche Konstellationen funktionieren könnten. Da man sich gegenseitig kennt, ist die Wahrscheinlichkeit groß, dass die Erwartungen auf beiden Seiten stimmen. Richtige Erwartungen und hohes Vertrauen sind ein guter Ausgangspunkt für eine erfolgreiche Geschäftsbeziehung. So etwas lässt sich durch Headhunter nicht so leicht erreichen.

Behandeln Sie externe Headhunter gut

Sie wissen niemals, wann Sie die Headhunter brauchen. Rufen Sie sie stets zurück, helfen Sie ihnen bei ihrer Suche. Bieten Sie sich selbst nicht für einen Job an, wenn Sie nicht wirklich Interesse daran haben – verschwenden Sie keine Zeit. Wenn Sie auf der Jagd nach ungeeigneten Aufgaben sind, zerstören Sie Ihre Glaubwürdigkeit. Wenn man der Ansicht ist, Sie seien der/die Richtige, wird man auf der Jagd nach Ihnen sein.

Selbst wenn Sie nicht die Absicht haben, Ihr Unternehmen zu verlassen, lohnt es sich, die Headhunter kennen zu lernen. Viele, selbst Headhunter aus großen Firmen, sind durch und durch unprofessionell. Sie rufen Sie nicht einmal zurück. Andere wiederum sind hervorragend. Sie zeigen großes Verständnis, sind mit ihrem Angebot vorsichtig und managen die Beziehung professionell. Wenn Sie einen Headhunter prüfen wollen, ist es hilfreich, wenn Sie hierzu einmal in die Rolle des Kandidaten schlüpfen und sich nicht nur auf die Eigendarstellung des Headhunters verlassen müssen. Sie werden bald wissen, wer wirklich gut ist.

Headhunter können Ihr Geschäft nicht in vollem Ausmaß verstehen. Belehren Sie sie. Bleiben Sie bei ihnen, damit sie das Nötige lernen können. Treffen Sie Kandidaten und drücken Sie gegenüber dem Headhunter klar aus, warum diese passen oder nicht. Die Headhunter werden schnell dazulernen.

Herdentrieb

Manager sind Herdentiere. Bleibt man bei der Herde, ist das Überleben so gut wie gesichert. Wer die Herde verlässt, kann tendenziell mit einer dynamischen Entwicklung seiner Karriere rechnen – entweder in Richtung schneller Erfolg oder schneller Misserfolg. So wie Manager Herdentiere sind, entfalten auch die einzelnen Unternehmen einen Herdentrieb. Sie alle entwickeln die gleichen Vorlieben zur gleichen Zeit. Aber was wie sicheres Managementverhalten aussieht, kann selbstmörderisches Geschäftsverhalten sein.

Die Managementherden: Investmentanalysten und der Herdentrieb

Analysten, Fondsmanager und Wirtschaftsexperten zeigen Anzeichen für Gruppendenken en gros. Fondsmanager werden nach der Performance bewertet, die sich an der Benchmark bemisst. Somit macht es Sinn, sich eng an dieser Messlatte zu orientieren. Es besteht die Chance, eine leichte Outperformance gegenüber der Benchmark zu erzielen, was dann prompt lauthals hinaustrompetet wird. Eine kleine Underperformance hingegen lässt sich bis zur Bekanntgabe eines neuen Quartalsergebnisses einfach ignorieren. Dies ist der stumpfsinnige, sichere Weg zum Erfolg. Eine konträre Position zum Markt einzunehmen könnte Erfolg bringen. Ein Misserfolg würde jedoch die Karriere beeinträchtigen. Die Investoren lassen dann ihre Fonds woanders verwalten und der Fondsmanager verliert seinen Job.

Ebenso gehen auch Analysten und Wirtschaftsexperten ein großes Risiko ein, wenn sie sich vom Konsens abheben. Der Wahrscheinlichkeit nach ist die Konsensprognose richtig, insbesondere wenn die Unternehmensführung sich die größte Mühe gibt, dafür zu sorgen, dass die Prognosen der Analysten den eigenen Erwartungen entsprechen. Wenn der Analyst sich aus der großen Menge hervorhebt und verkehrt liegt, sieht er wie ein Idiot aus. Wenn man dem Konsens folgt und der Konsens ist falsch, ist die Schuld nicht so groß. Alle anderen lagen ebenfalls falsch und die größte Schuld kann man wahrscheinlich der Unternehmensführung zuschieben, die nun zusehen kann, wie der Kurs in den Keller rutscht. Bei der Herde zu bleiben bedeutet, in einer Position zu sein, in der man nicht verlieren kann. Außer man ist auf der Suche nach wahren Erkenntnissen.

Herdentrieb im Unternehmen: Lemminge und das Aussterben der Industrie

Unternehmen sind ebenso wie Manager Herdentiere. Dies führt jedoch zum Desaster. Wenn alle Unternehmen einer Branche die gleiche Strategie verfolgen, kommt unter dem Strich null heraus. Wenn jeder Wettbewerber durch Reengineering Kosten und Preise um 25 Prozent senkt, steht am Ende keiner besser da. Wenn alle sich zur gleichen Zeit entscheiden, denselben Sektor zu erschließen, hat dies enorme Überkapazitäten und Verluste für alle Marktteilnehmer zur Folge.

Für die Manager mag es richtig sein, der Herde zu folgen. Aber für das Wohlergehen von Unternehmen und Branchen ist es von entscheidender

Bedeutung, dass die Unternehmen Risiken eingehen und unterschiedliche Ansätze im Markt verfolgen. Was kam zum Beispiel bei der Deregulierung des Londoner Kapitalmarktes heraus? „Big Bang", der große Knall.

Als die Kapitalmärkte in London dereguliert wurden, gelangte jeder zu der weisen Erkenntnis, er müsse groß sein und den Kunden einen umfangreichen Service anbieten, um Erfolg zu haben. Das führte dazu, dass die Unternehmen versuchten, in nahezu allen Märkten zu wachsen. Als Folge kam es zu massiven Überkapazitäten und schlimmsten Verlusten für beinahe alle Marktteilnehmer, die sich gegenseitig kopiert hatten. Niemand konnte sich zu dem Eingeständnis durchringen, Fehler gemacht zu haben, sodass keine Kapazitäten abgebaut und weiter Verluste eingefahren wurden.

Vor dem großen Knall gab es im Markt für britische Regierungsanleihen vier große Wettbewerber. In diesen Markt wollte jeder unbedingt einsteigen. 35 Unternehmen taten dies dann auch. Trotz Marktwachstum war nicht genug Kapazität vorhanden, um 35 Wettbewerber glücklich zu machen, wo es zuvor nur vier gegeben hatte. Zwei Jahre lang standen mit Ausnahme eines Unternehmens alle auf der Verliererseite.

Die Ausnahme war Lloyds Bank. Von Lloyds Bank, dem Marktführer in Großbritannien, war der Einstieg in den Markt für britische Regierungsanleihen mit großer Selbstverständlichkeit erwartet worden. Nachdem das Ganze lange auf Herz und Nieren geprüft worden war, gelangte die Bank zu der Ansicht, dass der Regierungsanleihenmarkt eine Lizenz zum Geldverlieren war. Sie beteiligte sich nicht an diesem Geschäft. Stattdessen konzentrierte sie sich auf den Einzelhandelsmarkt. Mit der Zeit entwickelte sie sich – an der Marktkapitalisierung gemessen – zur weltweit größten Bank.

Ein Risiko, mit dem man sich aus der Masse hervorhebt, nicht einzugehen, kann für Unternehmen gefährlicher sein, als ein Risiko zu vermeiden und sich der Weisheit anderer anzuschließen.

Höflichkeit

Für den Zyniker ist dies ein kosten- und müheloser Weg, Freunde und Respekt zu gewinnen. Es ist auch ein Weg, um sich im Büro wohler zu fühlen. Höflichkeit zahlt sich aus. Freundlichkeit gegenüber den Mitarbeitern im Support kann von Vorteil sein, wenn Sie plötzlich in einer Krise stecken und einen Gefallen von ihnen benötigen. Wenn die gestressten Mitarbeiter in der Produktion oder im technischen Support Sie kennen und mögen, werden sie Ihren Auftrag eher ganz oben auf den Stapel legen oder zu Überstunden bereit sein. Headhunter werden sich vermutlich hilfsbereiter zeigen, wenn auch Sie stets entgegenkommend und hilfsbereit waren. Es sind die einfachen Dinge, die zählen. Unten sind hierfür einige Beispiele aufgeführt, die allein auf gesundem Menschenverstand beruhen, im Allgemeinen aber nicht beachtet werden:

Telefonetikette

- Rufen Sie immer zurück. Vielleicht kommt etwas Gutes dabei heraus. Selbst wenn es nicht gut ist, haben Sie sich zumindest gleich um das Problem gekümmert und einen professionellen Eindruck hinterlassen.
- Wenn Sie jemand zurückruft, bedanken Sie sich.
- Beantworten Sie einen Anruf sofort: höchstens dreimal klingeln lassen.
- Lassen Sie während eines Meetings niemals Ihr Telefon an, außer Sie möchten den anderen Teilnehmern damit sagen, dass diese für Sie äußerst unwichtig sind.

Mitarbeiter im Support

- Lernen Sie ihre Namen und benutzen Sie diese auch. Sagen Sie „Guten Morgen".
- Sagen Sie „Danke".
- Nehmen Sie sich Zeit, mit ihnen zu plaudern und ein wenig über sie herauszufinden.
- Respektieren Sie ihr Privatleben: Wenn Sie wissen, dass Sie zusätzliche Hilfe benötigen, informieren Sie die Mitarbeiter rechtzeitig, damit sie Vorkehrungen treffen können.
- Behandeln Sie sie mit Respekt. Die Mitarbeiter sind auf ihrem Gebiet Experten, sie sind fleißig. Seien Sie nicht herablassend – behandeln Sie sie wie Gleichgestellte.

Höhenkrankheit

Hierbei handelt es sich um eine weit verbreitete Managerkrankheit. Vor allem Mitarbeiter im Junior Management, die sich erstmals vor dem Senior Management bewähren müssen, dürften der Krankheit zum Opfer fallen, außerdem Mitarbeiter im mittleren Management, die feststellen, dass sie zu hoch befördert wurden, um auf Dauer überleben zu können. Zu den allgemeinen Symptomen zählen:

- Inkohärenz aufgrund plötzlicher Sprachlosigkeit gefolgt von großem Gebabbel
- unangemessene Kleidung, Körpersprache und Witze
- Präsentationen, in denen der Vortragende ausschließlich mit dem Bildschirm spricht statt mit dem Management
- komplettes Versagen beim Versuch, auch nur einen vernünftigen Beitrag zur Diskussion zu leisten

Für diese Krankheit sind nur drei Heilmittel bekannt:

1. Begeben Sie sich auf der Erfolgsleiter umgehend weiter nach unten. Sie werden feststellen, dass es sich hier leichter atmen lässt. Sind Sie erst einmal wieder unten, stehen drei weitere Möglichkeiten zur Auswahl:
   - Ruhen Sie sich aus, während Sie darauf warten, denselben Gipfel nochmals zu stürmen (siehe Optionen 2 und 3).
   - Finden Sie einen neuen Gipfel, den Sie besteigen können.
   - Richten Sie sich ein angenehmes Leben am Fuße des Managementbergs ein.

2. Klonen Sie sich: Kopieren Sie die Senior Manager und seien Sie wie sie. Dies ist der sicherste Weg zum Erfolg, auch wenn damit der Verkauf Ihrer Seele verbunden sein kann sowie die Notwendigkeit einer Gehirntransplantation. Am besten kommen Sie auf folgende Weise zum Ziel:
   - Finden Sie einen Sherpa, der Sie bergauf begleiten kann. Dies ist gewöhnlich ein Senior Manager, der als Ihr Förderer auftritt. Senior Manager übernehmen für gute Mitarbeiter gern die Rolle des Förderers: Es schmeichelt ihrem Ego und sie erhalten dadurch einen guten Vasallen, auf den sie sich verlassen und den sie ausbeuten können.
   - Finden Sie heraus, welche eigenen Ziele das Senior Management verfolgt. Gestalten Sie Ihre Arbeit so, dass sie gut zu diesen Zielen passt, und sorgen Sie dafür, dass Ihr Tun für das Senior Management von Relevanz ist und Wirkung hat.
   - Ergründen Sie die Clubregeln: Kleidung, Sprache, Körpersprache. Das Senior Management predigt einerseits Vielfalt, andererseits Wertintimität. Senior Manager möchten mit Menschen zu tun

haben, von denen sie den Eindruck gewinnen, dass sie ihnen vertrauen und sie verstehen können. Mit anderen Worten, sie möchten sich mit Menschen umgeben, die so sind wie sie selbst. Wenn Sie also 50 oder älter sind, dick, männlich und weiß, ist das ganz leicht. Sollten Sie eine 30jährige Frau sein und farbig, wird es hart. In heiklen Augenblicken lenkt das Senior Management das Gespräch nämlich nicht auf das Thema Vielfalt.

3. Seien Sie sich selbst treu. Dies ist der riskanteste Weg. Hierbei sind die Chancen auf Erfolg unter Umständen am geringsten; aber Sie können dabei den größten Eindruck hinterlassen, wenn es Ihnen gelingt, sich an Ihren Stärken zu orientieren. Per Definition sind die meisten großen Führer keine gewöhnlichen Menschen, sondern Leute, die den Mut hatten, ihren eigenen Weg zu gehen. Napoleon stammte aus einfachen Verhältnissen. Churchill verbrachte viele Jahre in der Wildnis, bis seine größte Stunde kam. Für das, was Sie tun, benötigen Sie echtes Talent, Hartnäckigkeit und Glück. Aber Sie verkaufen dabei nicht Ihre Seele, egal, ob Sie gewinnen, verlieren oder pokern.

Humor und der Sinn-für-Humor-Test

Um ins Management zu gelangen, sollte es Pflicht sein, zunächst den Sinn-für-Humor-Test zu bestehen. Dieser Test findet an Tagen statt, an denen eine unvorstellbare Katastrophe nach der anderen folgt. Zu einem bestimmten Zeitpunkt sieht es dann so aus, als ob die Welt gleich einstürzen würde. Dies ist der so genannte Sinn-für-Humor-Test. Gelingt es Ihnen nun, sich zurückzulehnen und den ganzen bizarren Albtraum aus der richtigen Perspektive zu betrachten, haben Sie den Test bestanden. Fangen Sie an, die Nerven zu verlieren, haben Sie verloren. Wenn Sie den Test nicht bestehen, führt das zu einem Verhalten, das auch alle anderen nervt; es macht alles noch schlimmer und lässt den Tag immer grauer werden. Die richtige Perspektive und ein Sinn fürs Bizarre können dagegen dazu betragen, die Spannung abzubauen. Dann haben Sie eine echte Chance, dem Abgrund zu entrinnen.

Das nächste Mal, wenn das Ungehörige wieder passiert, denken Sie daran, sich zu sagen: „Ich glaube, dies ist der Sinn-für-Humor-Test." Allein dadurch, dass Sie das sagen, erhöht sich Ihre Chance, die richtige

Perspektive wiederzugewinnen und den Test zu bestehen. Natürlich können Sie sich in dem Augenblick, in dem Sie das sagen, auch entschließen, den Test nicht zu bestehen und mit fliegenden Fahnen unterzugehen.

Trotz vieler Beweise für das Gegenteil glaubt das Management, Managen sei kein Vergnügen. Das Senior Management ist der Ansicht, es sei absolut kein Vergnügen. Auszubildende kommen vielleicht ungestraft davon, wenn sie sich abends einige Bier genehmigen und anschließend im Lokal betrunken über das Management lästern. Von Senior Managern wird jedoch erwartet, dass sie am Abend Wein im Restaurant trinken, vorgeben, nicht betrunken zu sein, und gewichtige Gespräche über den Stand der Nation führen.

Mangelnder Humor hat nichts mit der Realität zu tun, sondern mit Kultur. Senior Manager möchten gern den Eindruck vermitteln, dass sie seriös sind und sich gewichtigen Problemen mit angemessenem Ernst widmen. Klamauk ist out, aber mit einer von Zeit zu Zeit geistreichen, witzigen Bemerkung machen Sie nichts verkehrt. Ist die Bemerkung geistreich genug, können Sie damit beweisen, auf intellektuelle Weise klug zu sein.

Mangel an Humor ist ein wahrer Jammer. Die bizarre Welt des Managements verdient, aus der richtigen Perspektive mit Respekt und Humor angemessen beurteilt zu werden.

Ideen vernichten

Einige Manager sind brillant im Vernichten von Ideen. Genau diese Leute beklagen sich anschließend über einen Mangel an Innovation und neuem Denken im Unternehmen. Es ist nur menschlich, auf neue Ideen feindselig zu reagieren. Neue Ideen bedeuten eine Bedrohung des Status quo:

- Sie beinhalten ein Risiko, vielleicht funktionieren sie nicht.
- Sie stellen die Art und Weise, wie wir die Dinge bisher erledigt haben, infrage, was Kritik an uns impliziert.
- Selbst wenn die Idee ein Erfolg wird, erfordert sie zusätzliche Arbeit und stellt höhere Anforderungen an uns.
- Nicht wir waren es, die die Idee hatten, weshalb wir uns auch nicht dafür verantworten müssen.

Natürlich wird die Feindschaft normalerweise nicht offen gezeigt. Sie manifestiert sich meistens in Form hilfreicher Fragen. Wir alle sind schon in Meetings gewesen, in denen eine Idee auftauchte. Zunächst wartet im Allgemeinen ein Teilnehmer mit einem scharfen Geschoss auf, für das ein „Ja, aber ..." oder „Ich glaube, dass ist eine gute Idee, aber ..." charakteristisch ist. Denken Sie daran: Alles, was vor dem „aber" steht, ist Mist. Die wahre Botschaft folgt anschließend:

- „Es ist großartig, *aber* hat das überhaupt schon jemals einer versucht?" Wenn ja, ist es ein alter Hut und lohnt sich nicht; wenn nein, ist es zu riskant. Versuchen Sie einmal, dagegen anzukommen.
- „Ich finde das gut, *aber* um die Sache zu finanzieren, müssten wir natürlich die diesjährige Anzeigenkampagne streichen."
- „Ja, *aber* würde das von der Gewerkschaft/der Regulierungsbehörde/der Branche akzeptiert werden?"

Wurde erst einmal ein tödliches Geschoss abgefeuert, fallen alle anderen Teilnehmer des Meetings mit ein. Je tödlicher das Geschoss, desto stärker bringt es zum Ausdruck, was für ein kluger Kopf der Kommentator ist. Alles

Weitere ist für die anderen recht einfach – nur nicht für denjenigen, der die Idee hatte. Am Ende des Meetings wurden drei Dinge erreicht:

- Eine potenziell gute Idee wurde vernichtet.
- Die Person mit der Idee wurde gründlich demoralisiert.
- Jeder im Meeting hat gelernt, dass gute Ideen schädlich für die Karriere sind.

Dies ist kein gesunder Ausgang. Ideen lassen sich auf dreierlei Weise retten:

- Verkaufen Sie Ihre Idee schon vor dem Meeting, sodass sie zum anberaumten Termin bereits grundsätzlich unterstützt wird und größere Bedenken identifiziert und im Voraus aus dem Weg geräumt wurden.
- Als Vorsitzender sollten Sie die Teilnehmer des Meetings veranlassen, zuerst die Vorteile der Idee herauszustellen, bevor sie ihre Bedenken äußern. Eine Aufforderung zum positivem Denken ist für die Mitarbeiter ungewohnt. Dies ist für sie viel schwierigerer, als Kritik anzubringen. Lernen die Mitarbeiter, zunächst die Pluspunkte zu nennen, ist allein das schon eine gute Sache. Wenn man zuerst die guten Seiten einer Idee hervorhebt, rückt dies auch die nachfolgende Kritik in eine andere Perspektive. Sind mit der neuen Idee wirklich enorme Vorteile verbunden, würde es sich eventuell auszahlen, eine Lösung für riesige Bedenken zu finden. Liegt der Schwerpunkt einzig auf den Einwänden, ist die Idee dem Untergang geweiht.
- Sorgen Sie als Führungskraft dafür, dass die Mitarbeiter ihre Kritik positiv und handlungsorientiert ausdrücken. Das lässt sich am einfachsten erreichen, wenn Sie die Mitarbeiter dazu auffordern, den Bedenken immer drei Worte voranzustellen: „Wie können wir …" Am Anfang ist es ungewohnt, einen Satz mit diesen drei Worten zu beginnen, aber durch sie werden die Bedenken in einen Handlungsrahmen gesetzt, der es den anderen Mitarbeitern ermöglicht, nach einer Lösung zur Überwindung der Einwände zu suchen.

Information zu den Wettbewerbern: Use it or lose it

Vergessen Sie die Spürhunde und die teuren Beraterberichte. Wenn Sie wissen, dass Sie mit der Information etwas anfangen wollen, suchen Sie selbst danach. Möchten Sie sie nur zu reinen Informationszwecken haben, machen Sie sich nicht diese Mühe. Es gibt noch andere kreative Möglichkeiten, das Geld des Unternehmens zu verschwenden.

Das meiste, was Sie über die Wettbewerber wissen müssen, ist leicht zu erhalten. Es ist nur eine Frage der Fokussierung. Für Berater sind die Profile von Wettbewerbern ein alter Hut, mit dem sie immer wieder aufs Neue Geld verdienen können. Dabei handelt es sich um Archivarbeit oder eine Aufgabe für einen Junior Berater, mit der man seine Fähigkeiten testen kann. Magische Quellen gibt es keine. Die wahren Quellen sind:

- Geschäftsberichte und Börsenveröffentlichungen
- Brokerberichte, Medienberichterstattung (Internet)
- Berufsgenossenschaften
- Sonderberichte (vorhandene Benchmarkdaten, syndizierte Forschung)
- ehemalige Mitarbeiter der Konkurrenz, die zu Ihnen gewechselt sind
- Headhunter, Lieferanten und Kunden – normalerweise sehr hilfsbereit; sie sagen Ihnen, wo Sie sich von der Konkurrenz unterscheiden, was Sie besser machen können.
- Ihre eigene F&E (Forschung und Entwicklung)-Analyse zu Produktleistung und Kosten der Wettbewerber
- Intelligenz des Verkaufsteams: Es ist schnell informiert über Preisänderungen, Werbeaktionen und neue Produkte, oft sickern Informationen zu den Preislisten durch.

Dies ist alles grundlegendes Material. Selbst wenn Sie einen Berater einschalten, ist erst einmal Ihr eigener Einsatz notwendig, um ihm Zugang zu Headhuntern, Kunden, Lieferanten, Verkäufern, Brokern und Angestellten zu verschaffen. Wenn Sie sich bereits diese Mühe gemacht haben, können Sie die Aufgabe auch gleich allein zu Ende führen. In den meisten Fällen ist es nicht so schwierig, die Daten zu sammeln; entscheidend ist, sie richtig zu nutzen. Normalerweise liegen sie irgendwo in der untersten Schublade einer ihrer Mitarbeiter. Die Suche nach Informationen zu den Wettbewerbern macht nur dann Sinn, wenn Sie mit der Information auch etwas anfangen.

Informationsinflation: Zurück in die Zukunft

Im Mittelalter war jedes Wort wertvoll. Manchmal wurde es äußerst gewissenhaft von einem Mönch mit einem Federkiel auf Pergament gebannt. Es gab nur wenige Bücher – und die, die es gab, wurden wie Schätze behandelt. Information wurde hoch geachtet und gepflegt. Viele Menschen waren damals noch des Lesens und Schreibens unkundig – man benutzte Bilder auf Kirchenfenstern, um die Mysterien des Glaubens zu enträtseln.

Mit der Druckmaschine, dann Fotokopierer und schließlich E-Mail und Computer ist es uns gelungen, vom Informationsdefizit zum Informationsüberfluss zu gelangen. Und die Informationsüberfütterung schreitet immer weiter voran. Schaut man zurück auf die 60er Jahre, fällt auf, dass damals jede Waschmittelwerbung eine kleine Seifenoper für sich zu sein schien. Sie dauerte 60 oder sogar 90 Sekunden und ergründete in qualvoller Genauigkeit die Tugenden des Waschmittels. Bereits Anfang der 80er Jahre dauerte die Werbung nur noch 30, vielleicht 40 Sekunden. Heute scheint eine Sendedauer von 30 Sekunden bereits ein Luxus zu sein, 20 Sekunden sind normal und 10 Sekunden werden immer häufiger.

Eine Informationsüberflutung hat ernsthafte Konsequenzen. Der Wert der Information verpufft ebenso schnell, wie das Volumen anschwillt. Es wird dadurch schwieriger, wirklich gute Informationen zu finden – wie die Nadel im Heuhafen. Die Aufmerksamkeitsspanne nimmt ab. Wir hören der Nachricht nur kurz zu, bevor wir uns der nächsten Botschaft zuwenden. Der Information trauen wir im gleichen Maße, wie wir dem Informationsüberbringer trauen.

Mit der Art und Weise, wie wir Wörter und Bilder benutzen, sind wir auf dem besten Weg zurück ins Mittelalter. Heute wollen wir weniger Worte. Am liebsten wollen wir gar keine Worte, wir möchten ein Bild, das die Botschaft zusammenfasst. Die visuelle Informationsvermittlung übernimmt von der verbalen das Zepter. All dies ist für Manager von Bedeutung. Es besagt:

- Fassen Sie sich kurz beim Schreiben. Benutzen Sie visuelle Hilfsmittel.
- Bauen Sie durch den Überbringer Glaubwürdigkeit in die Botschaft ein. Als Individuum sind Sie der Überbringer. Als Unternehmen ist es Ihre Marke. Die Botschaft unterstützt die Marke und umgekehrt.
- Seien Sie konsequent in Ihrer Botschaft. In der Welt der Information benötigt eine überfrachtete Botschaft viel Zeit, um anzukommen, und

durch zwei Botschaften ist jeder nur noch verwirrt. Wählen Sie somit Ihre Botschaft mit Bedacht. Das gilt für Marken, für die Kommunikation im Unternehmen und für die Frage, wie Sie sich selbst dem Unternehmen präsentieren möchten. Die Senior Manager kennen von Ihnen vielleicht nicht mehr als Ihren ausgezeichneten oder miserablen Ruf in einer bestimmte Sache. Machen Sie sich klar, wie Sie in Erinnerung bleiben möchten.

Innovation: Kampfloser Sieg

Die besten Schlachten werden ohne Kampf gewonnen. Die blutigen Schlachten um ein oder zwei Punkte mehr an Marktanteilen müssen ausgefochten werden. Aber besser ist es, ein Territorium zu besetzen, an das noch kein anderer gedacht hat. Es geht darum, die Konkurrenz zu überlisten. Es gibt zwei Sorten von Innovation:

Die bessere Mausefalle

Das ist die Welt der Erfinder. Sie gehört Menschen wie James Dyson (Staubsauger ohne Staubbeutel), Trevor Bayliss (Kurbelradio) und 3M (Post-its). All diese Produkte und Menschen begründeten neue Märkte, in denen sie ihr Geschäft aufgebaut haben. Die Herausforderung liegt in der Institutionalisierung solcher Innovationen. Es ist offensichtlich, dass dies keine selbstverständliche Sache ist. Die Unternehmen müssen nach einer anderen Form der Innovation Ausschau halten.

Neue Märkte schaffen

In jedem der nachfolgenden Fälle hätte ein bereits existierender Marktteilnehmer einen neuen Markt schaffen können. In jedem Fall überließen die Unternehmen dies jedoch einem Außenseiter, der auf diese Weise selbst zu einem ausgezeichneten Wettbewerber wurde.

Canon. Einst nahm der Fotokopierer eine zentrale Funktion im Unternehmen ein. Es handelte sich um ein Gerät mit hoher Leistung und hoher Wartung, das geleast wurde. Canon bot den Fotokopierer als preiswerteres Gerät mit akzeptabler Leistung an, das nun gekauft und im gesamten Unternehmen lokal in jeder Abteilung genutzt wurde. Dies war eine ganz neue Art der Markteroberung. Xerox folgte nur langsam aus Angst, den eigenen Markt zu kannibalisieren.

CNN rief den ersten reinen Nachrichtensender ins Leben. Aufgrund der Größenvorteile und des Markenimagevorteils von CNN fiel es der Konkurrenz schwer, ein ähnliches Netzwerk aufzubauen. BBC und die traditionellen US-Sender wären heute besser positioniert, wenn sie als Erste einen Nachrichtensender rum um die Uhr aufgebaut hätten.

FedEx erfand den Lieferservice über Nacht. Die Idee hätte auch vom Unternehmen UPS kommen können, das jedoch nur langsam folgte und als Zweiter weit hinter FedEx zurückblieb.

Apple schuf den Markt für Personalcomputer; Microsoft übernahm die Herrschaft im Betriebssystemmarkt; Dell erfand mit dem Direktvermarktungsmodell einen neuen PC-Markt. IBM, DEC und Fujitsu verwendeten ihre ganze Kraft darauf, die falschen Schlachten zu führen; sie kämpften miteinander um Marktanteile.

Natürlich wurde kein Mitarbeiter der Verliererorganisationen auf die Straße gesetzt, weil das Unternehmen seine große Chance verpasst hatte. Entlassen wurden viele vermutlich deshalb, weil sie im Kampf ums falsche Ziel die von ihnen angepeilten Budget-, Verkaufs- oder Marktanteilsvorgaben verpasst hatten. In der Zwischenzeit verdienten sich die Strategieberater alle eine goldene Nase damit, die Kunden zu beraten, wie sie den falschen Kampf ausfechten sollten.

Es ist Aufgabe des Senior Managements, dafür zu sorgen, dass das Unternehmen den richtigen Kampf führt. Dazu muss es seine Scheuklappen abnehmen und in neuen Dimensionen denken. Menschen, die das tun, sind oftmals neue, jüngere Mitarbeiter, Rebellen der Organisation, Kunden und Werbeagenturen. Fahren Sie mit ihnen und dem Senior Management für ein Wochenende weg zum Brainstorming. Es spielt keine Rolle, dass zu 99 Prozent Mist dabei herauskommt. Der richtige Kampf ist der Kampf um Ideen. Gewinnen Sie diesen Kampf, dann ändert sich auch der Konkurrenzkampf.

Investieren, um zu verlieren

Die Zuweisung von Mitteln, die Investition von Geld, Zeit und Menschen, das sind zentrale Aufgaben des Managements. Roosevelt bemerkte einmal, dass er in Wirklichkeit ein Verkehrspolizist sei: Er weise Menschen an, in die – hoffentlich – richtige Richtung zu gehen.

Als Manager werden wir auch angehalten, vorsichtig zu sein. Aus diesem Grund möchten wir sichergehen, dass jeder investierte Euro klug angelegt ist. Wir sollten nicht überinvestieren. Deshalb prüfen wir die Investitionsvorschläge gründlich und suchen nach Möglichkeiten, die Investitionskosten zu minimieren. Niedrigere Investitionskosten haben die wunderbare Eigenschaft, die Kapitalrendite zu erhöhen.

Eine Investition von 100 Euro, die eine Rendite von 10 Prozent abwirft, ließe sich auf 12,5 Prozent steigern, wenn die Investition auf 80 Euro gesenkt werden könnte. Dann hätten wir für das Unternehmen 20 Euro gespart und die Kapitalrendite erhöht. Vielleicht hätten wir damit aber auch Vorsorge getroffen, gerade so zu viel investieren, dass wir alles verlieren: keine Rendite und 80 Euro Verlust. Bis dahin hat aber längst jeder vergessen, wie und von wem die Entscheidung getroffen wurde.

Die Alternative dazu wäre, dem Team alles zu geben, was es verlangt. Plötzlich werden keine Entschuldigungen mehr vorgebracht. Die Mitarbeiter erhalten alle Ressourcen, die sie benötigen, um ihre Arbeit zu erledigen und zu gewinnen. Außerdem sind sie motiviert durch das Wissen, dass sie jede erdenkliche Unterstützung erhalten und nicht jeden Heller und Pfennig rechtfertigen müssen. Sie werden sich ganz dem Erfolg verschreiben. Und falls der Investitionsvorschlag nur dann rentabel ist, wenn das Unternehmen zum Erzielen der angepeilten Kapitalrendite die Investition kürzt, sollte die Investition erst gar nicht bewilligt werden. Investieren Sie, um zu gewinnen. Vorsichtiges Investieren ist Investieren, um zu verlieren.

Dem Irrsinn trotzen

Sie müssen sich nicht zwangsläufig der neuesten närrischen Initiative unterwerfen, die aus der Chefetage durchsickert. Es gibt viele Möglichkeiten, die Initiative zu stoppen, ohne sich zu widersetzen:

- Ignorieren Sie sie. Es besteht die Hoffnung, dass der obere Manager in einem Augenblick der Zurechnungsfähigkeit die Initiative still und heimlich einschlafen lässt. Vielleicht wird der Manager auch befördert oder versetzt, bevor etwas geschieht, oder Sie kommen als Folge der nächsten Umstrukturierung in eine neue Position.

- Definieren Sie die Realität neu. Wenn alles auf der Basis von E-Commerce erfolgen muss, beweisen Sie, dass Ihre gesamte Arbeit auf E-Basis beruht. So sind alle weiter glücklich, dass man die Ziele erreicht, ohne etwas dafür zu tun.
- Geben Sie den schwarzen Peter weiter. Stimmen Sie zu, dass es eine großartige Idee ist, ideal für die Abteilung Marketing, Verkauf, Technik oder wen auch immer. Sorgen Sie dafür, dass diese Abteilung zu beschäftigt ist, um sich mit der Idee auseinanderzusetzen.
- Stimmen Sie für die Idee. Stellen Sie ein Team auf, das prüft, wie sich die Idee umsetzen lässt. Kommen Sie voller Enthusiasmus mit Empfehlungen zurück, die eine Verdopplung Ihres Budgets erfordern, eine Umverteilung der Mittel zu Lasten der anderen Lieblingsprojekte des Chefs, und die möglichst viel Schaden und Aufregung verursachen.
- Sorgen Sie für Verzögerung, Ungewissheit und Verwirrung. Sorgen Sie für Unklarheit in der Frage, wer was wann wo und warum zu machen hat. Bis dies geklärt ist, sollte das Verfallsdatum der Idee bereits überschritten sein.

Welche Schritte Sie auch ergreifen, leisten Sie keinen offenen Widerstand. Sie werden sonst nicht länger als Teammitglied betrachtet. Sie werden zu einem Problem. Was noch schlimmer ist: So wird die Angelegenheit in die Öffentlichkeit gezerrt und genau die Handlungen bewirken, die Sie eigentlich vermeiden wollten.

Der beste Widerstand ist Apathie. Damit lastet der gesamte Druck auf dem Management, für Dynamik zu sorgen. Zur Überwindung dieser Unternehmensapathie fehlt es vermutlich an Zeit, Konzentration, an Ressourcen oder Energien. Sollte dies nicht der Fall sein, dann ist die Idee vermutlich so gut, dass man sich ihr anschließen sollte.

„-isten"

Die -isten weilen noch immer unter uns. Die Rassisten und Sexisten. Aus Wettbewerbssicht ist das eine großartige Nachricht. Die -isten tragen nämlich dazu bei, dass es keinen echten Wettbewerb gibt. Das Risiko eines Rechtsstreits mag noch unangenehm sein. Aber spätestens bei der Suche nach fähigen Mitarbeitern verlieren sie den Kampf. Darüber hinaus gelingt es ihnen nicht, den Genpool ihres Unternehmens aufzufrischen. Sie schaffen ein uniformes, nach innen gerichtetes Gruppendenken.

Der Herausforderung von heute besteht nicht darin, Mitarbeiter ungeachtet der Merkmale Geschlecht, Alter, Rasse und Glauben einzustellen. Wer die Mitarbeiter einstellt, fühlt sich noch in einer gewissen Machtposition und durch die Vielfalt am Arbeitsplatz nicht bedroht – falls es nicht klappt mit dem Mitarbeiter, kann man ihn versetzen oder hinauswerfen. Eine echte Herausforderung besteht dann, wenn dieser Mitarbeiter befördert wird und wir für einen Vorgesetzten arbeiten, der unter Umständen außergewöhnlich jung oder weiblich ist oder vielleicht einer anderen Rasse oder einem anderen Glauben angehört. Hier scheitern die meisten Unternehmen. Der Genpool mag sich auf der unteren Ebene des Unternehmens durch Vielfältigkeit auszeichnen, aber oben schlägt die Konformität erbarmungslos zu.

In Großbritannien zum Beispiel sind etwa die Hälfte aller Arbeitskräfte Frauen. Gerade einmal 1,8 Prozent aller aktiven Vorstandsmitglieder in den 100 größten Unternehmen sind weiblich. Zirka 8 Prozent der Aufsichtsratsmitglieder sind Frauen. Dies zeigt, dass in Bezug auf Vielfalt nach wie vor nur Alibipolitik betrieben wird und in den Vorständen britischer Unternehmen Konformität vorherrscht. Das Bild eines weiblichen Aufsichtsratsmitglieds im Geschäftsbericht macht einen positiven Eindruck und befreit das Management davon, das Thema Vielfalt am Arbeitsplatz weiter ernsthaft zu verfolgen. Entscheidend ist nicht, bei der Personalanwerbung auf das Kriterium Vielfalt zu achten oder diese im Geschäftsbericht zu repräsentieren. Wichtig ist, diese Vielfalt auch in den höheren Positionen zu berücksichtigen.

Es kann großartig sein, für Menschen zu arbeiten, die jünger sind als Sie, einer anderen Kultur oder einem anderen Geschlecht angehören. Einige von ihnen sind vielleicht brillant, andere mögen eine Niete sein. Auf jeden Fall sind sie menschlich und sie bieten eine andere Sicht der Welt. Für Sie ist dies ein großartiger Weg, Neues zu lernen und das nötige Vertrauen aufzubauen, so dass Sie später – wenn Sie selbst einmal an der Spitze sind – ebenfalls den gesamten Genpool bei den Beförderungen berücksichtigen.

IT: Intermediate Technology

In den letzten 30 Jahren war die Information Technology eine Intermediate Technology. Sie hat stets versprochen, morgen mehr zu leisten als heute, und verspricht dies auch heute noch. Das Moore'sche Gesetz hat sich bewahrheitet: Die Leistungsfähigkeit von Computern hat sich ungefähr alle 18 Monate verdoppelt und die Kosten haben sich halbiert. Für das Management ist dies eine Katastrophe, für die IT-Branche eine Goldgrube.

Die schnelle Veränderung im Bereich IT ist ein Faktor, der sich lähmend auf das Geschäft auswirkt. Während der letzten industriellen Revolution war die Technologie zumindest noch relativ stabil. Eisenbahnlinien mussten nicht alle drei Jahre Veränderungen in der Konstruktion, der Strecke oder der technischen Ausführung befürchten. Wurden diese tatsächlich notwendig, ließ sich das schnell erledigen. Als in den USA die Great Western Line von Breit- auf Standardspur umgestellt wurde, ersetzten an einem Wochenende 4000 Arbeiter 213 Meilen an Schienen. Viele Unternehmen würden mit Vergnügen 4000 Arbeiter für ein Wochenende einstellen, wenn allein damit die Technologie-Infrastruktur geändert werden könnte.

Angesichts der schnellen Veralterung von Technologie stehen dem Management drei große Optionen offen:

- Ignorieren Sie die Technologie-Upgrades, bleiben Sie beim aktuellen System und schauen Sie zu, wie die Konkurrenz vorbeisegelt – wenn sie Wege findet, durch die Technologie Kunden zu niedrigeren Kosten besser zu bedienen.
- Werden Sie zum Upgrade-Junkie: Fügen Sie von neuen Systemen überall kleine Teile hinzu, um up to date zu bleiben. Als Folge erhalten Sie dann ein Back-Office, das wie ein Technologiemuseum aussieht: Computersysteme und -sprachen aus jeder Ära und allen Teilen der Welt. Die meisten Banken wissen nicht einmal, welches System sie haben, und verfügen auch nicht über die Manuals oder das Fachwissen, um Fehler zu beheben. Eine Bank besaß 1290 Systeme, von denen nur die wenigsten vernünftig miteinander kommunizierten. Dies war der Turm zu Babel in der Form einer Spaghettischüssel.
- Verschrotten Sie alle bestehenden Systeme unter hohen Kosten und Mühen, um reinen Tisch zu machen. Nehmen Sie alle Datenmigrationsfehler und Anlaufschwierigkeiten in Kauf und stellen Sie dann fest, dass zu dem Zeitpunkt, an dem das Dreijahresprogramm endlich läuft, die Technologie längst veraltet ist.

Für Manager ist Technologie eine Strafe. Was sie auch anstellen, es ist zu teuer oder man muss in dem Augenblick, in dem die Arbeit erledigt ist, wieder von vorn anfangen. Offensichtlich besteht die Lösung darin, in die IT-Branche einzusteigen, die bisher eine Lizenz zum Gelddrucken war. Selbst Manager mit wenig Kompetenz konnten auf dieser Schiene ein Vermögen verdienen.

Eine Alternative wäre, die Infrastruktur den Experten aus einer der Technologiefirmen zu überlassen. Sie haben bessere Chancen als die unternehmensinterne IT-Abteilung, sinnvolle Upgrades zu beschaffen, passende Technologielösungen anzubieten und gute Ergebnisse zu erzielen.

IT-Berater: Die Bauexperten

Für IT-Berater gilt das Gleiche wie für Baufachleute. Wenn man sie braucht, ist keiner da. Die Arbeit kostet immer mehr oder dauert länger als erwartet, und sind sie erst einmal da, bringen sie alles vollkommen durcheinander. Natürlich haben die einen Bäuche über den Jeans, die anderen Partner in Maßanzügen. Das nächste Mal, wenn IT-Berater zu einem Verkaufsgespräch vorbeikommen, stellen Sie sich diese mit einem Bierbauch in Bauarbeiterkleidung vor. So lässt sich das Baufachgespräch, das nun folgt, besser ertragen.

Bewerten Sie ihre Rede. Wenn sie von den folgenden zehn Punkten fünf erreichen, stehen Sie schweigend auf und geben Sie ihnen einen Backstein. Erklären Sie nicht, warum. Schicken Sie ihnen eine Woche später eine Fotokopie dieser Seite zusammen mit Ihrer Bewertung. Hier sind die Kommentare der IT-Berater, auf die Sie achten sollten:

- Sie werten die vorherige Arbeit als Schund ab. „Wer diesen Verputz gemacht hat, sollte erschossen werden" im Vergleich zu „COBOL? Das benutzt doch heute kaum noch jemand!"
- Der Arbeitsumfang ist größer, als von Ihnen erwartet: „Hier können wir nicht ein bisschen Isolierung austauschen, Sie benötigen eine ganz neue Dämmschicht" im Vergleich zu „Natürlich müssen Sie auch alle Systeme ersetzen".
- Die Arbeit ist nicht nur umfangreich, sondern auch kompliziert. „Flachdächer sind immer knifflig" im Vergleich zu „Dafür gibt's kein Softwarepaket, das müssen wir speziell für Sie entwickeln".

- Deshalb wird es natürlich teuer. „Das kostet Sie einiges" im Vergleich zu „Das wird eine enorm hohe Investition".
- Und es dauert lange. „Das wird eine Weile dauern" im Vergleich zu „Das wird eine Weile dauern".
- Aber sie können nicht sagen, wie lange. „Bis wir gesehen haben, was unter den Bohlen ist" im Vergleich zu „Bis wir das genauer spezifiziert haben".
- Und sie können für den Preis nicht garantieren.
- Sie werden ein wertloses Versprechen als Garantie abgeben. „Wir können es auch später machen" im Vergleich zu „Es reicht, wenn Sie uns einen Monat vorher Bescheid geben (wenn Sie erst einmal vollkommen von uns abhängig sind)".
- Sie werden versuchen, die Arbeit auszuweiten. „Wir könnten gleichzeitig Ihre Auffahrt machen" im Vergleich zu „Hierzu gehört auch ein vernünftiges Konvertierungsprogramm/eine Konvertierungsstrategie".
- Aber heute ist Ihr Glückstag – sie haben genau die richtigen Leute für die Arbeit. „Mick ist ein großartiger Verputzer, er ist ab Dienstag frei" im Vergleich zu „Sie wissen natürlich, wie schwierig es ist, ein Team mit den richtigen Fähigkeiten zusammenzustellen, aber wir könnten es im nächsten Monat schaffen, wenn Sie uns jetzt das Okay geben".

Man kann den Backstein auch anders einsetzen. Lassen Sie sich nicht in Versuchung führen.

Jährliche Leistungsbeurteilung

Dies ist oftmals eine gute Übung zum Formulieren von Ausflüchten. Menschen verletzen nicht gern die Gefühle anderer, somit werden Euphemismen und Verschlüsselungen im Überfluss verwendet. Man benötigt einen Kryptographen, um das tatsächlich Gemeinte herauszufinden.

Das Ergebnis ist katastrophal. Der Beurteilte erkennt nicht, woran er ist, weiß nicht, was für seine künftige Entwicklung wirklich notwendig ist. Er ist für Misserfolg und Enttäuschung prädestiniert; ist es dann so weit, kommt es umso schlimmer für ihn, weil er vollkommen überrascht wurde. Inzwischen sind Beförderungs- und Bonusmitteilungen zu einer obskuren Übung der Entschlüsselung geworden, was all die unterschiedlichen Beurteilungen bedeuten. Der Grad der Verschleierung fällt auch je nach Beurteiler unterschiedlich aus.

Die Wahrheit kommt nur dann ans Licht, wenn alle Beurteiler in einem Raum sitzen und genau gefragt werden, was sie von allen Kandidaten halten. Im Nachfolgenden finden Sie eine Übersetzung von häufiger vorkommenden Beurteilungskommentaren:

- Herausragende Leistung. Der Beurteilte hat dem Beurteilenden während der Beurteilungsphase bei verschiedenen Gelegenheiten die Haut gerettet.
- Überdurchschnittliche Leistung: durchschnittliche Leistung.
- Durchschnittliche Leistung: kaum akzeptable Leistung. 95 Prozent der Mitarbeiter erhalten letztlich immer die Beurteilung überdurchschnittlich oder durchschnittlich. Mathematisch betrachtet unmöglich, aus diplomatischen und emotionalen Gründen jedoch unvermeidbar.
- Unterdurchschnittliche Leistung: Wer hat diese Niete eingestellt?
- Ein Jahr der Herausforderungen: katastrophale Performance, aber das will ich hier nicht so direkt sagen.
- Herausforderungen in der Entwicklung: keine Chance, sich zu entwickeln oder weiterzukommen.
- Muss analytische Fähigkeiten entwickeln: Der Beurteilte hat null Verstand.

- Analytisch herausragend: klüger als der Beurteiler.
- Muss interpersonelle Fähigkeiten entwickeln: Diesen Mitarbeiter will ich niemals wieder in meinem Team sehen.
- Starke interpersonelle Fähigkeiten: taktisch kluger Quacksalberverkäufer.

Die Liste lässt sich unendlich fortsetzen. Die Frage ist, wie sich diese Art von Beurteilung vermeiden lässt. Es gibt zwei Antworten. Erstens: Sorgen Sie dafür, dass der Beurteiler auch mit den Konsequenzen aus seiner Entscheidung leben muss. Solange Personal und Management immer wieder versetzt werden, ist die Wahrscheinlichkeit gering, dass ein Beurteiler über einen längeren Zeitraum für einen Beurteilten verantwortlich ist. Das heißt, unangenehme Probleme lassen sich auf den Nachfolger abwälzen. In der Zwischenzeit kann sich der Manager darauf konzentrieren, Mitarbeiter mit großartigen Leistungen zu fördern, und alle sind glücklich. Oder zweitens: Lösen Sie sich bei Ihrer Bewertung vom traditionellen Urteil „gut" oder „schlecht" beziehungsweise „unterdurchschnittlich" oder „überdurchschnittlich". Diese Art von Kritik sorgt von Natur aus bereits für Konflikte und Spannungen. Es ist schwierig, einem anderen Menschen mitzuteilen, er sei nicht gut oder unterdurchschnittlich. Dieses Urteil fordert Ablehnung und Feindseligkeit geradezu heraus, was keinen weiterbringt.

Es gibt eine Alternative. Halten Sie fest, wie viel Zeit ein Mitarbeiter typischerweise benötigt, um auf der Karriereleiter eine Stufe weiter nach oben zu klettern, seien es nun drei, fünf oder sieben Jahre. Arbeiten Sie heraus, welche Fähigkeiten, Verantwortung und Leistungen für die Weiterentwicklung dieses Mitarbeiters erforderlich sind. Beurteilen Sie anschließend die Fähigkeiten und Leistungen in Bezug auf das Weiterkommen, nicht in Form einer absoluten Kritik wie etwa „gut" oder „schlecht". Keiner, der gerade befördert wurde, wird es übel nehmen zu hören, seine Leistung entspräche der Leistung von jemandem, der gerade ein Jahr auf der fünf Jahre dauernden Karrierestufe sei. Derselbe Mitarbeiter, gerade befördert, wäre gekränkt, wenn er erführe, seine Leistung sei unterdurchschnittlich. Was die Leistung angeht, drücken beide Botschaften das Gleiche aus, das Ergebnis ist jedoch ganz und gar unterschiedlich. Die Bewertung der zunehmenden Reife sieht etwa wie folgt aus:

Leistungsniveau Kriterien:	Neu	in der Entwicklung	in der Reife	reif
Interpersonelle Fähigkeiten		x		
Führungsqualitäten		x		
Analytische Fähigkeiten			x	
Präsentationen	x			
Verkaufsergebnisse		x		
Sonstige ...				

Ist der Mitarbeiter schon etwas länger im Unternehmen, sind dies für ihn klare, positive und konstruktive Botschaften, die aussagen, wo er seine Stärken hat und wo er sich noch weiterentwickeln muss. Beachten Sie, dass sich die meisten Kreuzchen in der Spalte befinden, die als unterdurchschnittlich gesehen würde, wenn dieser Mitarbeiter mit anderen Kollegen auf gleicher Ebene verglichen würde. Der Entwicklungsansatz funktioniert besser, weil:

- er weniger konfrontierend ist als die Beurteilung „gut" oder „schlecht".
- er konstruktiver ist: Sie erhalten letztlich einen Plan dafür, welche Voraussetzungen für die Weiterentwicklung erforderlich sind.
- er dem Beurteilenden eine gute Chance einräumt, ehrlich zu sein, und dem Beurteilten die Möglichkeit gibt, ohne allzu große Angst zuzuhören.
- er ein gutes Bild davon vermittelt, wer wann für eine Beförderung reif ist. Entwickelt sich ein Mitarbeiter nicht weiter, gibt der Ansatz Signale, wer in Gefahr ist und warum.

Selbst wenn im Unternehmen offiziell das System mit den Bewertungen „gut" oder „schlecht" Anwendung findet, hilft eine inoffizielle Verwendung des Entwicklungsansatzes dabei, auf beiden Seiten Vertrauen und Verständnis aufzubauen.

Japan: Wie Sie lernen, Sushi zu essen und die Welt zu erobern

Während der 80er und frühen 90er Jahre wurden ganze Wälder abgeholzt, um Bücher über das Geheimnis des japanischen Erfolgs zu drucken. Jeder war erpicht darauf, dem japanischen Beispiel zu folgen und zu lernen, wie man die Welt erobert. Bei diesen Büchern gab es drei Probleme:

- Die meisten Autoren hatten gar nicht selbst in Japan gearbeitet. Sie verließen sich auf Material aus zweiter Hand und arbeiteten Fälle aus den gleichen Firmen auf. Für Außenstehende sah das großartig aus, die Bücher ließen sich gut verkaufen und brachten Einladungen zu Vorträgen ein. Wer jedoch in Japan gearbeitet hatte, konnte gleich erkennen, dass es Müll war. Westliche Unternehmen würden mit benutztem, aufgearbeitetem Müll keinen Erfolg haben.
- Das japanische Wunder war eine Fata Morgana. Wie in jeder Volkswirtschaft gibt es auch in Japan eindeutig Bereiche, in denen das Land Vorteile gegenüber anderen aufweist, aber ebenso eindeutig auch Bereiche mit Nachteilen. Japan hatte nicht den Stein des Weisen entdeckt, ein Universalrezept für den Unternehmenserfolg. Ein Gang durch einen japanischen Einzelhandelsladen reichte schon, um jeglichen Gedanken an japanische Universalexzellenz und welterobernde Macht zunichte zu machen. Wieder einmal sollte es der westlichen Welt nicht gelingen, ein Wunder zu kopieren.
- Worin auch immer die Japaner gut oder schlecht sein mögen, auf jeden Fall sind sie Weltklasse darin, Japaner zu sein. Keiner wird jemals so japanisch sein wie die Japaner. Der Westen wird niemals Sushi oder Sumo so zu schätzen wissen wie sie oder lernen, sich so zu verbeugen, wie sie es können. Dennoch lautete die Prämisse der meisten Bücher, man müsse die Japaner nachahmen.

Das Kopieren von Wettbewerbern ist der sicherste Weg zum Misserfolg. Es ist eine Aufholjagd, bei der die anderen immer einen Schritt voraus bleiben. Der einzig richtige Weg ist der, nach Möglichkeiten zu suchen, anders und besser zu sein. Letztlich geschah auch genau das. Die USA entdeckten, dass sie flexiblere Arbeitsmuster vorzuweisen hatten, bessere Methoden der Kapitalverteilung und eine bessere Nutzung der neuen

Technologie. Sie gewinnen nun, weil sie anders sind, und nicht deshalb, weil sie die Japaner einfach nur kopieren.

Aber nun wird der gleiche Fehler erneut gemacht. Jetzt lernt jeder, amerikanisch zu sein und eine Internetfirma zu gründen. Die Blase ist inzwischen geplatzt und die Suche nach neuen kopierbaren Helden beginnt. In der Zwischenzeit sollten wir es wagen, einfach anders zu sein.

K

Kämpfe

Unternehmenskämpfe sind auch eine Lebensart. Die blutigsten Kämpfe finden nicht zwischen Unternehmen statt, sondern in der Organisation selbst. Eine Abteilung bekämpft die andere wegen der zur Verfügung stehenden Mittel. Ein Manager kämpft gegen einen anderen um Anerkennung und Beförderung. Die Aufgabe des Managements besteht darin herauszufinden, welche Kämpfe ausgefochten werden sollten und wann. Es gibt drei Regeln, sich für oder gegen einen Kampf zu entscheiden. Diese Regeln werden von den einen auf Admiral Nelson und von den anderen auf Sun Tsu zurückgeführt. Sie lauten:

- Kämpfen Sie nur dann, wenn sich der Preis lohnt. Kämpfen Sie nicht, wenn es um die Frage geht, ob der Kaffee in Ihrem Unternehmen gratis sein soll. Es ist besser, Sie tun Ihre Meinung kund und ziehen sich dann huldvoll zurück. Verschwenden Sie dafür kein persönliches Kapital.
- Kämpfen Sie nur, wenn Sie wissen, dass Sie auch gewinnen. Wenn Sie an der Wall Street nicht wissen, welche Aktie zu den Losern gehört, sind Sie selbst einer. Wenn Sie in Unternehmenskämpfen nicht wissen, wer verliert, sind Sie der Verlierer. Mit anderen Worten: Wenn Sie nicht wissen, ob Sie gewinnen, werden Sie verlieren. Somit ist meistens der Ausgang der Schlachten bereits vor dem Ende bekannt. Ehe Sie sich auf einen Kampf einlassen, müssen Sie wissen, ob Sie auch über genügend politische Bündnisse, Unterstützung und rationale Argumente verfügen, um zu gewinnen.
- Kämpfen Sie nur dann, wenn kein anderer Weg zum Sieg führt. Wenn möglich, lassen Sie Ihrem Gegner noch einen Ausweg. Drängen Sie ihn nicht in eine Ecke, wo er zum Kampf gezwungen ist. Es macht keinen Sinn, all die Schäden in Kauf zu nehmen, die mit einem Kampf – selbst mit einem Sieg – verbunden sind, wenn dies vermeidbar ist. Bedenken Sie: Ist ein Kampf erst einmal verloren, haben Sie sich vermutlich einen Feind fürs Leben gemacht.

Menschen, die zu häufig und zu offensichtlich Kämpfe austragen, sind am Ende die Verlierer. Und wenn dies erst einmal der Fall ist, gibt es genug Feinde, die nur darauf warten, aus ihren Schlupflöchern hervorzukriechen und ihnen den Gnadenstoß zu versetzen. Vermeidet man im anderen Extrem jeden Kampf, führt das zur Plage der exzessiven Einigkeit und einem sehr schwachen Management.

Die Kirschen in Nachbars Garten ...

Risiken und Chancen einer beruflichen Weiterentwicklung

Alle – selbst die Erfolgreichen – glauben, dass die Kirschen in Nachbars Garten besonders rot sind. Geschäftsleute träumen vielleicht von der Macht der Politiker, die sich den Glamour von Schauspielern erträumen, die sich eventuell den Ruhm eines Sportlers ersehnen, der unter Umständen von der Kunst eines Poeten träumt, dessen Träume sich wiederum um das Genie eines Wissenschaftlers drehen können. Es gibt immer jemanden, dem es besser zu gehen scheint. Für den Anfang ist es erst einmal gut, zu erkennen, dass niemand alles hat; selbst jene, die alles zu haben scheinen, sehnen sich nach etwas, das jenseits von Geld und Macht liegt. Eine einhellige Meinung habe ich nur einmal als Hippie erlebt. Jeder war davon überzeugt, dass Pokhara in Nepal Nachbars Garten darstellte. Hier waren die Kirschen wirklich am größten, sagten alle. Das hilft aber nicht den Geschäftsleuten, die sich in Qualen winden bei ihrer Entscheidung, wie es nun beruflich weitergehen soll.

Ein Arbeitsplatzwechsel macht Spaß. Man erlernt neue Fertigkeiten. Damit ist jedoch auch ein Risiko verbunden. Im Jagdeifer tendieren sowohl der Jäger als auch der Gejagte dazu, zu große Versprechungen zu machen. Der Jäger wird tendenziell bei der Stärke des Unternehmens und der Wichtigkeit der angebotenen Rolle übertreiben. Der Gejagte tendiert dazu, bei seinen bisher erbrachten Leistungen und Ergebnissen zu dick aufzutragen. Somit werden zuerst einmal die Erwartungen enttäuscht. Dann wird der Neueinsteiger mit der rauen Realität konfrontiert:

- Ihm fehlt ein unterstützendes Netzwerk. Ein solches Netz baut sich in großen Organisationen über Jahre hin auf; es hilft den Menschen, sich durchzumanövrieren, und ist von entscheidender Bedeutung, wenn etwas bewegt werden soll. Da es sich über Jahre langsam entwickelt, scheint es eine ganz selbstverständliche Sache zu sein. Ohne Netz ist der neue Mitarbeiter hoffnungslos exponiert, bis er in aller Eile ein neues Netz aufgebaut hat.
- Unklare Spielregeln. Jedes Unternehmen besitzt ungeschriebene Regeln dafür, wie etwas in die Wege geleitet wird, was gutes und was schlechtes Benehmen ist, was man anzieht und wie man arbeitet. Unbewusst tritt der neue Mitarbeiter links, rechts und in der Mitte auf Tretminen. Die Politik ist völlig undurchsichtig.
- Skepsis. Es wird erwartet, dass Sie sich beweisen, und zwar schnell. Insbesondere dann, wenn sich für Ihre Arbeit auch intern Kandidaten beworben hatten. In einer neuen Organisation, in der Sie noch nicht die Politik und die Spielregeln kennen und über kein Netz verfügen, ist es jedoch schwerer als im alten Unternehmen, sich schnell zu beweisen.
- Desillusionierung. Die Kirschen in Nachbars Garten sind nicht größer. Viele in derselben Branche operierende Unternehmen haben letztlich doch alle die gleichen Fähigkeiten, ähnliche Mitarbeiter und einen vergleichbaren Stil. Die Firmen sind vielleicht neu, aber deswegen nicht unbedingt besser. Selbst wenn die Unternehmenskultur anders ist, gelangt der neue Mitarbeiter letztlich nur zu der Erkenntnis, dass die Stärken und Schwächen eben auch nur anders sind als zuvor. Damit hat sich aber zumindest die Quelle der Frustration geändert.

Angesichts der Leichtgläubigkeit von Rekrutierern und ihrer Neigung, von außen kommende Erfahrung der internen Erfahrung vorzuziehen, sollte es Ihnen möglich sein, sich selbst aus Ihrer jetzigen Firma hinauszubefördern. Zwei Jahre später können Sie jederzeit eine neue Beförderung erhalten und weiter nach oben klettern, indem Sie mit Ihrer neuen Erfahrung zur alten Firma zurückkehren.

Kleidung, Schizophrenie und das Kastensystem

Unsere Kleidung ist Ausdruck dafür, wie wir von der Welt gesehen werden möchten: Wer wir sind, welchen Gruppen wir angehören und – ebenso wichtig – zu welchen Gruppen wir nicht gehören. Im Zeitalter der Konformität war das Leben sowohl für den Einzelnen als auch für die Organisation recht einfach. Es gab eine einheitliche Kleiderordnung im Unternehmen und keiner brauchte sich viele Gedanken über seine Identität zu machen. Eine Krise konnte sich nur bei der Entscheidung anbahnen, wie langweilig die Krawatte heute sein sollte.

Nun sorgen Kleidungscodes für Chaos. Den Institutionen ist bewusst geworden, dass sie von unterschiedlichen Gruppen auch unterschiedlich wahrgenommen werden möchten. Das Großunternehmen will seinen risikoscheuen Kunden den Eindruck vermitteln, groß, vertrauenswürdig und unbegrenzt verlässlich zu sein. Konservative Anzüge und Krawatten senden hier die richtige Botschaft. Jungen Bewerbern gegenüber möchte die Firma jedoch den Eindruck von Hip, Hightech und Spaß vermitteln. Anzüge und Krawatten sind dazu nicht gerade das geeignete Mittel. Die Schizophrenie des Unternehmens ist durch Kleidungscodes ans Licht gekommen. Die Firma kann nicht für alle Menschen zur gleichen Zeit alles sein, ohne einen großen Betrug zu begehen.

Die Kleidungskrise trifft die Institution bis ins Mark. Anstelle „einer" Kleiderordnung gibt es Hunderte von Kleiderordnungen, die die Position eines Mitarbeiters im Unternehmen mit der Präzision eines Kastensystems bestimmen:

- Jede Funktionsebene besitzt ihren eigenen Stil: Finanzabteilung und Buchhaltung möchten konservativ und vertrauenswürdig aussehen, kreative Typen versuchen, kreativ auszusehen, IT-Typen sind darum bemüht, hip zu sein.
- Jede Führungsebene hat ihren eigenen Stil: Maßanzug im Topmanagement, Designermarken im aufwärts strebenden mittleren Management, Anzüge von der Stange für das Junior Management und extrem lässiger Freizeitlook für die Mitarbeiter im Support.
- Jedes Land hat seinen eigenen Stil, angefangen von der überwältigenden Konformität der Japaner bis zur Tyrannei der Chino-Schlaghosen bei den Amerikanern; jede Nationalität kleidet ihre Kultur in die entsprechenden Gewänder.

Kenner der Kleiderszene können allein mithilfe der Kleidung bestimmen, aus welchem Land, aus welcher Abteilung und von welcher Unternehmensebene eine Person stammt. Dies ist von Bedeutung, denn damit wird ausgedrückt, dass die Menschen nicht ein Gemeinschaftsgefühl in Bezug auf die Organisation verspüren, sondern sich mit den gleichrangigen Mitarbeitern verbunden fühlen, mit ihren Abteilungskollegen oder ihrem

Land. Nachdem sich das Unternehmen in Form von Herabstufungen, Umstrukturierungen und Reengineering jahrelang wenig loyal gegenüber den Mitarbeitern gezeigt hat, zahlen diese das nun heim, indem sie den Eindruck vermitteln, der Organisation gegenüber vollkommen unloyal zu sein. Wenn die Mitarbeiter das Gefühl haben, vor allem eine Identität als IT-Experte zu besitzen, nicht als ein Angestellter von MegaDollar, überrascht es nicht, dass sie nun ganz entspannt demjenigen Arbeitgeber ihre Fähigkeiten feilbieten, der das beste Angebotspaket für sie bereithält.

Ein Versuch, das Blatt wieder zu wenden und die Einheitskleidung der 1960er Jahre oder den Standard der Japaner heraufzubeschwören, hieße, die Geschichte zu beeinflussen. Die Schlacht ist beendet und rundum verloren. Der noch viel größere Kampf hat kaum begonnen. Er besteht darin, wieder ein Gefühl der Gemeinsamkeit und der Loyalität zu schaffen, einen psychologischen Vertrag abzuschließen, der auf Commitment beruht.

Komitees

Komitees sind das Land der lebenden Toten. Holen Sie sie heraus aus ihrem Elend. Töten Sie sie. Ausschüsse haben normalerweise mit vier Problemen zu kämpfen:

- Zuständigkeit und Verantwortung. Die Bildung eines Ausschusses ist eine ausgezeichnete Möglichkeit, Zuständigkeit und Verantwortung zu verschleiern. Wenn ein Komitee eine Entscheidung trifft, ist es schwierig, eine einzelne Person für etwas verantwortlich zu machen. Selbst der Vorsitzende kann sich hinter der Entschuldigung verstecken, dass er den Willen der Mehrheit zum Ausdruck bringt.
- Schlechte Entscheidungen. In Ausschüssen werden schlechte Entscheidungen getroffen. Komitees neigen zu Kompromissen. Wenn zwei Vorschläge zu bewerten sind, wird der Ausschuss einen Kompromiss suchen, sodass keiner der Betroffenen sein Gesicht verliert. Durch Kompromisse schlagen Sie die Konkurrenz nicht.
- Tempo. Ausschüsse sind in der Tendenz langsam und bürokratisch. Sie treffen sich regelmäßig und vor dem Treffen werden Entwürfe benötigt. Wenn also eine neue Verkaufsmöglichkeit oder Kreditanfrage am falschen Tag eintrifft, müssen Sie eine Woche oder einen Monat auf die Antwort warten. Bis dahin hat die Konkurrenz Sie bereits fertiggemacht.

- Leistungsmaßstäbe und Belohnung. Komitees haben selten klare Leistungsmaßstäbe und klare Ziele, anhand deren sie gemessen werden und die anschließend in die Bewertung und die Bonuszahlungen für die Ausschussmitglieder einfließen.

Es gibt zwei gute Alternativen zum Ausschuss. Erstens: Übertragen Sie die Managementverantwortung an einzelne Manager. Wenn die Führungskraft dann bei der Ausübung ihrer Funktion die Unterstützung der Kollegen benötigt, wird sie einen Weg finden, dies effizient durchzusetzen. Aber zumindest bleiben so die Verantwortlichkeiten klar, wobei noch genug Flexibilität vorhanden ist, um den Anforderungen der Situation gerecht zu werden.

Zweitens: Bilden Sie eine kleine Spezialeinheit, die ein zeitlich begrenztes, messbares Ziel und einen Leiter hat, der eindeutig dafür verantwortlich ist, dass die Ziele auch erreicht werden. Wenn die Zeit abgelaufen ist, lösen Sie die Gruppe mit angemessener Feierlichkeit auf. Der Leiter der Spezialeinheit sollte auch für die Implementierung der von der Gruppe gemachten Vorschläge verantwortlich sein. Dies sorgt für klare, bessere und praktischere Empfehlungen.

Konferenzen: Eine Anleitung zum Überleben

Unternehmenskonferenzen bieten zumindest die Gelegenheit, aus den Büroräumen herauszukommen, sich gar an einem netten Platz zu treffen und Bonusmeilen unter Umständen etwas schneller anzusammeln. Vielleicht erhalten Sie auch ein gutes Essen und reichlich zu trinken. Der Preis, den Sie zu zahlen haben, ist hoch: Sie sitzen stundenlang in einem dunklen, stickigen Konferenzsaal und hören einem selbstgefälligen Wichtigtuer zu bei einer Rede, die Sie innerhalb von Minuten wieder vergessen können. In den meisten Konferenzen lassen sich drei Elemente feststellen, die der im Überlebenstraining geübte Manager zu seinen Gunsten nutzen kann:

- Plenarsitzungen. Viele sind reine Zeitverschwendung. Hier kommen wichtige Leute auf die Bühne, und so wie Hunde ihr Territorium markieren, halten sie Reden, um zu beweisen, dass sie zu den ganz Großen zählen. An einigen Sitzungen müssen Sie vielleicht teilnehmen. Es dürften jedoch auch Sitzungen auf der Agenda stehen, die für Sie belanglos sind, und man wird Sie dort nicht vermissen. Das ist eine gute Gelegenheit, überfällige Schreibarbeiten oder Anrufe zu erledigen oder ins Fitness-Center zu gehen, wenn eines vorhanden ist. Damit folgen Sie nur dem Beispiel der Wichtigtuer, die der Ansicht sind, zu beschäftigt und zu bedeutend zu sein, um an allen Plenarsitzungen teilzunehmen. Seien Sie diskret, wenn Sie hinausgehen und wieder hereinkommen.

- Arbeitsgruppensitzungen. Sie wissen, dass jeder Beitrag, den Sie zu einer Sitzung einer Arbeitsgruppe leisten, in der Plenarsitzung in einer kurzen Zusammenfassung verzerrt vorgestellt und anschließend ignoriert wird. Aber die ganz Großen glauben gern, dass Sie nun auch involviert sind; Sie haben sich somit in das eingekauft, was immer diese vorschlagen. Da diese Gruppen klein sind, wird man Sie vermissen und Sie sollten deshalb hingehen. Stehen Sie diese durch.
- Zeit zur freien Verfügung, Kaffeepausen und Mahlzeiten. Dies ist der nützlichste Teil einer Konferenz. Die meisten verschwenden diese Zeit. Die Teilnehmer sprechen nur mit Leuten, die sie bereits kennen: Das Londoner Büro spricht mit dem Londoner Büro, IT spricht mit IT. Wenn Sie sich aber vorbereitet haben, wissen Sie, dass es da draußen einige Teilnehmer gibt, die interessante Ideen, interessante Projekte und gute Möglichkeiten für eine Karriere anzubieten haben. Machen Sie es sich zur Aufgabe, diese zu finden. Halten Sie Ihre Geschichte bereit. Versuchen Sie nicht, Ihren nächsten Karriereschritt dort zu verhandeln; aber nutzen Sie die Gelegenheit, einen Eindruck zu hinterlassen, und holen Sie sich das Versprechen für ein Folgegespräch nach der Konferenz. Sorgen Sie dann dafür, dass das Gespräch auch wirklich stattfindet. Diese Chancen bieten nicht nur Chefs, sondern auch gleichrangige Kollegen und alle anderen Menschen mit guten Ideen.

Kontrolle, Folgsamkeit und Engagement

Ein Geschäft darf nicht außer Kontrolle geraten. Gibt es neue Instrumente, um die Unternehmensaktivitäten zu kontrollieren, wäre es leichtsinnig, diese nicht zu nutzen. Es sei denn, Kontrolle und Engagement wirken in entgegengesetzte Richtungen. Letztlich ist Engagement auch eine produktivere Form der Kontrolle als das einfache Befolgen von Regeln. Oftmals ist es besser, *weniger* formale Kontrolle auszuüben als *mehr*.

Dem Management stehen fünf verschiedene Kontrollhebel zur Verfügung. Entscheidend ist, die richtige Balance zu finden.

Regeln und Hierarchie

Dies entspricht dem traditionellen Befehls- und Kontrollmodell. Handelt es sich bei dem Unternehmen um eine Firma, in der die Manager denken und die Arbeiter arbeiten, wo Verstand und Seele an der Pforte abgegeben werden, sind Befehl und Kontrolle eine wunderbare Sache. Hier kommt das mehrbändige unternehmenspolitische Handbuch voll zur Wirkung. Es schreibt den Mitarbeitern vor, was sie nicht machen dürfen. Es wurde entwickelt, um Unheil vorzubeugen. Andererseits sagt es den Mitarbeitern aber nicht, was sie tun sollten, es verleiht ihnen keine Befugnisse und schafft keine Kultur des Vertrauens und Engagements. Folgsamkeit wird großgeschrieben, Engagement kommt zu kurz.

Information und Berichterstattung

Die sich explosiv entwickelnden Bereiche Kommunikation, Information und Technologie haben im Management auch die Häufigkeit, den Umfang und die Detailliertheit der Berichterstattung explosiv ansteigen lassen. Der Umfang des Reportings ist umgekehrt proportional zum Vertrauen ins Management. Die Gouverneure im Römischen Reich benötigten zur Verwaltung ihrer Provinzen eine entsprechende Autorisierung sowie das Vertrauen der Vorgesetzten. Sie konnten nicht jedes Mal, wenn in Judäa ein Problem auftrat, ein Schiff mit einem Zentner Steintafeln nach Rom schicken und um Rat bitten. Das Römische Reich bestand länger und leistete mehr, als die meisten Geschäftsimperien je für sich erhoffen dürfen. Nur weil es uns die Technologie ermöglicht, Berge an Berichterstattungsdokumenten zu produzieren, muss das nicht unbedingt gut sein. Exzessive Berichterstattung ist eine Art Sicherheitsnetz für ein unsicheres Management.

Fähigkeiten und Standards

Mithilfe der mittelalterlichen Gilden wurde sichergestellt, dass alle Metzger, Bäcker und Wachsdreher über die notwendigen Fähigkeiten verfügten, Waren zu produzieren, die einem von der Gemeinschaft akzeptierten Standard entsprachen. Hierzu waren keine dicken politischen Handbücher erforderlich. Die meisten Wachsdreher konnten weder lesen noch schreiben; auch gab es kaum so etwas wie ein Berichtswesen. Heutzutage halten

Berufsstände wie Ärzte, Rechtsanwälte und Wirtschaftsprüfer an diesem Ansatz fest. Das sorgt für einen seltsamen Mix aus kultureller Konformität, Kontrolle und individuellem Engagement. Der Versuch, dies über mehr als einen Bereich hinaus wirksam werden zu lassen und damit eine Vielzahl an Fähigkeiten, Geschäftszweigen und Kulturen einzubeziehen, ist beinahe aussichtslos, sofern Sie nicht eine Wirtschaftsprüfungsgesellschaft oder eine Anwaltskanzlei sind.

Erfolgskontrolle

Erfolgskontrolle ist der klassische Konglomeratsansatz. Für dieses System sind umfangreiche finanzielle Zielgrößen und Belohnungen charakteristisch sowie eine strikte Finanzkontrolle. Alles Weitere bleibt dem Management überlassen unter der Voraussetzung, dass die Ziele erreicht werden. Dadurch wird die Flexibilität maximiert. Das Modell erfordert viel Engagement und basiert auf den zwei menschlichen Motivationsfaktoren Angst und Gier. In einer Organisation bedeutet effektive Delegation von Verantwortung, dass das Resultat kontrolliert wird, nicht der Prozess. Im Grunde genommen ist es eine Form der Kontrolle, die großes Vertrauen und großes Engagement voraussetzt.

Kulturelle Kontrolle

Typisch für diese Form des Managements sind ein hohes Engagement, aber potenziell wenig Regeln. Im Extremfall sind Millionen von Menschen zur Verteidigung von Werten wie Kommunismus, Faschismus und Demokratie freiwillig in den Tod gegangen. Sie wurden unter Umständen durch jahrelange Propaganda einer Gehirnwäsche unterzogen, aber der Anführer hat aus seiner Sicht das gewünschte Ergebnis erzielt – eine stark engagierte und motivierte Gefolgschaft. Unternehmen, die ein hohes Engagement fordern, verfügen normalerweise über eine starke Unternehmenskultur. Damit muss nicht notwendigerweise ein passionierter, energiereicher Einsatz in einem der Bereiche der New Economy mit einer 100-Stunden-Woche verbunden sein. Das traditionelle Unternehmen mit dem „Job fürs Leben", das noch immer in einigen Bereichen in Japan zu finden ist, engagiert sich für den Einzelnen während seines gesamten Berufslebens und erwartet dieses Engagement auch umgekehrt von ihm.

Korruption, Bestechung und üble Tricks

In einigen Ländern und Branchen sind Korruption, Bestechung und üble Tricks an der Tagesordnung. Manager und Unternehmen können dieses Problem auf viererlei Weise angehen:

- Engagieren Sie sich nicht in solchen Ländern und Branchen.
- Schauen Sie weg und verschleiern Sie die Wahrheit. Das ist ein beliebter Weg. Ihr regionaler Handelsvertreter arbeitet auf einer Provisionsbasis von 10 Prozent. Natürlich haben Sie keine Ahnung, dass diese 10 Prozent größtenteils als Schmiergelder verwendet werden – das ist nicht Ihre Angelegenheit. Selbstverständlich sollten Sie Ihre Kunden zur Fachmesse nach Disney World einladen, die Auslagen (erster Klasse) für diese und deren Assistenten (Geliebte, Familie) übernehmen und die Kosten für die Reise zurückerstatten (wobei das Reiseunternehmen natürlich im Besitz des Kunden ist, der die Kosten für die gleiche Reise auch seinem Arbeitgeber und einem weiteren Unternehmen in Rechnung stellt). Aber niemals würden Sie den Kunden und seine Familie mit einem Gratisbesuch von Disney World bestechen, nicht wahr? Erwarten Sie nicht, dass der Richter den Unterschied versteht.
- Engagieren Sie sich und verlieren Sie. Steigen Sie in diese Märkte ein, vermeiden Sie alle unethischen und illegalen Aktivitäten und akzeptieren Sie, dass Sie dabei verlieren. Aber falls in 20 oder 30 Jahren im Land aufgeräumt wird, haben Sie eventuell noch immer einen Ruf, auf den Sie aufbauen können.
- Spielen Sie mit und halten Sie sich an die regionalen Regeln.

Aus wirtschaftlicher Sicht sind Korruption und Bestechung unvernünftig. Sie führen zu einer schlechten Verteilung der Ressourcen und einer schlechten Wirtschaftsleistung. Aus diesem Grund gehen die meisten wirtschaftlich fortschrittlichen Länder streng gegen üble Tricks vor. Das Netteste, was man den Ländern nachsagen kann, die nach wie vor Korruption dulden, ist die Behauptung, dass sie sich noch in einem frühen Stadium der wirtschaftlichen Entwicklung befinden. Zu Beginn der industriellen Revolution blühte zum Beispiel auch in Großbritannien noch in vielen Bereichen die Korruption – am besten dokumentiert ist dies für die Betreiber von Marinewerften.

Aus kurzfristiger Sicht ist Korruption für Leute mit Macht jedoch äußerst profitabel. Sie können sich die Hände reiben, während das Land in Flammen steht.

Kosten, nichts als Kosten

Bringen Sie Ihre Mitarbeiter aus dem Rechnungswesen zum Weinen. Ignorieren Sie die Kostensenkungsinitiative und versetzen Sie sich in einen Einkaufsrausch. Im Folgenden die Top 10 der Kostensenkungsmaßnahmen, die Sie ignorieren könnten:

- Billige Stühle für Sekretärinnen, die diese den ganzen Tag benutzen müssen – Vorstandsmitglieder bekommen nur Superstühle; erhalten Sie das Kastensystem.
- Kaffeeautomat mit schlechtem Kaffee – lassen Sie die Mitarbeiter für den Automatenkaffee zahlen, Porzellan gibt es nur für die Chefetage.
- Billige Büroparty, um zu zeigen, dass Ihnen die Mitarbeiter egal sind.
- Lampen und Klimaanlage, die nach 18 Uhr automatisch ausgehen, damit sichergestellt ist, dass niemand hart arbeitet.
- Billige Versandmethoden, um den Lieferanten und Kunden zu zeigen, wie sehr diese Ihnen am Herzen liegen.
- Billiges Briefpapier, um das richtige Unternehmensimage zu vermitteln.
- Kein Warmwasser in den Toiletten – hindern Sie die Mitarbeiter daran, sich die Hände zu waschen.
- Billige Beleuchtung mit Leuchtstoffröhren – sorgen Sie dafür, dass sich niemand zu wohl fühlt.
- Knausern bei den Reinigungs- und Wartungsverträgen – zeigen Sie, dass Sie dabei an die Kosten denken, nicht an Qualität.
- Ersatz der Kantine durch einen Verkaufsautomaten – beobachten Sie, wer wann zum Mittagessen geht und wer zu lange wegbleibt – die Klugen kommen nicht zurück.

Kostensenkung: Die Soldatenstiefel

Das Instrument der Kostensenkung kann eingesetzt werden, um Firmen schlanker oder fitter zu machen. Unternehmensfitness ist aber Unternehmensmagersucht vorzuziehen.

Kostensenkung zur Verschlankung

Bei dieser Version der Kostensenkung geht es darum, weniger auszugeben, um weniger zu erreichen. Unternehmen können nicht schrumpfen und gleichzeitig groß werden. In einer Krise oder in einer stark aufgeblähten Organisation ist die Reduzierung von Kosten kein Zuckerschlecken. Es wird Widerstand geben. Jede Abteilung wird einen Grund finden, warum sie von den Kostensenkungsmaßnahmen ausgeschlossen sein sollte. Zu den typischen Blockadetechniken zählen:

- Wir haben gerade unsere Kosten im Vergleich zum Vorjahr gesenkt.
- Wir sind im Wachstum begriffen – wir können nicht unsere Kosten senken und gleichzeitig wachsen.
- Im Benchmarkvergleich sind unsere Kosten bereits niedriger als die der Konkurrenz.
- Wir werden die Kosten im Marketing kürzen müssen und damit Umsatz verlieren.

Die Liste ist endlos. Am effektivsten ist jedoch die Methode, mit dem Leichentuch zu winken, was verschiedene Formen annehmen kann:

- Kostensenkung bei der Armee: „Kein Problem, natürlich werden wir den Truppen dann keine neuen Stiefel kaufen können."
- Luftfahrtkontrolle: „Natürlich können wir kürzen, aber ist Ihnen klar, dass dies zu einer Kollision zweier Boeing 747 mitten über London führen kann?"
- Krankenhäuser: „Wir können die Kosten senken, aber wer übernimmt die Verantwortung, wenn ein Patient stirbt, weil nicht genug Pflegepersonal vorhanden ist?"

Tatsache ist, dass Kostensenkungsziele generell dazu führen, dass die gesamte Organisation in Opposition zum Management steht. Die einzige vernünftige Reaktion des Managements besteht darin, uneinsichtig zu sein und keine Ausnahmen zuzulassen: „Hören Sie mir gut zu: Entweder akzeptieren Sie eine Senkung der Kosten um 20 Prozent oder Sie sind selbst Teil der Kostensenkungsmaßnahme."

Herkömmliche Kostensenkungsprogramme wie Zero Based Budgeting konzentrieren sich auf einzelne Abteilungen und Bereiche. Das führt dazu, dass Abteilungsleiter ihr Reich verteidigen und eine Zusammenarbeit über einzelne Abteilungen hinaus verhindert wird. Die größten Kostensenkungen lassen sich erzielen, wenn man sich nicht auf einzelne Bereiche konzentriert. Einsparungen entstehen dadurch, dass über die jeweiligen Abteilungen hinaus geprüft wird, welche systemimmanenten Kosten in allen Teilen des Unternehmens zu einem Anstieg der Arbeitsplatzkosten führen.

Am Ende einer traditionellen Kostensenkungsrunde ist die Organisation vielleicht sogar schlanker, aber mit Sicherheit ist sie schwächer – und das Unternehmen ist demoralisiert.

Kostensenkung zur Verbesserung der Fitness

Hier besteht die Herausforderung darin, mit weniger mehr oder etwas Besseres zu erreichen. Ausgangspunkt ist dabei nicht das Abteilungsbudget, sondern der Markt. Zunächst einmal gilt es zu ermitteln, welche Produkte, Dienstleistungen und Ausstattungsmerkmale der Markt tatsächlich will und welche davon profitabel sind.

ABC (Activity Based Costing) kann unangenehm sein, vermittelt aber eine vollkommen neue Perspektive im Hinblick darauf, wo ein Geschäft Geld einbringt, wo es welches verliert und welches die Kostentreiber sind. ABC betrachtet die Kosten der Aktivitäten (durch die Rechnungen und Schulden entstehen) und nicht die Funktionsbereiche (Buchhaltung). Jeder Kunde und jedes Produkt steht mit diesen Aktivitäten in Verbindung. Ordnet man die Aktivitäten den Produkten zu, stellt sich häufig heraus, dass das Geschäft eine ganze Reihe von Produkten und Kunden besitzt, die nicht oder kaum zur Rentabilität beitragen. In solchen Fällen bieten sich enorme Möglichkeiten zur Gewinnsteigerung. Außerdem werden die einzelnen Abteilungen bei der Überprüfung der relevanten Kosten motiviert, in Kooperation mit den anderen Abteilungen nach Möglichkeiten zu suchen, wie die Kosten reduziert werden können. ABC fördert den Ansatz, klüger zu arbeiten, nicht härter.

ABC ist nicht perfekt. Es klingt wie ein neuer Spleen; es ist ein weiteres Akronym, das dem Fachwörterbuch hinzugefügt werden kann. ABC ist harte Arbeit und führt nicht unmittelbar zu Ergebnissen. Bei ABC entsteht nicht der

Eindruck von Macho-Management. Aber manchmal ist langweilige, mühselige Kleinarbeit besser als eine große Geste. Außerdem funktioniert es.

Kostensparen: Das Rote-Dollar-Syndrom

Rote Dollars sind eine wunderbare Managementwährung. Aus dem Nichts geschaffen können sie eingesetzt werden, um Kosteneinsparungen und Gewinnsteigerungsziele zu erreichen, die ansonsten nicht zu realisieren wären. Leider existieren rote Dollars – wie das Einhorn – nicht wirklich. Man kann keine Redbacks gegen Greenbacks tauschen. Und dennoch tauchen sie immer wieder erfolgreich in fiktiven Werken auf, die manchmal als Rechenschaftsbericht durchgehen.

Es gibt viele Möglichkeiten, rote Dollars zu schaffen. Ich habe erlebt, wie ein Manager erfolgreich mit roten Dollars jonglierte und so eine 30-prozentige Ersparnis ermöglichte, ohne die Kosten zu reduzieren. Bei einem Einsparungsziel von 20 Prozent war er der Held des Senior Managements und auch der Held beim Personal, dem leidvolle Kürzungen erspart blieben.

Am besten lassen sich rote Dollars durch Pressen des Kostenballons und durch Scoring schaffen.

Pressen des Kostenballons

Beim Pressen des Ballons werden die Kosten entweder externalisiert, verlagert oder neu bewertet. Die Einsparungen fließen in Form von roten Dollars, die Ziele werden erreicht und die Firma geht den Bach hinunter. Typische Beispiele sind:

- Kostenverlagerung. In diesem Fall muss zunächst über Kosten und Preise diskutiert werden. In einem der mir bekannten Unternehmen spricht man von Kostenpreisen, was für alle verwirrend ist: Sind es nun Kosten oder Preise? Besonders grausam und berechnend ist das Kostentransferspiel, bei dem alle Abteilungen aufgefordert werden, die Kosten zu reduzieren. Jeder möchte so auf den Kostenballon drücken, dass die Kosten im eigenen Bereich sinken und im anderen steigen. Eloquent und rational wird argumentiert, wohin die Kosten tatsächlich gehören. Eine Möglichkeit, diese Argumente abzuwiegeln, besteht darin, die

Abteilungsleiter auf halber Strecke gegeneinander auszutauschen und dann zu beobachten, welche intellektuellen Purzelbäume sie schlagen, um ihre neue, nun entgegengesetzte Position zu rechtfertigen.
- Neubewertung der Kosten. Hierzu zählen all die alten Buchhaltungstricks. Durch die Aktivierung von Kosten wie zum Beispiel IT-Aufwendungen lassen sich die sichtbaren Kosten deutlich reduzieren, ohne dass das Management eine schmerzhafte, harte Entscheidung treffen muss. Mit dem Umzug von einer geleasten Immobilie in die eigene, für die keine symbolische Miete verlangt wird, lassen sich in der Bilanz die Kosten auf ähnliche Weise verschieben.
- Externalisierung von Kosten. Durch Externalisierung lassen sich rosa Dollar schaffen. Ein Stück weit ist sogar Realität darin enthalten, aber keine tatsächliche Kostensenkung. Als Beispiele lassen sich anführen: die nicht länger gebührenfreie Nummer für Mitarbeiter und Kunden; interne Dienste, von der Benutzung des Fotokopierers, des Kaffeeautomaten, der Kantine bis hin zur juristischen Beratung, werden kostenpflichtig. Im günstigsten Fall bringt die Externalisierung von Kosten dem Unternehmen neue Einkünfte zum Preis, dass Kunden und Mitarbeiter verärgert sind. Im ungünstigsten Fall löst die Maßnahme eine Lawine an internen Abrechnungen zwischen den Abteilungen aus, wodurch sich die Aktivitäten verlangsamen und die Kosten eskalieren, statt zu sinken.

Scoring – Punktezählen

Dies ist ein Lieblingskind der Berater. Sie werden argumentieren, dass die implementierten Reengineering-Aktivitäten zu einer Einsparung geführt haben, die der Aktivität von 100 Arbeitstagen pro Monat entspricht. Diese 100 Arbeitstage verteilen sich vielleicht auf 1000 Mitarbeiter; das Ergebnis wird dann auf einer Punktetafel dargestellt. Man wird argumentieren, dass eine Verbesserung der Produktivität erreicht wurde und das Management nun entscheiden kann, ob es die eingesparten Kosten einfach annimmt oder diese in andere Aktivitäten investiert. Natürlich ist es unmöglich, für jeden Mitarbeiter 10 Prozent an Zeit einzusparen. Somit existieren die Kosten unverändert, auch wenn eine Verbesserung der Produktivität erreicht wurde. Berater und Management haben sich beim Scoring miteinander verschworen, da für beide der Anreiz besteht, einen Sieg zu verkünden und dann weiterzumachen.

Kultur, Krabben und der Tod der Teeservierdame

Kulturänderungsprogramme funktionieren nicht. Kündigen Sie eine Veränderung der Unternehmenskultur an und lehnen Sie sich dann zurück, um zu beobachten, wie der Widerstand wächst. Wenn Sie den Mitarbeitern erzählen, dass Sie die Unternehmenskultur ändern wollen, könnten Sie ebenso gut sagen, Sie wollten in ihren Köpfen herumpfuschen, weil ihr bisheriges Denken und Tun vollkommen verkehrt war. Eine Kulturänderungsinitiative ist auch per Definition ein Angriff auf die Mehrheit. Selbst wenn es eine Minderheit gibt, die Sie fröhlich anspornt, wird von der Mehrheit doch nur beleidigtes Schweigen kommen.

Bei Kulturänderungsprogrammen schwingen Untertöne von Kulturrevolution mit, von Mao, Pol Pot und extremer Diktatur. Dies ist nicht der beste Ausgangspunkt, um eine neue, offene und motivierende Kultur zu schaffen. Eine Kultur lässt sich am besten auf Krabbenart ändern – durch seitlichen Angriff.

Unternehmensleitlinien helfen nicht. Sie haben nur für jene eine Bedeutung, die Monate damit verbracht haben, jedes einzelne Wort der Leitlinien in aller Sorgfalt zu entwerfen und jede Nuance verbissen zu diskutieren. Für den Rest der Welt ist es eher bedeutungsloses Managementgeschwafel. Die Mitarbeiter orientieren sich bei der Unternehmenskultur nicht an den Worten, sondern an den Taten.

Belohnungssystem

Wenn die Mitarbeiter eines Call Centers für hohe Produktivität belohnt werden (Anzahl der beantworteten Anrufe), sollten Sie nicht mit einer serviceintensiven, kundenfreundlichen Unternehmenskultur rechnen. Die Mitarbeiter sind viel zu sehr damit beschäftigt, die Anrufe schnell abzuhandeln.

Kriterium Beförderung

Vergessen Sie die schriftlich festgehaltenen Kriterien. Die meisten Unternehmen besitzen ähnliche Kriterien, die aus einer Aufzählung verschiedener Fähigkeiten, Verantwortlichkeiten und Leistungen bestehen. Worauf sich die Mitarbeiter aber wirklich konzentrieren, sind die ungeschriebenen Regeln. In den meisten Beratungsunternehmen gibt es folgende Regeln, um Partner zu werden:

- Verkaufen Sie zentnerweise Arbeit – seien Sie im Besitz von Kunden, durch die Einkünfte generiert werden.
- Tun Sie etwas, mit dem Sie zumindest einen symbolischen Beitrag zur Personalbeschaffung, zum Firmenmanagement oder zur Entwicklung von geistigem Eigentum leisten.
- Trampeln Sie auf Ihrem Weg nach oben nicht zu viele Mitmenschen nieder.

Die letzte Regel wird von einer Beratungsfirma relativ locker gehandhabt. Nach einem leistungsorientierten Ranking wird ein bestimmter Prozentsatz der Mitarbeiter formell entlassen. Dies fördert eindeutig Trampeln und politische Intrigen. In einem Lebensversicherungsunternehmen sahen die ungeschriebenen Regeln etwa wie folgt aus:

- Werden Sie Experte in dem von Ihnen gewählten Fachgebiet.
- Machen Sie nie, nie einen Fehler: Erfüllen Sie die Budgetziele, keine bösen Überraschungen, sorgen Sie nicht für Unruhe, streiten Sie nicht.
- Dienen Sie Ihre Zeit ab und warten Sie, bis Sie an der Reihe sind.

Diese Beförderungskriterien stehen kaum in einer Beziehung zu den formalen Kriterien, beeinflussen jedoch das Verhalten der Mitarbeiter stark.

Das Verhalten des Managements

Wenn der Abteilungsleiter ein mieser, machiavellistischer Geizhals ist, dann ist es eher ungewöhnlich, ein offenes, begeistertes Abteilungsteam bei der Arbeit anzutreffen. Die Menschen orientieren sich an den Taten der Manager, nicht an den Worten.

Das kann positiv für das Management sein. Ein neuer CEO nahm in einem sehr traditionellen, hierarchischen Unternehmen seine Arbeit auf. In seiner ersten Woche begann er, im Büro umherzugehen und mit den Mitarbeitern am Schreibtisch zu reden. Es war, als wäre der Papst zu einem Besuch vom Mars gekommen. Das Personal war geschockt und konnte es nicht glauben. Am Anfang fiel es den Leuten schwer, mit ihm zu reden. Dann gab es einmal an einem Schreibtisch keinen Platz, auf den er sich hätte setzen können. Intuitiv drehte er einen Papierkorb um, setzte sich darauf und sprach mit dem Büroangestellten auf gleicher Höhe. Die Geschichte ging wie ein Lauffeuer durch die gesamte Firma. Plötzlich war der CEO nicht nur menschlich, sondern auch nahbar.

Symbole spielen eine Rolle

In einem Büro gab es das Ritual des Teeservierens. Technisch sah das so aus, dass die Aufgabe der Teedame darin bestand, dem Management zweimal täglich Tee zu servieren. Kulturell gesehen hatte sie die Aufgabe, die Hierarchie zu stärken und das Personal zu erniedrigen. Sie machte das sehr gut. Zweimal täglich schlenderte sie über jeden Flur. War ein Mitarbeiter wichtig, hielt sie an und gab ihm eine Tasse Tee. Wer nicht wichtig war, schaute zu, wie sie vorbeiging, und marschierte anschließend zum Kaffeeautomaten, um sich eine Plastiktasse mit brauner Brühe zu kaufen.

Der erste Schritt der Volksrevolution bestand darin, die Teeservierin zu erschießen (Revolutionen können grausam sein) und gebührenfreie Kaffeeautomaten aufzustellen. Danach ging die Revolution dazu über, alle anderen Hierarchie- und Statussymbole abzuschaffen: den in drei Bereiche unterteilten Speisesaal für die unterschiedlichen Führungsebenen, reservierte Parkplätze, unterschiedliche Toiletten und Aufzüge für die jeweiligen Führungskräfte und so weiter.

Kommunikation

Viele Unternehmen glauben, bei Kommunikation gehe es darum, laut und klar Botschaften zu übermitteln. Dies funktioniert nicht. Managementpropaganda besitzt ebensoviel Integrität wie die Pravda in der Sowjetära und erhält auch gerade so viel Respekt. Gute Kommunikation ist von entscheidender Bedeutung. Die wichtigsten Grundsätze lauten:

- Wort und Handlung müssen übereinstimmen. Geben Sie nicht vor, eine Kultur unternehmerischen Handelns anzustreben, solange sie nicht dazu in der Lage sind, auch das damit verbundene Risiko und Scheitern zu akzeptieren.
- Kommunikation ist zweigleisig. Hören Sie wirklich genau auf das, was die Organisation sagt, und handeln Sie dann auch: Wenn Sie zuhören und anschließend nichts geschieht, wird nur der Zynismus verstärkt.
- Kommunikation ist persönlich. Die Menschen reagieren auf persönliche Kommunikation positiver als auf eine Großübertragung. Sie vertrauen der Basis mehr als den offiziellen Bekanntmachungen. Bearbeiten Sie die Basis. Finden Sie heraus, wer in dieser Welt schaltet und waltet, und füttern Sie denjenigen mit Botschaften.
- Ändern Sie die Botschaft nicht. Wiederholen Sie sie hin und wieder auf den unterschiedlichen Kanälen. Werbung ist oftmals ein Zermürbungs-

krieg; das gilt auch für interne Werbung. Je häufiger Sie die Botschaft wiederholen, umso eher wird sie gehört und verstanden.

Kunden für den Profit

Loyale Kunden sind profitable Kunden. Die meisten Unternehmen verstehen, was hinter produktbezogener Rentabilität steckt. Wenige verstehen die kundenbezogene Rentabilität. Die Unternehmen müssen wissen, wie sie beides, sowohl die Rentabilität eines Kunden als auch die eines Produkts, steigern können.

Loyale Kunden geben mehr aus, akzeptieren höhere Preise für die Annehmlichkeit, nicht wechseln zu müssen, kaufen eine größere Palette an Produkten und kosten zur Zufriedenstellung ihrer Bedürfnisse weniger als neue Kunden, die erst akquiriert werden müssen. Die mathematische Regel für kundenbezogene Rentabilität lautet schlicht und einfach

$$NPV = (V*M*L) - KA$$

Dabei gilt:
NPV = Net Present Value (innerer Wert) des Kunden. Dieser reflektiert den Lebenszeitwert der Kundenbeziehung. Kreditkartenunternehmen ist dies normalerweise bekannt. Sie wissen, wie viel es kostet, einen neuen Kunden an unterschiedlichen Stellen zu akquirieren (verschiedene Zeitschriften, verschiedene Mailing-Listen, durch Programme wie „Mitglieder werben Mitglieder"). Dies zusammen mit Informationen auf dem Antragsformular ermöglicht es ihnen, eine Prognose über den Lebenszeitwert des Kunden auf der Basis Transaktionsvolumen und Dauer der Kundenbeziehung zu erstellen. Hierbei handelt es sich nicht um wissenschaftliche Daten. Die Informationen sagen dem Kreditkartenunternehmen, wie viel Geld sie in verschiedene Methoden der Mitgliederanwerbung investieren sollten. Außerdem geben sie Aufschluss darüber, bei welcher Art von Kunden es sich lohnt, verschiedene Serviceleistungen anzubieten.

V = Volumen der Transaktionen. Treue Kunden geben nicht nur mehr Geld aus, sondern kaufen aller Wahrscheinlichkeit nach beim selben Anbieter auch noch andere Waren und Dienstleistungen. Dies ist ein hochwertiges, hochprofitables Geschäft. Selbst Unternehmen, die das erkennen, wie zum Beispiel Banken, sind oftmals nicht in der Lage, die

Kundenbeziehung in ihrer Gesamtheit zu betrachten. Ihre Systeme sind alle darauf ausgerichtet, die Rentabilität eines Produkts zu messen, und nicht die Art und Weise, wie ein Kunde die Welt sieht. Zumindest verärgert dies die Kunden, da ihnen unpassende Serviceleistungen angeboten werden. Darüber hinaus kann die Bank auch schwer feststellen, welche Produkte sich unter welchen Voraussetzungen für Cross-Selling eignen.

M = Margen. Loyale Kunden erhalten nicht immer den besten Preis. Sie bleiben aus Gründen der Bequemlichkeit bei Ihnen. 68 Prozent aller Sparer machen sich nicht auf die Suche nach dem günstigsten Sparzins. McKinsey schätzt, dass ein US-Haushalt jährlich durchschnittlich 1660 Dollar verliert, weil die Familienfinanzen schlecht gemanagt werden. Zum Teil ist dies auf eine schlechte Verwaltung des Bargelds zurückzuführen. Etwa 950 Dollar werden verloren, weil für die Inanspruchnahme von Finanzdienstleistungen nicht die günstigsten Gebühren gezahlt werden. Für Bequemlichkeit und Loyalität bezahlen die Kunden in Form hoher Kosten. Im Gegensatz dazu müssen Neukunden eher mit einer attraktiven Verzinsung angelockt werden und die Erfüllung ihrer Bedürfnisse ist im ersten Jahr der Kundenbeziehung auch kostspieliger. Machen Sie es den Kunden leicht, denn die Bequemlichkeit der Kunden macht sie zu treuen und rentablen Kunden.

L = Länge der Beziehung. Je länger ein Kunde bei Ihnen bleibt, desto größer wird die Wahrscheinlichkeit, dass er mehr Produkte kauft. Eine Bank stellte fest, dass ein Kunde im ersten Jahr durchschnittlich 1,2 Produkte bei der Bank in Anspruch nahm. Nach fünf Jahren stieg dies auf 3,6 Produkte pro Kunde. Natürlich bestimmt die Länge der Kundenbeziehung auch den Diskontierungssatz, der auf die prognostizierten Kundenumsätze angewendet wird.

KA = Kosten für die Akquisition eines Kunden. Die Kosten für die Akquisition eines Neukunden sind normalerweise sieben Mal so hoch wie die Kosten, die beim Bedienen eines Altkunden anfallen. Auch hier zahlt sich Loyalität aus. Dieser Maßstab gilt für eine Vielzahl an Branchen: von Beratungsfirmen über Banken bis hin zu Kreditkartenunternehmen.

Kunden versus Buchhalter

Der NPV eines Kunden ist aus traditioneller Buchhaltungssicht ein wahrer Albtraum. Keine der Daten passt in die hübschen, kleinen, von den Buchhaltern geliebten Schubladen. Aus der Sicht des Managements lässt sich mit kundenbezogener Rentabilität feststellen, wo in die Neukundenakquisition und wo in Cross-Selling investiert werden sollte und wie verschiedene Kundentypen verwaltet werden können. Mit anderen Worten: Das Konzept ist hilfreich. Sorgen Sie an dieser Stelle dafür, dass auch die Buchhalter Ihnen helfen. Achten Sie darauf, dass die Buchhalter dem Geschäft und den Kunden dienen, nicht umgekehrt.

Kundenforschung: Lügen und Statistiken

Unternehmen müssen ihre Kunden kennen. Kundenrecherche ist ein guter Weg, die Wahrheit nicht herauszufinden.

Kunden lügen: die Einstellung des Kunden im Gegensatz zu seinem Verhalten

Kunden beabsichtigen nicht zu lügen, tun es aber dennoch. Kundenbefragungen basieren meistens auf Einstellungen, Meinungen und Erfahrungen. Wir führten für einen Einzelhändler zwei Befragungen durch. Im ersten Fall fragten wir die Kunden, welches die Gründe für den Kauf ihres Fernsehgerätes waren. Sie gaben Preis, Ausstattung, Leistung und Qualität als Antwort. Demnach sollte sich der Laden auf die Themen Preise, Ausstattung, Leistung und Qualität konzentrieren.

In der zweiten Befragung legten wir den Schwerpunkt auf die Einstellung des Kunden und fingen die Leute ab, als sie den Laden mit oder ohne Produkt verließen. Es stellte sich heraus, dass die Kunden sich einige Läden ansahen und durch die Vielfalt der Wahlmöglichkeiten zunehmend verwirrt waren. Kurz nachdem sie etwas gekauft hatten, konnten sie sich nicht an die unterschiedlichen Preise, Ausstattungsmerkmale oder die verschiedenen Modelle erinnern. Wenn diese wichtigen Grundinformationen nicht mehr präsent waren, konnten sie ihre Entscheidung nicht auf einer vollkommen rationalen Basis getroffen haben.

In der Praxis wollten die Kunden eine Geschichte hören. Sie wollten eine Bestätigung dafür, dass sie sich klug entschieden hatten, und nicht die peinliche Entdeckung machen, dass der Nachbar eine noch viel bessere Entscheidung getroffen hatte. Dies führte dazu, dass die Läden Preissicherheit durch eine Vielzahl an Rückversicherungen boten, ohne gleichzeitig die Rolle des Preisführers anzustreben. Noch wichtiger war die Voraussetzung, dass das Verkaufspersonal dem Kunden die gewünschte Rückversicherung geben konnte, die sich auf den Preis, spezielle Eigenschaften oder die Garantie bezog. Es erwies sich als wichtiger, das Verhalten des Kunden zu verstehen, als lediglich seine Einstellung zu registrieren.

Ein ähnliches Beispiel lässt sich aus Großbritannien zitieren, wo die Sparer behaupteten, eine rationale Entscheidung auf der Basis eines Vergleichs von Zinshöhe und Anlagebedingungen zu treffen. Ein Blick auf das tatsächliche Verhalten zeigte, dass 68 Prozent der Endkunden nur einen einzigen Anbieter für ihr Sparkonto in die engere Wahl zogen – und zwar normalerweise ihre aktuelle Bank. Selbst Kleinunternehmen tappen in diese Falle. Über die Hälfte von ihnen sucht nicht nach den besten Anlage- oder Kreditbedingungen. Dies hat eine enorme Bedeutung für die Preisgestaltung: Altkunden kann man für ihre Treue und Bequemlichkeit bestrafen.

Selbst dann, wenn in Befragungen die Einstellung der Kunden von Belang ist, lügen die Kunden. Nur außergewöhnlich schlechte Produkte oder Serviceleistungen bekommen die Bewertung „unterdurchschnittlich". Die Kunden sind zu den Meinungsforschern zu nett. Wenn etwas schlecht ist, bewerten sie es als durchschnittlich. Ebenso zeigen sie sich aber auch selten wirklich begeistert – „außergewöhnlich gute" Beurteilungen sind rar. Somit kommen bei den Recherchen fast immer Bewertungen heraus, die sich mit leichten Variationen um das Urteil „überdurchschnittlich" bewegen. Die Meinungsforschungsabteilung hat anschließend einiges zu tun, die ganzen Daten auf ihre statistische Relevanz zu überprüfen, während das Gesamtbild komplett verfehlt wird.

Befragung des falschen Kunden

Recherchen im Bereich Business-to-Business konzentrieren sich normalerweise auf den unmittelbaren Käufer. Dies birgt zwei Probleme. Ebenso wie der Endkunde lügt auch hier der Käufer. Makler in der Lebensversicherungsbranche behaupten stets, dass die Höhe der Provision nicht die Wahl des Versicherers beeinflusst, den sie empfehlen. Sie lügen wie gedruckt, wie jeder elementare Vergleich von Provision und Umsatz zeigt.

Oftmals ist der direkte Käufer nicht der richtige Ansprechpartner. Es ist typisch, dass der Einkäufer über den Preis nörgelt. Seine Leistung wird an den Kosten bemessen. Aber dies ist vielleicht gar nicht das, was die übrige Organisation möchte. Das Marketing ist vielleicht an kurzen Produktdurchlaufzeiten interessiert, um das Produkt in bestimmten Märkten zu testen oder der steigenden Nachfrage gerecht zu werden. Ein höherer Preis für eine kleine Komponente rentiert sich durchaus, wenn diese eine Umsatzsteigerung ermöglicht. Auch Bereiche wie Technik, Produktion und selbst Lagerkontrolle besitzen spezifische Produktanforderungen, für die sie ebenfalls gern etwas mehr bezahlen. Durch ein Gespräch mit dem Einkäufer kommt dies nicht ans Licht.

Effektive Kundenforschung

Eine effektive Kundenrecherche beruht auf zwei Grundsätzen. Stellen Sie erstens die richtigen Fragen. Konzentrieren Sie sich auf Verhaltensweisen und das benutzte Produkt, nicht auf Einstellungen. Verhaltensweisen lügen nicht. Fragen Sie zweitens die richtigen Leute: Konzentrieren Sie sich auf die Produktnutzer, nicht nur auf die Käufer. Schauen Sie nicht allein auf den Autokäufer, sondern darauf, wie die gesamte Familie das Auto nutzt.

Sie können einem Forschungsinstitut ein kleines Vermögen dafür zahlen, dies herauszufinden. Sie können es aber auch selbst ermitteln. Kunden sind normalerweise fasziniert und begeistert, wenn sich ein richtiger Manager einer ihrer Lieferfirmen zu ihnen setzt um zu erfahren, wie sein Produkt genutzt wird und wie es verändert werden kann, um dem Kunden noch mehr zu helfen. In der Tendenz liefern solche Gespräche Erkenntnisse, die mit einer einfachen Zahlenstatistik nicht zu gewinnen sind.

Kundenloyalität und der Augenblick der Wahrheit

Ein guter Weg, die Loyalität des Kunden zu stärken, besteht darin, das Richtige zu tun. Wenn man etwas verkehrt macht, zerstört dies nicht notwendigerweise die Beziehung. Es kann die Kundenbeziehung sogar verstärken. Geht etwas schief, ist das für die Beziehung der Augenblick der Wahrheit.

Am besten können Sie eine Kundenbeziehung zerstören, wenn Sie – wie eine der führenden Fluglinien – Folgendes berücksichtigen:

- Autorisieren Sie Ihre Mitarbeiter nicht, das Problem vor Ort zu lösen.
- Sagen Sie dem Kunden, er habe Unrecht.
- Legen Sie dem Kunden bürokratische Hindernisse in den Weg.
- Beantworten Sie keine Beschwerdebriefe, die anschließend eingehen könnten.
- Wenn Sie zu einer Antwort gezwungen werden, bieten Sie zu spät zu wenig.

Jeder kann seine eigenen Geschichten zum Thema schlechter Service erzählen und macht dies auch mit großem Vergnügen. Es ist typisch, dass eine Katastrophe zehnmal neu erzählt wird. Der schlecht gemanagte Augenblick der Wahrheit hat nicht nur zum Verlust des Kunden geführt, sondern zusätzlich dafür gesorgt, dass nun jemand eifrig Gegenpropaganda für diesen Service betreibt.

Ebenso kann auch jeder eine Geschichte erzählen, in der ein Dienstleistungsunternehmen weit über seine normalen Pflichten hinaus reagiert hat. Normalerweise geht dem ein Servicemissgeschick voraus, das in einen Triumph umgewandelt wurde. Kurz nach dem Fiasko bei oben genannter Fluglinie flog ich mit Virgin Atlantic und musste bei einem 14-stündigen Flug unfreiwillig mit einem schlechteren Sitzplatz vorlieb nehmen. Dies war ein Missgeschick, das die Fluglinie in einen Triumph verwandelte:

- Die Mitarbeiter waren autorisiert, die Dinge auf der Stelle zu regeln: Mein gebuchter Sitzplatz war zwar nicht vorhanden, aber sie taten alles Erdenkliche, um die Reise zu einem Erfolg zu machen.
- Sie übernahmen die Verantwortung, zeigten Mitgefühl. In Stresssituationen hilft ein wenig Mitgefühl enorm. Den meisten Kunden ist bewusst, dass ein Missgeschick passieren kann, und sie sind bereit, vernünftig darauf zu reagieren.
- Sie warteten nicht darauf, dass ich einen Brief schrieb. Richard Branson, der Besitzer der Fluglinie, rief mich direkt an. Das ist eine extreme Reaktion, aber wirksam.
- Sie sorgten schnell für eine angemessene Entschädigung. Ein potenziell zorniger Kunde wurde in einen Anhänger der Fluglinie verwandelt.

Den direkt betroffenen Mitarbeitern Befugnisse einzuräumen dürfte den Befürwortern des alten Business-Stils nicht behagen. Damit ist ein Verlust an Kontrolle verbunden. Es kann dazu führen, dass das Personal Geld ausgibt, wenn es nicht unbedingt notwendig ist. Kunden kann man aber auch schnell verlieren. Und das sind letztlich viel höhere Kosten.

Die Kundenregel

Die Kundenregel lautet: Der Kunde bestimmt. Es gibt noch eine weitere Kundenregel: Wer Kunden besitzt, bestimmt. Die Kundenregel gilt sowohl für den Wettbewerb im Markt als auch innerhalb eines Unternehmens.

Die Kundenregel im Unternehmen

In jeder Firma gibt es Machtkämpfe zwischen den verschiedenen Mitarbeitern, den Produktexperten, Marketingfachleuten, Finanzexperten, Betriebsleitern und anderen. Eine Matrix macht den Wettstreit zwischen den einzelnen Funktionsbereichen gleichwertiger, zweideutiger und zugleich grausamer. Im Endeffekt sind die Gewinner diejenigen, die unzweideutig Kunden besitzen.

In einer Privatbank besitzt der Relationship Manager Kunden, er sorgt für die Einnahmen. Letztlich ist er derjenige, der über Macht verfügt. Im Beratungsgeschäft sind es die Partner, die die großen Kunden und damit die gesamte Macht besitzen. Gier (jeder will am großen Kuchen beteiligt sein) und Angst (keiner will den Einnahmestrom versiegen lassen) bestimmen das Verhalten.

Verkäufer besitzen keine Kunden. Sie kommen, sie verkaufen, sie gehen. Sie sind entbehrlich. Unentbehrlich ist jedoch derjenige, von dem die Kundenbeziehung abhängt. Bei der Bonusverteilung ist dies von Vorteil.

Die Kundenregel im Markt

Das Unternehmen, das feste Kunden besitzt, ist stark. Wer keinen festen Kundenstamm hat, ist schwach. Das wirkt sich auf die Rentabilität aus. Das Unternehmen Ford verfügt über einen festen Kundenstamm. Seine Lieferanten werden unter Druck gesetzt – sie sind davon abhängig, dass Ford verkauft. Sublieferanten wiederum werden von den Lieferanten unter Druck gesetzt. Sie befinden sich am falschen Ende der Kette. Das Gleiche gilt für Lieferanten großer Einzelhandelsketten. Die einzige Möglichkeit zurückzuschlagen besteht darin, sich mit der eigenen Marke zu etablieren. Damit bietet sich die Chance, dass die Marke den Kunden besitzt, nicht der Einzelhändler. Der Kampf um den Kunden ist ein Kampf um Macht und Profit.

Kundenservice: Mit der Realität leben

Wenn Sie wissen möchten, wie gut Ihr Kundenservice ist, nehmen Sie ihn selbst einmal in Anspruch:

- Rufen Sie bei Ihrem Empfang an, lassen Sie sich weiterverbinden. Benutzen Sie keine Direktverbindungen.
- Rufen Sie die Standardnummer im Call Center an, nicht die VIP-Hotline.
- Kaufen Sie unerkannt in Ihrem Laden oder bei Ihrem Händler ein.

Wenn Sie und Ihre Mitarbeiter das gleiche Serviceniveau erleben, das Sie Ihren Kunden zumuten, wird das Unternehmen schnell Wege finden, den Service zu verbessern. Die Flugzeugcrew erhält ihr Gepäck vor den Passagieren und darf bevorzugt durch den Zoll und die Passkontrollen gehen. Die Schmerzensschreie, die zu hören wären, wenn sie die gleichen Verzögerungen und Warteschlangen wie die Passagiere erlebten, würden allen Warteschlangen am Flughafen schnell ein Ende bereiten. Mitarbeiter von Autohäusern, die ein neues Auto geliefert bekommen, müssen nie die unangenehme Erfahrung machen, beim Kauf des neuen und Verkauf des alten Autos geschröpft zu werden, oder feststellen, dass die Service- und Wartungsleistungen nicht durchgeführt wurden. Sie erkennen vielleicht das Problem verstandesmäßig, aber wirklich verstehen können sie es nicht.

Und wenn Minister all die Demütigungen bei der Benutzung eines miserablen öffentlichen Transportsystems erdulden müssten, anstatt sich im Auto chauffieren zu lassen, wenn sie die Auswirkungen des Gesundheitssystems am eigenen Leibe zu spüren bekämen sowie das Verhalten der Regierungsbehörden, die gleichermaßen mächtig, arrogant und inkompetent sind, bestünde die Aussicht auf Verbesserung.

Die Kunst des Schreibens

Keiner von uns kann Shakespeare sein. Aber wir sollten unseren Kollegen das mit Fachsprache gespickte standardmäßige Gefasel ersparen, das in vielen Organisationen als Schreiben durchgeht.

Der beste Redakteur, den ich je hatte, reduzierte die Regeln für effektives Schreiben auf fünf Prinzipien:

- Schreiben Sie für den Leser. Erkennen Sie, für wen Sie schreiben und warum diese Menschen Ihre Mitteilung lesen müssen. Damit konzentriert sich Ihre Geschichte auf das Wesentliche, was dazu beiträgt, dass sie kurz und relevant wird.

- Erzählen Sie eine Geschichte. Ein gute Mitteilung enthält nicht alles, was von Belang sein könnte. Sie sammelt zunächst alle Fakten und Zahlen und präsentiert dann nur diejenigen, die die Geschichte erzählen, die das überbringen, was Sie sagen wollen. Dadurch lässt sich die Mitteilung leicht lesen, die Kernaussage wird nicht verwässert und die Möglichkeit einer Fehlinterpretation wird minimiert.
- Fassen Sie sich kurz. Churchill schrieb einmal einen langen Brief an seine Frau Clementine. Am Ende fügte er eine Anmerkung hinzu: „Es tut mir Leid, dass ich einen so langen Brief geschrieben habe, aber ich hatte nicht die Zeit, dir einen kurzen zu schreiben." Sich kurz zu fassen ist schwierig. Es bedeutet, dass man sich nur auf die Kernaussage konzentriert. Es bedeutet ebenfalls, dass man nur kurze Worte verwendet und Fachsprache vermeidet. Außerdem bedeutet es, dass man kurze Sätze bildet. Kurze Worte und kurze Sätze sind leichter zu verstehen als lange. Eine geschäftige Führungskraft hat vermutlich nicht die Zeit oder Lust, sich durch ein langwieriges Dokument durchzuarbeiten. Zwölf Worte pro Satz sind ein guter Durchschnitt.
- Gestalten Sie das Dokument aktiv. Vermeiden Sie das Passiv, vermeiden Sie unpersönliche Formen. Das klingt trist und bürokratisch. Triste Texte mögen für Beamte und Versicherungsunternehmen in Ordnung sein, aber für andere Aktivitäten ist das nicht so gut.
- Untermauern Sie Aussagen durch Fakten. Nur weil Sie glauben, dass etwas richtig ist, heißt das noch lange nicht, dass jeder andere auch zu dieser Annahme gelangt. Vergewissern Sie sich, dass Fakten vorliegen. Dies impliziert auch, dass Sie nicht viele, sondern eben wenige Behauptungen aufstellen, um das Schreiben kurz zu halten. Es bedeutet, dass Sie sich auf die Kernaussage konzentrieren, indem Sie eine Geschichte erzählen.

Zum guten Schluss sollten Sie auch Bildmaterial heranziehen: Verwenden Sie Diagramme, Charts und Bilder. Die Menschen können sich sehr viel besser an Bilder als an Worte erinnern. Ein geschickt eingesetzter Cartoon bleibt besser in Erinnerung und ist überzeugender als eine Unmenge an Prosa, selbst auf CEO-Ebene.

Der Einfachheit halber sollten Sie diese fünf Prinzipien auf ein Stück Pappe schreiben und auf Ihren Schreibtisch stellen. Machen Sie Gebrauch davon, wenn Sie etwas schreiben, korrigieren, überarbeiten oder Mitarbeiter coachen. Es funktioniert. Es ist ein Standard, den ich immer wieder anstrebe – und nie erreiche.

Die fünf Prinzipien in Kürze:

1. Schreiben Sie für den Leser.
2. Erzählen Sie eine Geschichte.
3. Fassen Sie sich kurz.
4. Gestalten Sie es aktiv.
5. Untermauern Sie Aussagen durch Fakten.

„Leicht" heißt die Devise

Machen Sie es leicht. Für Ihre Kunden, Ihr Personal, für sich selbst. Ziehen Sie aus dem Faktor Bequemlichkeit Ihren Vorteil.

Machen Sie es Ihren Kunden leicht

Kunden sind viel beschäftigte Menschen. Sie müssen ihr eigenes Leben führen. Vielleicht müssen sie auf Berge steigen oder vorm Fernsehgerät sitzen und Fußball schauen. Mit Sicherheit ist das sehr viel angenehmer und wichtiger, als sich Gedanken über die von Ihnen angebotenen Produkte oder Dienstleistungen zu machen. Außerdem wollen sie sich nicht ewig mit der Frage beschäftigen, wie sie Ihre Dienstleistung in Anspruch nehmen können. Oftmals haben sie auch keine Zeit, Lust oder nicht die notwendige Erfahrung, um Ihr Angebot streng mit dem Konkurrenzprodukt zu vergleichen. Das gilt für Endverbraucher. Aber selbst Firmen vergleichen nur in eingeschränktem Maß Aussehen und Inhalt der Produkte verschiedener Anbieter.

Dies ist eine wunderbare Nachricht für Unternehmen. Sie bedeutet, dass der Preis nicht immer ausschlaggebend ist. Machen Sie es dem Kunden leicht, sich für Sie zu entscheiden und Ihre Dienste in Anspruch zu nehmen, dann wird er bei Ihnen bleiben. Machen Sie es ihm leicht, sich zugunsten Ihrer Firma zu entscheiden: Branding (Endverbrauchermärkte) und guter Ruf (Business-to-Business-Märkte) spielen dabei eine entscheidende Rolle. Erleichtern Sie die Entscheidung.

Machen Sie es den Kunden leicht, Ihre Dienstleistung zu nutzen. Werfen Sie einen Blick auf E-Business-Webseiten, um zu lernen, wie man es nicht macht. Einiger Webseiten haben sich Techno-Freaks komplett bemächtigt. Sie sind so versessen darauf, mit ihrem technischen Können anzugeben, dass sich die Seite nur für Spitzenwissenschaftler oder Menschen eignet, die über eine Engelsgeduld verfügen. Oder aber die Mitarbeiter haben diese Seite für sich erobert. Sie sind versessen darauf, das ganze Drum und Dran ihrer großartigen Dienstleistung darzustellen, sodass die Seite für alle – außer Eingeweihte – sinnlos geworden ist. Einfache Seiten sind intuitiv, sie laden die Menschen dazu ein, sie auch zu benutzen, und machen die Benutzung leicht. Die extrem komplizierten Seiten verlieren. Wenn Sie das Komplexe leicht machen, werden die Kunden Sie in Form von Loyalität belohnen und auch höhere Preise bezahlen.

Machen Sie es Ihren Mitarbeitern leicht

In diesem Fall geht es nicht um Bequemlichkeit, sondern um Effektivität. Es gibt drei Möglichkeiten, den Mitarbeitern die Arbeit zu erleichtern:

- Schwerpunkte. Sorgen Sie dafür, dass es leicht bleibt. Erkennen Sie die Prioritäten, identifizieren Sie, was Sie nicht machen werden. Damit wird das Leben für die Mitarbeiter leichter und die Ergebnisse fallen besser aus.
- Delegation von Verantwortung. Bringen Sie das Personal nicht in eine Situation, in der es stets bevormundet wird, sich bei Ihnen rückversichert und Aufgaben wiederholen muss. Übertragen Sie Verantwortung. Üben Sie Druck aus, damit die Arbeit gleich beim ersten Mal gut wird. Vermeiden Sie, dass Arbeit wiederholt werden muss.
- Erwartungen. Drücken Sie sich klar und deutlich aus, was erwartet wird und was nicht. Es reicht nicht, Schwerpunkte zu setzen; die Mitarbeiter müssen die Schwerpunkte auch verstehen und erkennen, was dies für sie persönlich bedeutet.

Machen Sie es sich selbst leicht

Wenn Sie es Ihren Mitarbeitern leicht gemacht haben, haben Sie es sich selbst vermutlich auch leicht gemacht. Sie sollten Mitarbeiter haben, die ihre Aufgaben erfüllen und Ihnen dadurch den Freiraum verschaffen, sich auf die Dinge zu konzentrieren, auf die Sie sich konzentrieren sollten. Knifflig an der Sache ist, dass bei der Definition von Schwerpunkten und Erwartungen auch das obere Management vom unteren gesteuert werden muss – der Chef muss die gleichen Erwartungen haben wie Sie und Ihr Team. Das einfache Leben ist das gute Leben.

Lernen, Fehler und der Mülldetektor

„Wer niemals einen Fehler begangen hat, hat niemals eine Entdeckung gemacht", Samuel Smiles (1812-1904), *Self-Help*. Am meisten lernen wir aus unseren Fehlern. So wie ein Kind mit der Zeit die Erfahrung macht, dass Feuer gefährlich ist, so lernen auch die Manager allmählich, was gefährlich ist und was nicht. Je schmerzvoller die Lektion, desto stärker wirkt sie sich auf unsere Arbeitsweise aus.

Mit der Zeit bauen wir Verteidigungsmechanismen auf und entwickeln einen hochsensiblen Mülldetektor, der ein Problem bereits kilometerweit riecht. Je länger wir in derselben Branche oder demselben Unternehmen arbeiten, umso sensibler reagiert der Mülldetektor. Wir kennen all die Euphemismen und fachsprachlichen Wendungen, die generell benutzt werden, um das wirklich Gemeinte zu verbergen. Wir sehen über die Hülle der Worte hinaus auf die wahre Bedeutung. Neulinge haben keine Chance. Der Mülldetektor ist für das Überleben im Management von entscheidender Bedeutung.

Sobald sich ein Manager jedoch einem anderen Unternehmen, einer anderen Rolle zuwendet, ist der Mülldetektor so gut wie nutzlos geworden. Er muss neu geeicht werden, und zwar schleunigst. Wir neigen dazu, unseren Mülldetektor als selbstverständlich hinzunehmen. Wenn wir dann die Position wechseln, erkennen wir erst zu spät, welches Risiko mit einem schlecht eingestellten Mülldetektor verbunden ist.

Lügen

Vergessen Sie die Moralfrage. Das Gefährliche an Lügen ist das Effektivitätsproblem. Die meisten Unternehmenslügen werden – irgendwann einmal – aufgedeckt. Es dauerte 30 Jahre, den Tabakfirmen auf die Schliche zu kommen, aber normalerweise geht das schneller. Die Lügen von Individuen kommen fast immer ans Licht, da die meisten von uns schlechte Lügner sind. Eine gelegentliche Aufwertung unseres Lebenslaufs ist noch statthaft. Andere Lügen werden in der Tendenz immer komplizierter und fliegen letztlich auf. Wenn Sie kein Lügenbaron sind, lohnt sich das Flunkern nicht. Das Risiko, dem Ruf zu schaden, ist zu groß und ein angeschlagener Ruf lässt sich nicht wieder reparieren.

Zirka 5 Prozent aller Manager scheinen notorische Lügner zu sein. Und die guten sind wirklich sehr gut im Lügen. Sie verfügen über sehr viel Übung. Sie haben Erfolg damit, weil die meisten von uns zu gutgläubig sind. Moralische Empörung bietet keinen Schutz dagegen. Wachsamkeit schon.

Machtspiele

Als Junior Manager leiden Sie darunter. Es ist nur fair, dass Sie als Senior Manager nun selbst Ihren Spaß daran haben. Reichen Sie das Elend von einer Managergeneration an die nächste weiter. Falls Sie das bisher noch nicht getan haben, machen Sie Gebrauch von folgender Checkliste, um den großen Wichtigtuern Punkte zu geben. Verleihen Sie dem Gewinner auf der nächsten großen Konferenz einen Oskar für Macht. Eine Statue von Napoleon dürfte angemessen sein.

Macht im Meeting

- Seien Sie immer der Letzte, der ankommt. Lassen Sie die anderen warten.
- Lesen Sie niemals Dokumente vor einem Meeting. Studieren Sie diese im Meeting. Das zeigt, dass Sie sehr beschäftigt sind und sehr klug, da Sie ein Dokument von 100 Seiten in fünf Minuten erfassen, während Sie gleichzeitig die Sitzung leiten.
- Wenn Mitarbeiter Sie sehen möchten, lassen Sie diese draußen vor der Tür warten. Idealerweise steht die Tür offen und die Mitarbeiter sehen, dass Sie sich mit E-Mails beschäftigen. Das zeigt den Besuchern, wie unwichtig sie sind, und gibt Ihnen die Möglichkeit, sich über die 200 E-Mails, die Sie täglich erhalten, zu beschweren. Das beweist, dass Sie wichtig sind.
- Unterbrechen Sie das Meeting, um einen Anruf anzunehmen oder nach draußen zu gehen, um mit jemandem zu sprechen. Sagen Sie allen, sie könnten weitermachen. Damit bringen Sie zum Ausdruck, dass die Tagesordnungspunkte der anderen unwichtig sind, und Sie lassen sie allein mit der Aufgabe, über Ihre Ansicht zu dem Punkt zu grübeln.

Macht bei Reisen

- Wie immer auch Ihre Reisevorkehrungen aussehen, ändern Sie diese in der letzten Minute. Zeigen Sie, dass Sie beschäftigt sind, und maximieren Sie die Störung für die Mitarbeiter.
- Reisen Sie mit Junior Managern als Kofferträgern: Wenn Sie dann Ihre Reisepläne ändern, bringen Sie die Juniors vollkommen durcheinander. Und wenn Sie das Flugzeug betreten, gehen Sie nach links, während die Mitarbeiter nach rechts abbiegen. Lassen Sie die anderen wissen, wo ihr Platz ist.
- Zahlen Sie niemals das Taxi. Lassen Sie es entweder auf die Rechnung setzen (schwach) oder lassen Sie die Junior Manager zahlen und anschließend auf dem nach hinten blickenden Idiotensitz Platz nehmen (stark).

Macht im Büro

- Sorgen Sie dafür, dass Sie ein Mordsbüro haben. Eine separate Führungsetage mit separatem Empfang, ein separater Aufzug und im Idealfall separates Sicherheitspersonal schützen Sie vor dem Gesindel und all dies ist ein Ausdruck der Macht.
- Sie sollten den neuesten Computer besitzen. Benutzen Sie ihn nie außer für E-Mails.
- Fälschen Sie Fotos, die Sie mit verschiedenen Präsidenten oder Premierministern zeigen, und lassen Sie diese an Stellen liegen, wo man sie auch wahrnimmt. Als Alternative können Sie das Bild eines großen Landhauses oder eines Oldtimers wählen.

Die Macht der Kommunikation

- Lassen Sie Ihre Sekretärin alle Telefonanrufe für Sie annehmen und ausführen; lassen Sie den Gesprächspartner eine Weile warten.
- Interne Rundschreiben sind dazu da, Ihr Konterfei auf so vielen Seiten wie möglich abzubilden. Man sollte Sie sehen, wie Sie Preise entgegennehmen, einer Firma einen königlichen Besuch abstatten oder eine Rede über die Zukunft halten.
- Kommunizieren Sie mit den anderen Führungskräften nur über Ihr Personal. Sie sind zu beschäftigt, um mit ihnen direkt zu tun zu haben. Außerdem wird es dadurch für die anderen schwieriger, mit Ihnen zu streiten.

- Schreiben Sie entweder mit einem antiken Füllfederhalter (Tradition, teuer) oder mit einem roten Kugelschreiber (gut für Kommentare auf eingereichten Unterlagen – dadurch fühlt sich der Empfänger Ihrer Anmerkungen in die Schule zurückversetzt).

Macht in der Konferenz

- Öffentliche Konferenzen: Tauchen Sie nur für Ihre Rede auf und gehen Sie dann gleich wieder. Das beweist, dass Sie beschäftigt sind.
- Interne Konferenzen: Halten Sie die große Rede. Sprechen Sie in der Kaffeepause nur mit Leuten, die sich auf Ihrem oder einem höheren Niveau befinden. Sprechen Sie nicht mit Untergebenen.
- Vermitteln Sie ihnen den Eindruck, dass Sie über ihr Schicksal entscheiden, selbst wenn Sie nur das Golf-Match am Nachmittag arrangieren.

Die Macht der Essensgewohnheiten

- Machen Sie eine Spezialdiät. Sie sollte sehr schwer einzuhalten sein; zwingen Sie die Mitarbeiter, Ihnen gegenüber Mitgefühl wegen Ihrer Allergie zu zeigen, aber seien Sie nicht zu pingelig (wie Veganer). Eine glutenfreie Diät ist perfekt.
- Seien Sie der großzügige Gastgeber. Gehen Sie stets an exklusive Orte, wo Sie bekannte Persönlichkeiten treffen, über die Sie später sprechen können (benutzen Sie Vornamen, was impliziert, dass Sie die anderen regelmäßig sehen). Dies ist die einzige Situation, in der Sie die Rechnung übernehmen, sodass jeder weiß, wie spendabel Sie sind.
- Benutzen Sie das private Esszimmer dafür, Gäste zu unterhalten. Essen im Büro ist gut – es zeigt, dass Sie beschäftigt sind. Die Sandwiches müssen jedoch auf richtigen Porzellantellern serviert werden, von hoher Qualität und hübsch angerichtet sein und jeden Tag mit einer Schüssel frischem Obst (ungegessen) präsentiert werden.

Die Macht der Freizeitgestaltung

- Ihre Freizeitgestaltung sollte beweisen, dass Sie über Geld verfügen und in den richtigen Kreisen verkehren: Oper, Schießstand, Golf sind gut.
- Aktive Sportarten, in denen Sie ein gewisses Talent unter Beweis stellen können, sind gut: Damit verärgern Sie jeden, der keine Zeit hat, superfit zu sein, und Sie sind gleichrangigen, sesshafteren Kollegen einen Schritt

voraus. Skifahren in exotischen Gegenden ist auch gut: Es kombiniert die Illusion von Gesundheit mit auffälligem Konsum.
- Schlechte Freizeitgestaltung: Fußball (gewöhnlich), Fachidiotenfreizeitgestaltung (Briefmarken sammeln, Vögel beobachten).
- Karitative Leistungen sind gut: Sie beweisen, Mitgefühl, implizieren Reichtum und helfen Ihnen, andere Machtmenschen zu treffen.

Die Macht der Kleider

- Maßanfertigung ist teuer, diskret und gut.
- Designerkleidung ist kitschig.
- Manschettenknöpfe sind ein Muss.
- Wird legere Kleidung verlangt, tragen Sie nur teure Sachen, die neu sind und wie frisch gestärkt aussehen. Das zeigt, dass Sie hohe Maßstäbe setzen, und sorgt für Distanz zwischen Ihnen und den Mitarbeitern der unteren Führungsebene.

Management

Wer ist das Management?

In einer großen Bank erhielt ich durchweg eine Antwort: Management, das sind mein Chef und dessen Vorgesetzte. Somit sahen die Mitarbeiter eines Call Centers den Gruppenleiter als Management. Aber ebenso verstanden auch sehr hochrangige Führungskräfte unter Management die über ihnen liegende Führungsebene. Nur der Vorstand gab zu, dass er das Management war. Leider ist die Ansicht, dass nur die nächste Führungsebene das Management sei, weit verbreitet. Selbst die Partner einer großen Beratungsfirma fielen diesem Irrtum zum Opfer.

„Das Management ist über mir" – diese Ansicht ist symptomatisch für eine kranke Organisation. Einerseits zeigt sich darin, dass die Menschen, die sich selbst nicht zum Management zählen, keine Verantwortung übernehmen wollen. Andererseits spiegelt sich darin eine Entmachtung wider, die sich durch alle Ränge des Managements zieht. Auf diese Weise wird das mittlere Management auf die traditionelle Rolle eines Niemands reduziert, der nur die Befehle von oben nach unten in der Hierarchie weiterleitet. Jeder, der für Menschen oder Ressourcen verantwortlich ist, sollte sich selbst als Manager sehen und auch entsprechend handeln.

Management Accounting: Tod und Wiedergeburt

Das Management Accounting, so wie wir es kennen und nicht leiden können, liegt im Sterben. Es wird wiedergeboren als etwas, das durchaus von Nutzen sein könnte. Sie sollten auf jeden Fall die Management-Accounting-Version des 21. Jahrhunderts besitzen, nicht die des 20. Jahrhunderts. Die Version des 21. Jahrhunderts unterscheidet sich von der des letzten Jahrhunderts in sechs entscheidenden Punkten:

Von funktionalen Kosten zu überfunktionalen Kosten

Früher hat sich in der Kostenkontrolle die traditionelle Hierarchie widergespiegelt. Jeder in sich geschlossene Bereich hatte ein eigenes Budget. Dies besaß schlicht den Vorteil der Einfachheit. Zum Zweck der Budgetkontrolle war das gut, für das Kostenmanagement jedoch miserabel. Die meisten Kosten werden durch Unternehmensaktivitäten in die Höhe getrieben, die sich über mehrere Funktionsbereiche erstrecken. Die Akquisition und Etablierung eines neuen Bankkunden verursacht erhebliche Kosten in den Bereichen Marketing, Verkauf und Relationship Management, in der Kreditanalyse, Dokumentation und in der Serviceabteilung. Durch die Akquisition eines Großkunden erhöht sich in jeder der Abteilungen das Aktivitätsniveau drastisch und damit steigen auch die Kosten. Wenn nur die Budgetkosten, nicht aber die Aktivitäten kontrolliert werden, geht dies in die falsche Richtung.

Von zugeordneten Kosten zu Kostentreibern

Abteilungskosten waren relevant in einer Zeit, als die meisten Kosten noch direkte, variable Kosten waren. Je mehr diese sich jedoch zu indirekten, festen und semivariablen Kosten entwickeln, desto größer wird auch das Problem der Kostenzuordnung. Im schlimmsten Fall entsteht aus der Kostenzuordnung ein politischer Einzelkampf. Im harmlosesten Fall ist es nur schwierig, die Kunden- und Produktrentabilität korrekt zu identifizieren. Wenn das Management die sich über das gesamte Geschäft erstreckenden Kostentreiber richtig ermittelt, steigen die Chancen, dass es die Kosten fair zuordnen und sich selbst stärker auf die Verwaltung der Kosten konzentrieren kann.

Von historischen Kosten zu prognostizierten Kosten

Im Management Accounting des 20. Jahrhunderts wurde genau Buch geführt, wie gut ein Unternehmen im Vergleich zur Prognose abschnitt. Zu diesem Zweck wurden endlose Variationsanalysen und Jahresvergleiche erstellt. Dies war jedoch im Wesentlichen eine nachträgliche Prüfung. Wenn man sich an den über einzelne Funktionsbereiche hinaus entstehenden Aktivitätskosten orientiert, ist es möglich, die Kosten auf der Grundlage der prognostizierten Nachfrage zu schätzen. Die Kosten lassen sich leichter kontrollieren, wenn sich der Blick nach vorn statt nach hinten richtet.

Vom Erbsenzählen zur Entscheidungsfindung

Bei der traditionellen Kostenrechnung blickte man zurück, sodass heilsame Maßnahmen immer reaktiv waren. Wenn Kosten und Volumen prognostiziert werden, kann das Management nach vorn blicken und die Kosten proaktiv verwalten. Dies kann in kritischer Zusammenarbeit mit anderen Abteilungen geschehen, die selbst ihre Kosten bestimmen oder beeinflussen.

Von der Kostenkontrolle zum Profitmanagement

Kostenmanagement muss nicht notwendigerweise auch ein gutes Profitmanagement sein. Die sensitivsten Positionen einer Kostensenkungsmaßnahme sind die ermessensabhängigen Posten. Werbeanzeigen, sonstige Verkaufsförderungsmaßnahmen und Recherche werden schnell zu einem Ziel für die Kostensenker. Das sind jedoch in der Regel auch die Maßnahmen, die zur Verbesserung der Rentabilität besonders förderlich sind.

Wenn das Management genau versteht, was die Kosten nach oben treibt, erkennt es auch leichter, welche Produkte und welche Kunden gewinnbringend sind. Traditionelle Kostenrechnungsmethoden unterschätzen leicht die Akquisitionskosten sowie die Kosten, die bei der Bedienung von Kunden mit niedrigem Wert, kleinen Lieferungen und kundenspezifischen Produkten anfallen. Activity Based Costing identifiziert diese Kosten und ermöglicht dem Management, fundierte Entscheidungen zur Segment- und Produktpreisgestaltung sowie zu den Servicestrategien zu treffen, wodurch der Gewinn maximiert wird, nicht die Kosten.

Von der zentralisierten zur dezentralisierten Kostenverwaltung

Die traditionellen Kostenrechnungsfunktionen wurden von Mitarbeitern wahrgenommen, die speziell dafür ausgebildet waren. Sie führten alle Analysen durch und erstellten für das Management Bewertungstabellen. Das neue Kostenrechnungswesen ist sehr viel stärker auf die Kostenverwaltung ausgerichtet und sieht ein proaktives Profitmanagement für das gesamte Unternehmen vor. Dies setzt voraus, dass alle Manager die Sprache des Management Accountings sprechen, sie verstehen und danach handeln. Es geht nicht um die Frage, ob die Klammer in der Spalte rechts gut oder schlecht ist.

Natürlich ist die Umsetzung des neuen Management Accountings kein Kinderspiel. Um Erfolg zu zeitigen, müssen eine Reihe von Voraussetzungen erfüllt sein:

- Diese Art von Rechnungswesen muss im gesamten Unternehmen verstanden werden.
- Ein Verständnis dafür, wodurch die Kosten im Unternehmen hochgetrieben werden, muss vorhanden sein. Es handelt sich nicht um eine statische, einmalige Maßnahme. Die Natur der Kostenfaktoren ändert sich in Anlehnung an die vom Management ergriffenen Maßnahmen. Dadurch wird die Kostenverwaltung zu einem dynamischen, also nicht statischen, Prozess.
- Es müssen Systeme vorhanden sein, die eine korrekte Erfassung der Informationen ermöglichen.
- Das Management muss ernsthaft wollen, dass sich etwas ändert, und seinen Nutzen daraus ziehen.

Dies ist eine Revolution, die noch in vollem Gange ist. Es handelt sich eher um eine Kunst als um eine Wissenschaft und lässt sich nur mühsam umsetzen. Die traditionellen Systeme bereits abzuschalten wäre übereilt. Es wird jedoch Zeit, den neuen Ansatz auszuprobieren, ihn den lokalen Gegebenheiten anzupassen und die Möglichkeit zu schaffen, das Zukunftspotenzial noch gründlicher auszuschöpfen.

Management by walking away

Das Buch *Auf der Suche nach Spitzenleistungen*, Urahn moderner Managementbücher, propagiert MBWA: Management by Walking around. Dahinter steckt der Gedanke, dass der Manager so stets weiß, was in seinem Unternehmen vorgeht. Eine ebenfalls gültige Version von MBWA ist Management by Walking away.

Zum Teil besteht die Kunst des Managens darin, zu wissen, wo man selbst tatsächlich Mehrwert schafft und wo andere die Aufgabe ebenso gut erfüllen könnten. Entscheidend für diese Methode ist, dass alle Aufgaben von der rangniedrigsten Person erledigt werden, die dazu in der Lage ist. So wird das Potenzial des Senior Managements optimal ausgeschöpft und die Entwicklung des Junior Managements maximiert. Es ist auch sehr viel motivierender, eine Aufgabe zur selbstständigen Bearbeitung anvertraut zu bekommen, statt alle fünf Minuten beim Chef vorsprechen zu müssen.

Wenn Sie der Ansicht sind, dass jemand einer Aufgabe zu 60 oder sogar nur zu 50 Prozent gewachsen ist, weisen Sie ihm die Aufgabe zu. Fordern Sie das Äußerste von ihm. Vielleicht muss er Tag und Nacht daran arbeiten, weil er zu langsam ist und Fehler macht. Aber er wird dazulernen und folglich daran wachsen. Vertrauen Sie ihm, wenn er sich verpflichtet, bis zu einem bestimmten Zeitpunkt ein bestimmtes Ergebnis vorzulegen. Das kann haarig werden, aber wenn Sie versuchen, jedes Risiko zu vermeiden, werden Sie die Aufgabe letzten Endes vermutlich selbst ausführen. Großes Vertrauen und eine Hochleistungskultur, in der Sie von den Mitarbeitern erwarten, die versprochenen Ergebnisse auch wirklich vorzulegen, gehen miteinander Hand in Hand.

Management by Walking away heißt nicht, dass Sie das Team im Stich lassen. Sie gehen vielleicht weg, aber Sie stellen klar, dass Sie den Mitarbeitern jederzeit mit Rat und Tat zur Seite stehen, wenn dies gewünscht wird. Der Unterschied besteht darin, dass Sie sich nicht als Eindringling in ihre Arbeit einmischen, sondern die Mitarbeiter um Hilfe bitten lassen, wenn diese Hilfe wollen. Ihre Intervention wird sehr viel mehr geschätzt, wenn die Mitarbeiter Sie darum bitten, als wenn Sie sich einmischen und ihnen Ihre Hilfe aufdrängen.

Management-Informationssysteme

Die Jahre v. C. (vor Desktop-Computern) waren die goldenen Jahre der Management-Informationssysteme (MIS). Zumindest konnte man den ganzen Blödsinn anschauen. In einem Versicherungsunternehmen wurde das wöchentliche MIS-Protokoll über einen Großrechner ausgedruckt, dann auf einen kleinen Handwagen gelegt und nach oben in die Führungsetage gekarrt. Das MIS-Protokoll brachte etwa 20 Kilo auf die Waage. Keiner hat es gelesen oder verstanden.

In den Jahren A.D. (Anno Desktop) hat sich das MIS-Problem noch verschlimmert. Wir haben Massen an Mist zu Gigabytes an gigantischem Mist weiterentwickelt. Es ist schlimmer geworden, weil durch die Technologie eine Explosion der Datenmenge ermöglicht wird. Da keiner erkennen kann, wie viel Müll sich ansammelt, ergreift auch keiner die Initiative, ihn wegzuräumen.

Wie Sie das richtige Management-Informationssystem erhalten

Wir alle wissen, dass von Management-Informationssystemen pünktliche, relevante und akkurate Informationen erwartet werden, so wie von Firmen erwartet wird, rentabel zu sein. Wir wissen, was sein sollte, aber nicht, wie wir dies erreichen. Folgende Schlüsselfaktoren helfen Ihnen, das für Sie richtige MIS zu erhalten:

- Sie werden es nicht bekommen, wenn Sie vom aktuellen Punkt aus starten. Vermutlich müssen Sie mit Ihrem Management-Informationssystem ganz von vorn anfangen – schaffen Sie eine Nullbasis.
- Die von Ihnen gesammelten Managementinformationen sollten in ausgewogenem Maße folgende Performance-Daten enthalten: Finanzkennzahlen, Marktinformationen, Organisations- und Innovationsdaten.
- Führen Sie diesen Prozess top-down durch.
- Werfen Sie das alte System weg. Das beschleunigt den Wandel.

Wie Sie das MIS-Biest zähmen: eine Fallstudie

Ein Versicherungsunternehmen hatte die Nase voll davon, Wälder abzuholzen, um auf Papier Mist zu drucken und damit auf dem Weg zur Müllverbrennungsanlage einen Zwischenstopp auf der Chefetage zu machen. Das war keine produktive Arbeit. Das Management benötigte jedoch zum Führen des Geschäfts Informationen. Schritt eins bestand darin, dass sich der CEO hinsetzte und auf ein Blatt Papier schrieb, welche Informationen er auf wöchentlicher Basis benötigte, um das Geschäft zu führen. Anschließend besprach er dies mit dem Vorstand und brachte das Ganze dann zum Abschluss. Die Reaktion darauf war Schock. Die Informationen betrafen alle möglichen Dinge, die überhaupt nicht im Computer vorhanden waren. Grob ließen sich vier Kategorien ausmachen:

- Finanzdaten. Das war der relativ leichte Teil für die MIS-Mitarbeiter. Diese Art von Daten bezieht sich von Natur aus auf Vergangenes; sie vermittelt einen Überblick darüber, wie man sich in der Vergangenheit geschlagen hat. Aber solche Daten sind sinnvoll. Die Struktur der benötigten Information unterschied sich zwangsweise von dem, was das System produzieren konnte.
- Marktdaten. Diese zeigen, wie sich das Unternehmen in Echtzeit entwickelt. Dabei ging es aber nicht nur um traditionelle Verkaufsmaßnahmen, sondern auch um Servicequalität, Beschwerden und den Verlust von Kunden. Diese Informationen waren ein Warnlicht für die künftige Leistung und auf CEO-Ebene vorher nicht berücksichtigt worden.
- Organisationsdaten. Teilweise bezogen sich diese auf die traditionellen Abteilungskosten und Performance-Daten, teilweise auf Personaldaten wie Mitarbeiteranzahl und Personalumschlag.
- Innovation. Das war ein Schlag für das MIS. Die Information war extrem wichtig für die Erkenntnis, wie sich das Unternehmen künftig potenziell entwickeln konnte. Hierzu zählten auch Informationen über den Fortschritt von Schlüsselprojekten sowie ein Innovationsindex, der Aufschluss darüber gab, wie hoch der Anteil des aus neuen Produkten, Kanälen und mit neuen Kunden gewonnenen Umsatzes am Gesamtumsatz war.

Schritt zwei bestand darin, alle Vorstandsmitglieder aufzufordern, ebenfalls eine den eigenen Verantwortungsbereich betreffende Aufstellung auszuarbeiten. Die einzige Vorgabe dabei war, dass die von ihnen angeforderte Information mit der vom CEO vereinbar sein musste.

Schritt drei bestand darin, den Vorgang über die gesamte Organisation bis nach unten umzusetzen. Auf jeder Ebene bestanden riesige Klüfte zwischen dem, was die Mitarbeiter benötigten, und dem, was ihnen wirklich zur Verfügung stand. Dies war volumenmäßig deutlich weniger, wertmäßig wesentlich mehr als zuvor.

Schritt vier bestand darin, dass der Vorstand das neue Management-Informationssystem in Gebrauch nahm. Zu diesem Schritt gehörte auch, das alte MIS wegzuwerfen. Sofort kam es zu einer Krise. Große Teile des MIS existierten einfach nicht. Der Rest musste zusammengetragen oder per Hand abgestimmt werden. Durch diese Krise beschleunigte sich die Produktion des neuen Management-Informationssystems. Sobald andere Manager sahen, dass das obere Management das neue MIS in Gebrauch genommen hatte, waren auch sie ganz erpicht darauf, das neue System zu benutzen.

Marsriegel, der Nutzwert und der Verkäufer

Viele Kinder mögen Marsriegel. Geben Sie ihnen ein Mars und sie werden es vielleicht nicht gerade dankbar, aber zumindest vergnüglich verputzen. Bieten Sie einen zweiten Riegel an. Wenn die Kinder großen Appetit haben, essen sie diesen vielleicht auch. Geben Sie ihnen ein drittes Mars und nur die Gierigen werden es wegmampfen. Spätestens beim vierten oder fünften Riegel wird selbst der größte Marsliebhaber anfangen zu stöhnen. Der sechste Riegel wird gemieden wie die Pest.

Der wahrgenommene Nutzen beziehungsweise Wert eines jeden Marsriegels sinkt, je mehr Sie davon geben. Wenn Sie möchten, dass Kinder Marsriegel zu schätzen wissen, müssen Sie dafür sorgen, dass sie den Appetit darauf behalten. Noch besser wäre es, wenn sich die Kinder den Marsriegel selbst verdienen müssten, denn dann legen die Kids wirklich großen Wert darauf. Geben Sie ihnen nur hin und wieder einmal ein Mars. Wenn Sie sich einschmeicheln wollen, indem Sie ihnen sechs auf einmal geben, ist das nicht sehr produktiv.

Verkäufer und Manager vergessen allzu häufig diese Marslektion. Sie versuchen, sich Unterstützung zu erkaufen, indem sie zu früh zu viel von sich geben. Sie lassen beim Gegenüber keinen Appetit aufkommen und den anderen nicht dafür arbeiten. Jagen Sie den anderen nicht hinterher, sie sollen Ihnen nachjagen. So müssen Sie deutlich weniger geben und dafür ist man Ihnen sehr viel dankbarer.

Meetings: die guten, die schlechten und die fiesen

Meetings sind eine ausgezeichnete Möglichkeit, Zeit zu verschwenden, wobei gleichzeitig der Schein großer Aktivität gewahrt wird. Wir alle haben schon mehr Stunden in sinnlosen Meetings verbracht, als wir zählen können. Keinem wird beigebracht, was ein Meeting zu einem guten Meeting macht oder wie man ein gutes Meeting veranstaltet. Wäre das geschehen, würde die Produktivität im Büro in die Höhe schnellen und die Bürorechnung für Kaffee und Gebäck in den Keller rutschen. Zwangsläufig sind die Richtlinien zur Gestaltung effektiver Meetings kaum mehr als auf gesundem Menschenverstand beruhende Regeln. Dieser wird jedoch routinemäßig außer Acht gelassen, sobald ein Meeting einberufen wird.

Das nachfolgende Modell bezieht sich auf das typische interne Unternehmensmeeting nach Schema F. Es trifft nicht für Brainstorming-Veranstaltungen zu oder für Meetings großer Gruppen sowie formelle Vorstandsmeetings, die anderen Zwängen und speziellen Anforderungen unterworfen sind.

Der Zweck des Meetings

Eine gute Möglichkeit, das Meeting zu testen, besteht darin, die folgenden drei Fragen zu stellen:

- Was wird sich als Folge des Meetings ändern? Normalerweise entsteht die Veränderung dadurch, dass Entscheidungen getroffen werden. Wird eine Angelegenheit an einen Ausschuss verwiesen oder um mehr Information gebeten, ist dies keine Entscheidung und beeinflusst das Geschäft nicht.
- Was habe ich aus dem Meeting gelernt? Das Gelernte sollte signifikant, relevant und nützlich sein.
- Was mache ich als Nächstes? Aus dem Meeting müssen sich für mich klar neue Schritte ergeben.

Wenn Sie auf diese Fragen keine guten Antworten erhalten, war das Meeting entweder miserabel oder Sie hätten einfach nicht dort sein sollen. Für die Planung eines Meetings lohnt es sich, im Voraus zu überlegen, wie jeder einzelne Teilnehmer am Ende des Meetings diese Fragen für sich beantworten kann. Wenn ein potenzieller Teilnehmer keine gute Antworten hat, sollte er vermutlich nicht teilnehmen. Sie müssen sich letzten Endes darüber im Klaren sein, was Ihnen das Meeting bringt, ob als Vorsitzender oder als Teilnehmer.

Teilnehmerzahl bei Meetings

Jeder möchte auf Meetings gehen. Mitarbeiter des Junior Managements möchten dort sein, um sich dem Senior Management zu präsentieren. Die Senior Chefs möchten, dass die Junior Manager anwesend sind, weil diese vermutlich die Kuliarbeit geleistet haben und die Seniors sich ohne Hilfe der Juniors entlarvt fühlen. Jede Abteilung möchte zur eigenen Vertretung einen Teilnehmer entsenden. Massenveranstaltungen geben jedoch kein gutes Meeting ab.

Wenn die Teilnehmerzahl auf über sechs bis acht Leute steigt, wird es im Allgemeinen schwierig, eine für alle Teilnehmer bedeutsame Diskussion in Gang zu bringen. Entweder läuft es darauf hinaus, dass ein kleiner Kern die Diskussion dominiert, oder das Meeting degeneriert zu einer Reihe von bilateralen Diskussionen zwischen dem Vorsitzenden und den einzelnen Teilnehmern. So oder so werden viele Teilnehmer nur Zuschauer sein und selbst keinen Beitrag leisten. Meetings sind nicht als Zuschauerveranstaltung gedacht. Im Folgenden ein paar einfache Regeln für die Teilnahme an Meetings:

- Vermeiden Sie Meetings mit mehr als sechs bis acht Leuten, wenn nicht der Zweck dieser Veranstaltung darin besteht, einer breiten Masse eine Botschaft mitzuteilen.
- Nur Mitarbeiter, die durch Einbringen von Fachwissen, Ressourcen oder Autorität für das Meeting eine Rolle spielen, sollten anwesend sein.
- Keine Rollenduplizierung: Es ist nicht notwendig, dass zwei Mitarbeiter anwesend sind, um ein und denselben Standpunkt zu vertreten, sofern sie diesen nicht aus ganz verschiedenen Perspektiven beleuchten.

Vorbereitung von Meetings

Sie wird gern vergessen, was sich ungünstig auswirkt. Der wichtigste Vorbereitungsschritt besteht darin, an die anderen Teilnehmer Erwartungen zu formulieren. Sie können Folgendes betreffen:

- Die Rolle eines jeden Teilnehmers
- Erledigung von Hausarbeiten

- Vorherige Betrachtung kritischer Punkte. Es ist besser, mit einem potenziellen Gegner vor dem Meeting zu sprechen, seine Bedenken im persönlichen Gespräch zu erfahren, zu verstehen und zu lenken, als eine öffentliche Auseinandersetzung in Kauf zu nehmen. Sorgen Sie im Vorhinein für den notwendigen Konsens; das ist in Japan ein institutionalisierter Prozess, der „nemawashi" heißt.

Selbstverständlich ist eine logistische Vorbereitung erforderlich. Neben den offensichtlich zu klärenden Punkten wie Ort des Meetings, lokale Gegebenheiten und eventuell Bewirtung sind auch weniger offensichtliche Entscheidungen zur Raumaufteilung zu treffen. Der traditionelle lange Tisch mit dem Vorsitzenden am Ende dürfte eine der ineffektivsten Anordnungen für eine Diskussion sein und zumindest an dem einen Ende des Tisches den Blick auf die Präsentation so gut wie unmöglich machen. Der Gestaltung des Raums sind nur durch Ihre eigenen Bedürfnisse und durch Ihre Vorstellungskraft Grenzen gesetzt. Verbreitet sind in der Mitte freibleibende Rechtecke. Eine attraktive Möglichkeit wäre, ganz auf Stühle und Tische zu verzichten. Eine Stehveranstaltung lässt sich garantiert schneller und konzentrierter durchführen als ein Meeting, in dem die Teilnehmer bei Kaffee und Keksen in ihren gepolsterten Sesseln versinken. Stehmeetings sind nicht etwa unkultiviert: Die Queen veranstaltet Stehmeetings, wenn sie den Kronrat trifft. Das ist eine ideale Möglichkeit, langatmige Politiker davon abzuhalten, zu viel zu reden.

Logik des Meetings

Am ausführlichsten diskutiert werden die Punkte auf der Agenda, die relativ weit vorn stehen: wenn noch alle frisch und voller Elan sind; wo jeder ein Experte ist; wo niemand durch den Ausgang oder durch die Diskussion selbst verletzt wird. Mit anderen Worten: Die Debatte enthält für die Teilnehmer kein Risiko.

Hier bieten sich großartige Möglichkeiten zur Manipulation. Eines meiner liebsten Vorstandsmeetings fand um 11 Uhr statt. Der erste Punkt auf der Agenda bestand darin zu diskutieren, ob man jedem Mitarbeiter zur Mittagszeit ein Glas Sekt in die Hand drücken sollte, um die kürzlich stattgefundene Fusion und den offiziellen Start der neuen Marke und des neuen Unternehmens zu feiern. Um die Diskussion in Gang zu bringen, war dies ein Volltreffer. Jeder war noch frisch und wollte dem CEO zeigen, dass er einen Beitrag leistete.

Jeder war ein Experte; einige argumentierten, dass mit Sekt das falsche Exempel statuiert würde, dass eine Disziplinarstrafe für Trinken am

Arbeitsplatz dadurch unmöglich würde. Andere vertraten die Ansicht, dass es grauenvoll wäre, mit einem Glas Wasser zu feiern; das würde so aussehen, als sei das Management knauserig, und die Moral würde leiden. Ganze 90 Minuten lang wurde eine Moraldiskussion über das Glas Sekt geführt. Keiner der Anwesenden konnte durch die Diskussion oder das Ergebnis verletzt werden. Mit einem Glas Sekt war nicht die Gefahr verbunden, dass man in das Revier eines anderen pinkelte. Die Meinungen konnten – gefahrlos – hin und her schwirren.

Gegen 12.30, als es schon mit großen Schritten auf die Mittagspause um 13 Uhr zuging und noch immer drei Punkte auf der Agenda standen, trug der IT-Direktor dem Ausschuss die Bitte vor, für die beiden Unternehmen ein Systemintegrationsprogramm einsetzen zu dürfen. Dies war für das Geschäft von entscheidender Bedeutung: Eine Investition in Millionenhöhe stand auf dem Spiel. Mit diesem Schritt war effektiv der Verlust einer der Plattformen und des entsprechenden Mitarbeiterstabs verbunden und das Ganze hatte eine signifikante Auswirkung auf die Produktentwicklung des Unternehmens und die Fähigkeit der Kundenbetreuung. Wie zu erwarten kam die Bitte ohne Einwände durch, da jeder von der Sektschlacht erschlagen war und vor dem Mittagessen noch andere Punkte auf der Agenda abhaken wollte. Nur dem IT-Chef war bewusst, was auf dem Spiel stand: Finanzen, Marketing und Personal – überall wurde der sichere Boden unter den Füßen weggezogen. Der IT-Direktor war so klug gewesen, die Angelegenheit mit dem CEO im Voraus zu regeln. Jede Herausforderung wäre nun sehr riskant gewesen – damit hätte man direkt in das Revier des IT-Chefs gepinkelt. Stellen Sie also die Tagesordnung so auf, dass Sie das richtige Diskussionsniveau und die von Ihnen benötigten Ergebnisse erhalten.

Mergers & Acquisitions

Theorie und Praxis

In der gesamten wissenschaftlichen Literatur wird behauptet, die meisten Akquisitionen seien zum Scheitern verurteilt. Die M&A-Aktivitäten nehmen aber von Jahr zu Jahr zu. Entweder sind die Geschäftsleute dumm oder die Wissenschaftler haben etwas übersehen.

Wirtschaftsexperten können nachweisen, dass von einer Unternehmensakquisition vor allem das Portemonnaie der Aktionäre der akquirierten Gesellschaft profitiert. Zahllose Studien zeigen, dass ein Unternehmenskäufer typischerweise einen Aufschlag von etwa 40 Prozent im Vergleich zum Marktpreis zahlen muss, um Kontrolle über den Übernahmekandidaten zu gewinnen. Die Aktionäre des Zielunternehmens streichen damit auf die Schnelle einen Gewinn von 40 Prozent ein. Nach der Akquisition entwickelt sich die Aktie des Unternehmenskäufers typischerweise unterdurchschnittlich zum Gesamtmarkt. Aus dem Blickwinkel des Aktionärs der Käuferfirma ist deshalb nicht einmal die Hälfte aller Akquisitionen ein Erfolg. Diese Sicht mag sinnvoll und logisch sein, aber hinter solchen Transaktionen steckt noch eine andere Logik.

Bei Akquisitionen geht es um das Management, nicht nur um die Aktionäre. Aus der Managementperspektive gewinnen zirka 50 Prozent des Managements. Der erfolgreiche Unternehmenskäufer gewinnt an Macht und Ruhm, das übernommene Unternehmen verliert. Tote lachen nicht. Management und Aktionäre haben in Bezug auf den Sieg unterschiedliche Sichtweisen.

Hinter diesem Verhalten steckt mehr als Eitelkeit. Mit der Übernahme eines anderen Unternehmens erwirbt der Käufer auch das Recht, im Rennen zu bleiben. Er holt nicht nur kurzfristig einige finanzielle Vorteile und Kosteneinsparungen heraus; er schafft sich selbst damit einen größeren strategischen Handlungsspielraum. Das Management gibt sich damit die Chance, langfristig zu gewinnen. Das übernommene Unternehmen hat verloren, kann nicht mehr mitspielen, nicht gewinnen. Das Spiel ist aus. Natürlich gewinnen nicht alle Unternehmenskäufer immer aufs Neue – das liegt in der Natur des Wettbewerbs. Aber aus Sicht des Managements ist es sinnvoller, Räuber zu sein als Beute.

Fusion und Akquisition im Vergleich: der FUZ-Faktor

Manager hassen den FUZ-Faktor: Furcht, Unsicherheit, Zweifel. Wenn der FUZ-Faktor steigt, fallen Moral und Leistung. Widerstand, politische Intrigen und interne Rivalitäten nehmen zu.

Akquisitionen bringen den FUZ-Faktor bis an den Siedepunkt. Und das zu Recht: Management und Mitarbeiter des Zielunternehmens haben guten Grund, sich Sorgen um den Arbeitsplatz zu machen. Selbst wenn es bei der Akquisition um Größe geht, nicht um Skaleneffekte, besteht doch Unsicherheit darüber, wie das neue Management aussieht, was es erwartet und wie es das Unternehmen leitet.

Bei einer gut gemanagten Akquisition wird der FUZ-Faktor jedoch schnell beseitigt. Die Entscheidungen, wer in welcher Rolle überlebt, sind schnell getroffen. Wer gehen muss, geht schnell. Es wird schmerzhaft werden. Gut gemanagt ist der Schmerz zwar intensiv, aber kurz. Danach ist der FUZ-Faktor wie weggeblasen und das Management kann dazu übergehen, weiter das Unternehmen zu managen, anstatt alle Finessen anzuwenden, um die eigene Position und das Überleben zu sichern.

Das bedeutet, dass sich der Käufer bereits vor der Fusion Gedanken über die Firmenintegration machen sollte, damit er schnell durchgreifen kann. Normalerweise sind Unternehmenskäufer so im Jagdeifer, dass in dem Augenblick, in dem sie gewinnen, eine Leere entsteht, die zur Krise führt: Sie wissen nicht, wie sie das akquirierte Unternehmen integrieren sollen.

Bei Fusionen wird die äußerste Schmerzgrenze erreicht, was eine Weile anhält, bis das gesamte Management und das Unternehmen genug im eigenen Saft geschmort haben. Je gleichberechtigter die beiden Fusionspartner sind, desto schlimmer wird es. Im verzweifelten Kampf, beiden Seiten gleichermaßen gerecht zu werden, drückt sich das Management vor allen schwierigen Entscheidungen. Einen solchen Fall habe ich einmal erlebt. Die Manager versuchten verzweifelt, fair, vernünftig und unparteiisch zu sein. Die wichtigsten Entscheidungen wurden folgendermaßen angegangen:

- Wer wird zuständig sein? Wir werden beide die Verantwortung miteinander teilen.
- Wo sollen wir kürzen? Wir werden eine Sondereinheit einsetzen, die sich objektiv mit dieser Frage beschäftigt und uns in sechs Monaten Bericht erstattet.
- Welche Systeme sollen wir benutzen? Wir werden darüber nachdenken.
- Welche Büros sollen wir schließen? Jetzt lassen wir erst einmal alles weiterlaufen, bis die anderen Entscheidungen ausgewertet sind.
- Wie werden die Entscheidungen getroffen? Um fair zu sein, werden wir dafür sorgen, dass bei allen wichtigen Entscheidungen das Management beider Seiten involviert ist, sodass wir die beste Lösung für das Gesamtunternehmen erreichen können.

Natürlich wurden damit politischen Reibereien und internen Rivalitäten Tür und Tor geöffnet. Das Geschäft zog sich in sich selbst zurück. Jeder erkannte, dass der wahre Konkurrenzkampf nicht im Markt stattfand – er fand im Managementteam statt. Und dies sollte zu einem Kampf auf Leben und Tod werden. Es würde niemals zwei CEOs geben, zwei Marketingvorstände, zwei Finanzvorstände. Je mehr das Management versuchte auszuweichen, desto mehr verschlimmerte sich der FUZ-Faktor. Das Unternehmen fiel im Markt um zwei Jahre zurück und hat sich nie wieder richtig erholt. Statt einer klaren Richtung gab es nur ausweichende Antworten, was jeden verwirrte und das Geschäft schädigte.

Wer sowohl eine Übernahme als auch eine Fusion erlebt hat, weiß, dass die Übernahme weniger schmerzvoll und effektiver ist als die Fusion. Klare Entscheidungen sind Zeichen eines guten Managements. Ein Kompromiss nicht.

Die Berührung des Midas

König Midas wünschte sich, dass alles, was er berührte, zu Gold werde. Die Götter gewährten ihm seinen Wunsch. Er war erfreut. Er umarmte seine Frau. Sie wurde zu Gold. Geschockt wollte er sich einen Drink genehmigen. Der Kelch aus Holz wurde zu Gold und dann verwandelte sich der darin enthaltene Wein in Gold. Er konnte nichts essen und nichts trinken. Dies ist der Ursprung des alten griechischen Fluchs: „Mögen sich alle deine Wünsche erfüllen."

Unternehmenswünsche werden nicht in Form eines an die Götter gerichteten Gebets ausgedrückt, sondern durch ein Belohnungs- und Bewertungssystem für die Mitarbeiter. Einige Belohnungs- und Bewertungssysteme haben wahren Midas-Charakter:

- Call-Center-Mitarbeiter, die nach der Anzahl der von ihnen erledigten Anrufe bewertet werden. Ergebnis: schlechter Kundenservice und lange Warteschlangen am Telefon, da der Durchlauf maximiert wird.
- Relationship Manager einer Bank, die nach dem vergebenen Kreditvolumen bemessen werden. Ergebnis: Kredite niedriger Qualität und teure Abschreibungen.
- Versicherungsagenten, die auf Kommissionsbasis belohnt werden. Ergebnis: schlechter Verkauf unangemessener Policen an die falschen Leute. Gerichtsklagen und Maßnahmen der Regierung kosten die Branche in Großbritannien beinahe 20 Milliarden Dollar.
- Krankenhäuser, die daran bemessen werden, wie viel Zeit vergeht von dem Augenblick an, wenn ein Patient einen Facharzt sieht, bis zum Zeitpunkt der Operation. Ergebnis: Der Termin mit dem Spezialisten

wird hinausgezögert, sodass die Patienten erst später auf die Warteliste aufgenommen werden.
- Kapitalmarkthändler, die nach dem Profit bemessen werden. Ergebnis: Sie nehmen für das Firmenkapital große Risiken in Kauf, scheuen sich nicht einmal vor Betrug, um die Risikokontrollmechanismen zu umgehen. Je höher das Risiko, umso höher der potenzielle Gewinn oder Verlust. Wenn es schief geht, kann das Geschäft dank eines einzigen Händlers beinahe eine Milliarde Dollar verlieren und Pleite gehen (Barings, Singapur).

Mitarbeiter im Ausland

Für die Organisation und für einen Mitarbeiter lohnt sich nur selten ein Einsatz im Ausland. Ich muss es wissen – ich war Mitarbeiter im Ausland. Aus Unternehmenssicht macht ein solcher Mitarbeiter theoretisch viel. Er hilft dabei, Fähigkeiten weiterzuvermitteln, hilft, „eine Firma" weltweit aufzubauen, hilft, globale Standards zu wahren, und vermittelt dem globalen Management Einblick in regionale Chancen und Leistungen. Die Versetzung eines Mitarbeiters ins Ausland ist auch eine Möglichkeit, Individuen zu fordern und zu fördern. Die Realität kann jedoch auch anders aussehen:

- Mitarbeiter im Ausland sind extrem teuer im Vergleich zum Personal vor Ort.
- Mitarbeiter im Ausland benötigen eine Weile, ehe sie zur Höchstform auflaufen – in der Zeit, in der sie sich mit der Landessprache und dem Geschäft vor Ort vertraut machen, bleiben sie unter ihrem normalen Leistungsniveau.
- Sie vermitteln den Eindruck, dass kein Vertrauen in das regionale Management herrscht. Dies kann der Moral schaden und es wird schwieriger, gute Mitarbeiter vor Ort anzuwerben, wenn diese den Eindruck haben, der Weg zur Spitze sei durch Ausländer versperrt.
- Mitarbeiter gehen aller Voraussicht nach wieder, wenn sie ihre Pflichttour beendet haben. Die so mühselig antrainierten Fähigkeiten verlieren sich.

Aus Sicht des Mitarbeiters sehen die Dinge auch nicht viel besser aus:

- Es kommt oft zu einem richtigen Kulturschock. Zirka 40 Prozent der Mitarbeiter, die wir nach Japan schickten, waren innerhalb von zwei Monaten ausgelaugt. Das war typisch.
- Die Reintegration in das Heimatunternehmen ist schwierig. Keine Position kann drei Jahre lang frei gehalten werden. Außerdem ist daheim keiner besonders versessen darauf, seine Chance auf Beförderung an jemanden abzutreten, der überhaupt nicht da war.
- Auch bei der Rückkehr kommt es zu einem echten Kulturschock. Hat man sich erst einmal daran gewöhnt, ein Geschäft zu führen und woanders der Chef zu sein, ist es schwierig, sich daheim wieder damit anzufreunden, seinen Platz in der Matrix des mittleren Managements zu haben.

Es wird immer notwendig sein, einige Mitarbeiter ins Ausland zu schicken. Aus Unternehmenssicht sollten es jedoch so wenig wie möglich sein. Aus Sicht des betroffenen Mitarbeiters heißt es, genau zu bedenken, ob man einen Posten im Ausland akzeptiert. Glauben Sie vor allem nicht, dass das, was man Ihnen für die Zeit nach Ihrer Rückkehr verspricht, stimmt.

Möwenmanagement

Dies ist die bevorzugte Managementform der großen Tiere anderer Geschäftsstellen. Sie möchten unter Beweis stellen, dass sie den Angestellten die Hand reichen, zu allen Unternehmensbereichen Kontakt pflegen und für Mehrwert sorgen. Deshalb kommen sie vorbeigesegelt und lassen Dreck fallen.

Beim Vorbeiflug handelt es sich um einen Besuch von ein oder zwei Tagen. Sie behaupten, sie wollten für Mehrwert sorgen; anstatt ein internes Meeting abzuhalten, verlangen sie, alle Ihre größten Kunden und Geschäfte kennen zu lernen, um hier zusätzlichen Wert zu schaffen. Sie kennen die Kunden oder die Geschäfte nicht, verfügen aber über den simplen Glauben, dass die ihnen angeborene Brillanz sich irgendwie günstig auf die Kunden auswirkt.

Wenn sie wieder gehen, lassen sie ihren Dreck fallen. Dies geschieht in Form eines kostenlosen Ratschlags und sie erwarten dann, dass dieser von

Ihnen weiterverfolgt wird. Sie werden Sie auch mit einem dicken nachdatierten Scheck zurücklassen. Sie werden Ihnen sagen, was für eine wunderbare Chance Sie nun bei Kunde X haben, was impliziert, dass sie selbst es waren, die diese Gelegenheit für Sie geschaffen haben. Wenn Ihnen also der Abschluss gelingt, heimst der andere die Lorbeeren ein. Gelingt es Ihnen nicht, sind Sie die Niete.

Die Versuchung, Möwen abzuschießen, ist groß. Ich ziehe es vor, sie langsam zu garen. Bei meinem Aufenthalt in Japan kamen wiederholt Bonzen in einem unternehmensfinanzierten Urlaub vorbei – normalerweise in Begleitung ihrer Familie. Wir besaßen für diesen Fall eine einfache Routine:

- Sobald das hohe Tier nach einem 14-stündigen Flug aus dem Flugzeug gestiegen war, war der Terminkalender 16 Stunden am Tag gespickt mit Meetings, kurzen Beratungen und Abendessen. Die Bonzen sind normalerweise Machos, deshalb ist ein ausgefüllter Terminkalender eine „gute Sache". Sie möchten vor ihren Untertanen auch keine Schwäche zeigen. Wir hingegen kümmerten uns schichtweise um das hohe Tier, um frisch zu bleiben.
- Die meisten externen Meetings fanden mit japanischen Kunden statt. Sie sprechen kein Englisch. Dadurch ist die Chance, dass kostenlose Ratschläge erteilt werden, relativ gering und für den Bonzen erhöht sich weiter das Gefühl von Verwirrung, Kulturschock und Jet Lag.
- Ein oder zwei Meetings wurden mit zahmen westlichen Kunden arrangiert. Sie alle hatten das gleiche Bonzenproblem und wussten genau, was im Skript stand. Sie betonten, wie schwierig und teuer es war, Geschäfte in Japan zu machen, und wie wunderbar wir doch unseren Job erledigten. Später würden wir ihnen denselben Gefallen erweisen.
- Lassen Sie den Bonzen für das Essen zahlen. Er glaubt wahrscheinlich, er würde das Restaurant kaufen, nicht das Abendessen. Ihre Ausgaben werden künftig kein Thema mehr sein.
- Lassen Sie die Bonzen ohne Begleitung von einem Meeting zum nächsten gehen, nur einmal. Sie werden sich verlaufen, in Panik geraten und ein Vermögen ausgeben. Außerdem werden sie lernen zu respektieren, wie schwer es ist, Geschäfte in Japan zu machen.
- Bringen Sie den Bonzen am Ende der Ihnen zugeteilten 48 Stunden zum Flughafen und bitten Sie ihn um einen Rat. Einer von ihnen sah mich mit Verzweiflung an und sagte: „Sie sprechen kein Englisch!" Zumindest hatte er etwas gelernt.

In jedem Unternehmen gibt es ähnliche Verteidigungsmechanismen, um mit hohen Tieren auf der Durchreise fertig zu werden.

Multinationale und multilokale Unternehmen

Multinationale Unternehmen finden es schick, multilokal aufzutreten. Das Unternehmen möchte sich als guter Bürger der Gemeinde und als offen für lokale Bedürfnisse erweisen. Es möchte nicht als ein Fast-Food- oder als Sprudelgetränkimperialist verstanden werden, der die regionale Kultur wegquetscht.

Dahinter steckt die Logik, dass nach Meinung eines multinationalen Unternehmens als Augenwischerei eine Lokalisierung notwendig sei, um lokale Kundenkreise zu beschwichtigen. Auch der nationalen Regierung gegenüber ist ein lokaler Auftritt hilfreich, wenn es darum geht, Bestimmungen, Investitionsanreize für den Bau neuer Fabriken oder Steuerangelegenheiten zu diskutieren.

Ansonsten folgen die multinationalen Kräfte der Logik, global zu sein. Trotz der Beschwerden des lokalen Managements muss das globale Management den Globalansatz über den Lokalansatz stellen. Operativ haben die multinationalen Unternehmen dann Erfolg, wenn sie global, nicht lokal arbeiten:

- Die Produktionskosten können durch globale Beschaffung minimiert werden.
- Die Marketingkosten werden durch eine Globalkampagne minimiert.
- Die Lagerkosten werden dadurch minimiert, dass die Produkte weltweit eine einheitliche Verpackung besitzen, sodass die Lager international genutzt werden können. Dies verlängert den Produktzyklus und sorgt für weniger Umstellungen.
- Die Gemeinkosten werden minimiert: Markenkonzerne können schließlich auf globaler Ebene aktiv sein, die Verwaltung kann konsolidiert werden, für Forschung und Entwicklung ist nur ein Team notwendig. Das kann bis ins Extrem gehen. Ich habe gesehen, dass in Groningen/Niederlande Reiskocher entwickelt und getestet wurden. Dort wird im Vergleich zu Asien nicht gerade viel Reis gekocht. Die Idee der Globalisierung war richtig, die Umsetzung jedoch nicht.

- Lernen wird optimiert: Wenn eine Bank für alle europäischen Unternehmenskunden nur ein Call Center in Dublin besitzt, sorgt sie nicht nur für eine gute Kapazitätsauslastung, sondern lernt auch mehr über das Muster, das den Unternehmensbedürfnissen in ganz Europa zugrunde liegt. Wäre das Call Center in mehrere Center aufgespalten, ließen sich diese Erkenntnisse weniger leicht gewinnen.
- Wenn ein Unternehmen weltweit Kunden besitzt, muss es entweder von der Struktur (Business-to-Business) oder vom Geschmack her (Verbraucher) zu einer globalen Antwort kommen.

Aus unternehmerischer Sicht müssen multinationale Unternehmen global auftreten. Wenn weltweit Größenvorteile erzielt werden sollen, müssen auch die Entscheidungen über Mittelzuweisungen, Produktion, Produkte und Markenetablierung global getroffen werden. Die Entscheidungsfindung wird leichter, wenn es ein geschlossenes Managementteam gibt, dessen Teilnehmer sich verstehen und gegenseitig vertrauen. Als minimale Voraussetzung ist hierzu eine gemeinsame Managementsprache erforderlich. Dies führt sogar dazu, dass einige multinationale Unternehmen in Frankreich Englisch als Unternehmenssprache einführen. Es führt auch dazu, dass das Spitzenmanagement homogen ist. Die Vorstände multinationaler Unternehmen in den USA sind in der Tendenz Amerikaner, die in japanischen Unternehmen Japaner. Multinationalismus ist nicht bis zur Führungsetage vorgedrungen.

Natürlich gibt es Zwänge, sich lokalen Bedürfnissen anzupassen. Wenn die lokalen Anforderungen jedoch wirklich einzigartig sind, werden sie auch am besten von einem lokalen Unternehmen erfüllt. Ein multinationales Unternehmen wird niemals eine so regionale und passende Antwort parat haben wie eine lokale Firma. Ein McDonald's wird niemals ein Soufflé wie ein französischer Küchenchef zubereiten können. Auf einem so lokalen Gebiet muss ein Unternehmen nicht unbedingt konkurrieren. Das Bestreben eines multinationalen Unternehmens sollte dahin gehen, ein globales Standardmodell für das Management, die Unternehmensaktivitäten und letztlich für den Markt und seine Kunden zu entwickeln. So wie im Automarkt zwar weltweit die gleichen Karosserien, Motoren und Einzelteile verwendet werden, das Endprodukt jedoch auf die lokalen Bedürfnisse zugeschnitten ist, sollten auch im Unternehmen die Rahmenbedingungen, das Management und die Standards global sein.

Mythen des Managements

Es gibt in Bezug auf Management drei tief verwurzelte Mythen. Diese zu kennen und damit umgehen zu können kann von großem Nutzen sein.

Wir wissen, wo wir stehen

Dies ist ein großer Mythos. Natürlich kommt für jedes Management das Geständnis, man wisse nicht, wo man stehe, einer Todsünde gleich. Und während wir versuchen herauszufinden, wo wir sind, gewinnen wir über jeden Aspekt unseres Geschäfts noch schneller noch mehr Informationen. Aber keiner ist jemals zufrieden – wir können nie genug wissen. Wenn wir wissen, wo wir sind, heißt das, dass wir alles unter Kontrolle haben. Aber wir können niemals den Grad an Kontrolle oder Information erreichen, den wir uns wünschen. Wir werden niemals genau wissen, was in anderen Funktionsbereichen, anderen Teilen des Geschäfts geschieht. Mit Sicherheit verstehen wir nicht, von welchen politischen und emotionalen Zielen unsere Kollegen getrieben werden. Wir wissen gewöhnlich erst zu spät, was die Konkurrenz im Schilde führt. Wir werden immer wieder durch von außen kommende Zufallsereignisse überrascht: Stürme, Streiks, neue Technologien wie das Internet sprengen aus dem Nirgendwo hervor.

Als Manager sollten wir erkennen, dass wir uns mit der Suche nach perfektem Wissen selbst eine Falle stellen. Es ist so zeitaufwändig, dass wir nie etwas anderes machen, als Informationen zu suchen und abzulegen.

Die Lösung besteht darin, sich keine Sorgen zu machen. Konzentrieren Sie sich auf die wenigen Dinge, die wichtig sind, die Sie kontrollieren und ändern können. Je konzentrierter Sie dies machen, desto größer ist Ihre Chance, alles unter Kontrolle zu haben und eine Änderung zu bewirken. Das gilt sowohl für Individuen als auch Institutionen.

Wir wissen, wohin wir gehen

Hierfür gibt es einen einfachen Test: Graben Sie den vor fünf Jahren erstellten Fünfjahresplan aus und kontrollieren Sie, wie genau er stimmt. In der Welt wimmelt es nur so von Beispielen dafür, wie sich Prognosen irren. Bei jeder Übernahme gibt es zumindest eine Partei, für die die Übernahme nicht auf dem Fünfjahresplan stand. Schauen Sie sich doch einmal Wirtschafts- und Finanzprognosen an und vergleichen Sie diese mit der

Realität. Die Zeitschrift *Fortune* hob die Entwicklung zehn attraktiver Technologieaktien hervor (18. September 2000). Innerhalb eines Monats waren fünf davon um mehr als 50 Prozent gefallen, zwei um 80 Prozent. Das Unerwartete geschieht.

Da wir nicht die ganze Welt im Griff haben können, haben wir auch unser eigenes Schicksal nicht ganz in der Hand. Wieder besteht die Lösung darin, gar nicht erst zu versuchen, alles zu kontrollieren. Es ist unmöglich. Richtig ist, sich auf einige wenige Ziele zu konzentrieren sowie auf die entscheidenden Schritte, die uns dorthin bringen könnten. Seien Sie auf das Ziel fixiert, aber flexibel in der Wahl der Mittel.

Selbst wenn sich die Zukunft dann nicht ganz so gestaltet wie von uns geplant, lohnt es sich, am Mythos festzuhalten, dass wir wissen, wohin wir gehen. Die Menschen brauchen das Gefühl, geführt zu werden, das Gefühl, dass Richtung und Schwerpunkt bekannt sind. Wenn man ihnen eine Richtung vorgibt, ist dies nicht nur eine Sache der Motivation; es geht darum, etwas auf den Gebieten zu erreichen, die unseres Erachtens wichtig sind. Wenn wir uns irren, können wir immer noch einmal von vorn anfangen.

Wir wissen, wie wir dorthin gelangen

Wenn wir nicht genau wissen, wo wir stehen und wohin wir streben, sind wir in keiner guten Position, um zu behaupten, wir wüssten, wie wir dorthin gelangen. Aber der Mythos, dass das Management alles unter Kontrolle hat, verlangt von uns, klar zum Ausdruck zu bringen, wie wir dorthin kommen.

Es lohnt sich, auch an diesem Mythos festzuhalten, da er der Organisation ein gewisses Gefühl der Richtung und Dynamik vermittelt. Gefährlich wird der Mythos dann, wenn sich das Management auf den neuesten Managementtrend stürzt, um auf diese Weise zu demonstrieren, dass es über einen Plan verfügt, mit dessen Hilfe es dorthin gelangt, wohin es auch immer zu gehen glaubt. Der Eifer, mit dem das Management sich auf die neuesten Managementtrends stürzt, ist ein Hinweis dafür, dass Unsicherheit darüber herrscht, wie es weitermachen soll. Neue Managementideen sind eine Lösung für Probleme, die unter Umständen gar nicht relevant sind.

Wie packen wir es also an?

An den drei Mythen sollte man zum Wohlergehen des Unternehmens weiter festhalten. Die Entwicklung unserer Karriere wäre getrübt, wenn wir den Aktionären auf der Hauptverwaltung mitteilten: Wir wissen nicht, wo wir stehen; wir wissen nicht, wohin wir gehen; und wir wissen nicht, wie wir dorthin gelangen. Die Menschen mögen es, ein Gefühl der Sicherheit zu haben, das durch eine Richtungsvorgabe entsteht, selbst wenn es ein falsches Gefühl der Sicherheit ist.

Wirklich gefährlich wird es dann, wenn das Management anfängt, selbst an die Mythen zu glauben. Dann versuchen die Manager, zu viel zu kontrollieren; sie sind bei ihren Zukunftsplänen viel zu inflexibel und eine leichte Beute für Quacksalber, die die neuesten Managementrezepte verkaufen. Eine gesunde Skepsis in Bezug auf diese Mythen hilft dem Manager, sich nur auf das zu konzentrieren, was er kontrollieren und ändern kann, sich flexibel auf die Zukunft einzustellen und die Abhängigkeit von Managementspleens abzubauen.

Natürliche Fluktuation ist gut

Personalplanung durch natürliche Fluktuation ist positiv – auf allen Unternehmensebenen. Dadurch kommt stets frisches Blut ins Unternehmen, die Messlatte für die Leistung im Unternehmen bleibt hoch, und operativ gelingt es, Veränderungen auf der Nachfrageseite locker zu managen.

Das Problem ist, wie sich natürliche Fluktuation effektiv managen lässt. Nachdem es in diesem Zusammenhang bereits Beispiele für extrem schlechte Leistungen gibt, sind die aus natürlicher Fluktuation entstandenen Katastrophen einen Hinweis darauf, wie man es nicht machen sollte, und infolgedessen auch, wie man es machen könnte. So sollten Sie es nicht machen:

- Sie legen eine hohe, genau definierte Fluktuationsrate fest und erstellen ein Ranking für die Mitarbeiter. Sie verlieren automatisch die Mitarbeiter, die die unteren 20 Prozent darstellen. Dadurch bleibt das Leistungsniveau hoch. Außerdem ist dies eine großartige Möglichkeit, innerhalb des Rankings für Wettbewerb, politische Intrigen und Paranoia zu sorgen und bei den Überlebenden Arroganz zu nähren.
- Sie legen eine niedrige Fluktuationsrate fest, die nicht über den natürlichen Personalwechsel hinausgeht. In diesem Fall lässt sich das Leistungsniveau nicht halten. Aller Wahrscheinlichkeit nach werden gute Mitarbeiter abwandern und Sie werden dafür durchschnittliche einstellen.
- Sie berücksichtigen in Ihren Zahlen für die natürliche Fluktuation nicht das Senior Management. Sie sorgen für Selbstzufriedenheit, stellen eine Reihe von Regeln auf im Sinne von „Wir und die anderen", achten darauf, dass im Senior Management kein junges Blut hinzukommt. Nicht sehr klug.
- Sie legen nur ein einziges gemeinsames Ziel fest für den geplanten und ungeplanten Personalwechsel. Sie beachten die ungeplanten Verluste oder die hierfür vorliegenden Gründe einfach nicht. Auf diese Weise sorgen Sie dafür, keine sinnvolle Information zu erhalten, mit deren Hilfe die Leistung gesteuert oder die ungeplante Fluktuation minimiert werden könnte.

- Sie behalten ein schwaches Leistungsbeurteilungssystem. Das sorgt in doppelter Hinsicht für Chaos. Dem Management wird dadurch jede Möglichkeit verwehrt, Entscheidungen auf einer rationalen Basis zu treffen, was auch nach außen hin zunehmend politisch und irrational wirkt. Die Erwartungen des Einzelnen lassen sich nicht steuern. Bei einem guten Beurteilungssystem erkennt der Einzelne, woher der Wind weht, und wird – wenn allseits viel guter Wille demonstriert wird – springen, bevor er unfreiwillig gestoßen wird. Das schwache System führt aufgrund fehlender Informationen zu Überraschungen und zu nicht durchsetzbaren Entscheidungen. Es lädt zu juristischen Maßnahmen geradezu ein.

New Economy Blues

Die perfekte Zukunft ist eine Welt, in der wir alles zu jeder Zeit auf jede beliebige Weise erhalten können. Das ist das Paradies für Verbraucher. Für das Management ist es die Hölle. Wenn Manager die perfekte Zukunft schaffen wollen, heißt dies, dass sie alles allzeit auf allen Wegen bereitstellen. Die Freiheit des Konsumierens macht für die Gegenpartei die Arbeit zum Gefängnis. Befinden wir uns in den elektronischen Klauen von E-Mail und Voice Mail, gibt es kein Entrinnen mehr.

Die Technologie befreit die Manager nicht, sie versklavt sie. Sie erweckt nur Erwartungen. Was einst ein einseitiges Memo war, sollte heute eine 20-seitige Präsentation mit Grafiken und Spreadsheets sein, voll gespickt mit Sensitivitätsanalysen. Der Inhalt ist vielleicht besser, vielleicht auch nicht, der Stil jedoch hat sich auf jeden Fall vollkommen verändert.

Letzten Endes kommt es darauf an, dass das Management die Technologie beherrscht, bevor die Technologie die Manager beherrscht. Technologieherrschaft bedeutet nicht, dass jeder ein Technologiezauberer sein sollte. Es geht darum zu wissen, wie man die Technologie einsetzen kann, um effektiver zu arbeiten. Dies erfordert umgekehrt die Erkenntnis, wann Technologie nicht eingesetzt werden sollte.

Der Wunsch, jederzeit alle Informationen zu erhalten, führt zur Tyrannei der Technologie. Effektives Management bedeutet zu lernen, sich auf das Wesentliche zu konzentrieren. Dadurch wird die Technologie zum Diener, nicht zum Meister.

One-Way-Optionen

Optionen dienen weder dem Management noch den Aktionären. Wenn die Flut steigt, steigt nicht nur die „Crème" nach oben, sondern auch der Dreck. Eine Aufwärtsbewegung am Aktienmarkt belohnt sowohl das gute als auch das schlechte Management. Natürlich schlagen sich manche Manager besser als andere. Wer in Branchen mit fundamentalem Wachstum wie Software, Telekommunikation, Finanzdienstleistungen und Pharma tätig ist, kann eine sehr gute Entwicklung vorweisen. Manager in den Bereichen Stahl, Nahrungsmittelherstellung und in den Branchen der Old Economy werden kämpfen müssen, um einigermaßen mithalten zu können, unabhängig davon, wie gut sie sind. Führungskräfte werden nicht für ihre Leistung belohnt. Sie werden dafür belohnt, dass sie während eines Wirtschaftsaufschwungs in einer Wachstumsbranche tätig sind.

Ebenso sollten die Manager nicht bestraft werden, wenn die Wirtschaft in die Rezession abgleitet. Die Rezession – wenn sie kommt – wird nicht durch die Optionsberechtigten verursacht.

Der Vorstand hat für einen solchen Fall die falsche Antwort parat. Er setzt den Preis auf die Optionen neu fest. Dadurch entwickeln sich die Optionen im Wesentlichen zu einer einseitigen Wette für das Management. Wenn der Aktienkurs steigt, gewinnen die Manager. Wenn er fällt, setzen sie für die Optionen einen neuen Preis fest und spielen das Spiel erneut, bis der Aktienmarkt sie von ihren Problemen erlöst. Hier ist kein Anreiz gegeben, eine überdurchschnittliche Leistung zu erzielen.

Wenn die Direktoren und das Management Leistung ernsthaft belohnen wollen, müssen sie sich auf eine überdurchschnittliche Entwicklung konzentrieren. Dazu gibt es zwei Möglichkeiten. Im ersten Fall wird eine Verbesserung der Wirtschaftsleistung als Maßstab herangezogen: Schaffen Sie Anreize für das Management, eine Rentabilität zu erzielen, die über der Rendite auf das eingesetzte Kapital liegt, die für diesen Bereich gefordert wird. Dies kann dazu verleiten, Spielchen zu treiben. Statt durch eine echte Leistungsverbesserung lässt sich die Rentabilität leichter verbessern, wenn das tatsächlich eingesetzte Kapital durch Abschreibungen reduziert wird.

Im zweiten Fall ist die Entwicklung des Aktienkurses der Maßstab: Belohnen Sie das Management dann, wenn sich die eigene Aktie nicht nur im Vergleich zum Gesamtmarkt, sondern auch relativ zu den direkten Wettbewerbern und der Peer Group überdurchschnittlich entwickelt. Auf diese Weise könnte das Management sogar bei einem Marktrückgang belohnt werden, wenn der Kurs der Aktie langsamer fiel als der der Peer Group. In beiden Fällen müsste sich das Management das Ergebnis erst einmal verdienen; man kann es nicht einfach nur durch Glück erreichen.

Organisationscharts

Kästen sind für die Toten

Erstellen Sie Charts und werfen Sie sie weg. Große Organisationen müssen Charts erarbeiten. Mithilfe von Charts kann man das Management drängen, grundlegende Entscheidungen darüber zu treffen, welche Rollen die Mitarbeiter haben, wo die Verantwortlichkeiten liegen und wie der Entscheidungsprozess funktioniert. Einige Organisationen rühmen sich damit, niemals einen Organisationschart erstellt zu haben. Dies sind auch die Organisationen, in denen am wenigsten Klarheit besteht, wie die Dinge gemacht werden. Die Folgen sind Verwirrung und politische Diskussionen auf breiter Front.

Ist die Disziplin des Erstellens und Diskutierens eines Organisationscharts beendet, werfen Sie den Chart weg. Es sei denn, Sie sind ein Unternehmen mit traditioneller Befehl-und-Kontroll-Hierarchie; in diesem Fall sollten Sie den Chart einem breiten Publikum zugänglich machen, sodass jeder sehen kann, in welches Kästchen er gehört. Ansonsten sollten Sie den Leuten nicht erlauben, sich in ihren Kästchen zu verstecken. Sie haben noch genug Zeit, sich in einem Kasten zu verbergen, wenn sie tot sind.

Organisationscharts lassen eine Organisation sowohl vertikal als auch horizontal verkrusten. Die horizontalen Bereiche des Charts konvertieren die Organisation in Schichten – wie Pfannkuchen, die auf dem Teller aufeinandergeschichtet sind. Der Pfannkuchen ganz oben ist der wichtigste. Gestatten Sie nicht, dass sich die Manager in ihren Pfannkuchen verstecken. Dadurch verstärkt sich nur die traditionelle Befehlshierarchie zu Lasten des Engagements.

Die vertikalen Bereiche spalten die Organisation in breite Bunker. Auch dies entspricht wieder einer Befehl-und-Kontroll-Hierarchie. Wenn aber laterale Kommunikation und Kooperation wichtig sind, sollten Sie dafür sorgen, dass diese nicht durch formelle Strukturen beeinträchtigt werden. Die Bunkermentalität eignet sich großartig dazu, Verantwortung zu vermeiden und anderen die Schuld zuzuschieben.

Bunkermentalität ermöglicht es, den schwarzen Peter weiterzugeben. Als der Umsatz eines Elektroherstellers fiel, beschuldigten die Verkäufer die Marketingabteilung, sie habe die Werbekampagne falsch konzipiert. Das Marketing machte die Produktabteilung verantwortlich mit der Behauptung, diese bringe nicht die richtigen Produkte auf den Markt. Die Produktentwicklung schob die Verantwortung zwangsläufig der F&E-Abteilung zu; diese suchte wiederum die Schuld bei der Finanzabteilung, welche das Budget gekürzt hatte. Die Finanzabteilung schloss den Kreis, indem sie der Verkaufsorganisation vorwarf, nicht genug zu verkaufen, was eine Kürzung des Budgets zur Folge hatte.

Die einzelnen Bunker verbrachten Monate damit, darauf zu achten, dass die Schuld nicht in ihren Bereich geschoben wurde, anstatt über die Bunker hinaus miteinander zu kooperieren und zu einer Lösung zu gelangen. Einzige Gewinner waren die Mitbewerber.

Auf den Kopf gestelltes Denken

Charts einer auf den Kopf gestellten Organisation sind voll im Trend. Ein 50-jähriger Manager, der einen Organisationschart mit umgekehrter Pyramide zeigt, sieht ebenso trendy aus wie ein 50-jähriger, der zum Golfspielen geht.

Der auf den Kopf gestellte Organisationschart predigt die Weisheit, dass die Arbeiter auf der untersten Ebene am wichtigsten seien. Der Chart soll aussagen, dass der Chef ganz unten in der Pyramide nur die Leute über ihm stützt.

Was vom Chef gesagt und von den Zuhörern verstanden wird, sind zwei Paar Schuhe. Die Zuhörerschaft sieht nicht die umgekehrte Pyramide. Sie sieht eine umgedrehte Spitze, die außer Kontrolle gerät und deren Chef gern glauben möchte, alles hänge von ihm ab und drehe sich einzig und allein um ihn. Keiner fällt auf die Behauptung herein, die Fronttruppen seien am wichtigsten und der Chef unterstütze diese lediglich. Die Entscheidungen fließen noch immer vom Chef zu den Mitarbeitern, während Gehalt und Status zum Chef hin fließen.

Der auf den Kopf gestellte Chart ist irreführend, unehrlich, bevormundend und unglaubwürdig. Inzwischen ist er nicht einmal mehr originell.

Aber er ermöglicht dem Chef, eine Rede zu halten, bei der er sich richtig wohl fühlt, und er überzeugt ihn, voll im Trend zu liegen. Rechnen Sie also mit noch viel mehr auf den Kopf gestellten Organisationscharts.

Pareto-Prinzip

Ursprünglich verstand man darunter die Behauptung des italienischen Wirtschaftsexperten Vilfredo Pareto, dass in jedem Land etwa 80 Prozent des Reichtums auf 20 Prozent der Bevölkerung entfallen. Diese Regel hat auch im Managementdenken Einkehr gefunden mit der Theorie, dass mit 20 Prozent des Arbeitsaufwands 80 Prozent des Ergebnisses erreicht werden. Das ist aber nicht ganz richtig. Für das Management kommt die 80-20-Regel oftmals eher einer 5-95-Regel gleich. Jeder weiß dies, aber wenige handeln entsprechend.

Es lohnt sich, anhand der folgenden Beispiele zu prüfen, wie die 80-20-Regel in Ihrem eigenen Unternehmen abschneidet. Die wahre Herausforderung für das Management besteht dann darin, anhand dieser Ergebnisse richtig zu handeln:

1. Kundenrentabilität. Mit 20 Prozent aller Kunden wird normalerweise über 100 Prozent der Gewinne generiert. Dies trifft so gut wie immer zu, wenn auf der Basis von Activity-Based-Costing die wahren Kosten zur Bedienung unterschiedlicher Kunden gemessen werden. Die meisten Unternehmen differenzieren bei Kundenservice und Preisgestaltung nicht nach unterschiedlicher Rentabilität und unterschiedlichen Bedienungskosten.
2. Produktrentabilität. Etwa 20 bis 30 Prozent der Produkte generieren über 100 Prozent der Gewinne. Das ist eine aussagekräftige Botschaft, die von Unilever und P&G ernst genommen wird, indem sie sich nach der Umstrukturierung ihres Geschäfts künftig auf die erfolgreichsten globalen Marken konzentrieren.
3. Arbeitsaufwand und Ergebnis. 95 Prozent des Arbeitsaufwands im Management werden dazu genutzt, das aktuelle Geschäftsniveau zu wahren oder Arbeit zu rechtfertigen, die das Unternehmen nach vorn bringen soll; bei 95 Prozent der Arbeit dreht sich das Unternehmen im Kreis, 5 Prozent bringen das Unternehmen wirklich weiter.
4. 10 Prozent des Managements produzieren 90 Prozent des Werts. Namen, bitte.

5. 10 Prozent der Leute verursachen 90 Prozent der Probleme. Namen, bitte.
6. 10 Prozent der Zeit verbringen Verkäufer damit, den Kunden etwas zu verkaufen. 90 Prozent der Zeit verwenden sie auf Verwaltungsaufgaben, das Aufpeppen bereits vorhandener Serviceleistungen sowie auf ein wenig Vorbereitung für Verkaufsgespräche. Diese Quote wurde auf Herz und Nieren geprüft. Im Business-to-Business-Verkauf liegt sie vermutlich eher bei 5:95. Hier bieten sich ausgezeichnete Möglichkeiten zur Leistungsverbesserung.
7. Zu 95 Prozent steht der Erfolg oder Misserfolg eines Projekts bereits vor Beginn fest, 95 Prozent der Bemühungen finden nach Beginn statt. Projekte ebenso wie Schlachten sind in der Tendenz schon gewonnen oder verloren, bevor sie anfangen. Wenn das richtige Problem vom richtigen Team mit den richtigen finanziellen Mitteln in Angriff genommen wird, ist die Wahrscheinlichkeit eines Erfolgs größer, als wenn das falsche Problem mit dem falschen Geldgeber und dem falschen Team gelöst werden soll.
8. Beim neuen IT-Programm verursachen 10 Prozent der Spezifikationen 90 Prozent der Kosten.
9. 90 Prozent der Budgetkontrolle beziehen sich auf 10 Prozent des Budgets: Die Manager prüfen nicht die absolut wichtigen Teile, sondern die Teilchen, die am leichtesten für jeden zu verstehen sind, für die der größte Ermessensspielraum besteht und die unternehmenspolitisch am wenigsten unsicher sind.
10. 5 Prozent dieses Buchs vermitteln Ihnen 95 Prozent des Werts. Aber für jeden von Ihnen sind es andere 5 Prozent. Viel Glück!

Parkinsons Gesetz

Nur wenige Managementerkenntnisse bestehen den Zeittest. Parkinsons Gesetz (C. Northcote Parkinson, (1958) *Parkinson's Law*, John Murray) gehört dazu. Es wird auch im 21. Jahrhundert noch ebenso wahr sein wie im letzten Jahrhundert:

1. Arbeit wird so in die Länge gezogen, wie Zeit für ihre Erledigung zur Verfügung steht.

2. Beamte beschäftigen sich selbst, indem sie sich gegenseitig Arbeit zuschieben.
3. Beamte bemühen sich, Untergebene um sich zu scharen.

Die Regeln 1 und 3 sind in der täglichen Arbeit des Managements nur zu offensichtlich. Regel 2 ist der Killer des 21. Jahrhunderts. Da die Hierarchien flacher werden, nimmt die Zahl der Funktionäre in der Tendenz zu.

Früher konnte ein Firmenleiter vermutlich allein die Entscheidung über die Renovierung von Toiletten treffen und dies dann auch veranlassen. Heute setzt das Lebenserhaltungssystem des Unternehmens ein, um ihm dabei zu helfen. Die Gesundheits- und Sicherheitsmitarbeiter wissen guten Rat zu allen Standards, die Anwendung finden müssen; die Mitarbeiter aus dem Einkauf erstellen eine Liste der bevorzugten Lieferanten; die Anwälte überprüfen die Verträge; die Buchhalter überprüfen die Schätzungen und kontrollieren die Zahlungen; die HR-Leute vergewissern sich, dass die Mitarbeiter auch verstehen, was vor sich geht, und das Rundschreiben erhalten, in dem die Renovierung angekündigt wird; und natürlich ist die gesamte Managementkette am Beschaffungsprozess beteiligt: Es werden Zustimmungen erteilt, Mitarbeiter überprüfen die abgegebenen Angebote und andere Mitarbeiter prüfen den Fortschritt, noch andere Mitarbeiter prüfen, ob die Prüfer den Fortschritt auch richtig prüfen. Dann kommen die Designer, Berater, Architekten, Gutachter, die Reinigungsfirma und Bauarbeiter ins Spiel. Das Ganze entwickelt sich für alle zu einer Riesengaudi. Die Renovierung hätte 1500 Dollar kosten sollen, aber sie zu managen hat allein 15.000 Dollar ausgemacht.

Für eine Organisation mit flacher Hierarchie zahlt es sich nicht aus, die Unsitte zu bekämpfen, jedem im Unternehmen ein Mitspracherecht einzuräumen. Aus Sicht des Fabrikmanagers ist es zeitaufwändiger, das System zu bekämpfen, als sich ihm einfach anzupassen. Und keiner aus dem Managerzoo muss die Notwendigkeit seiner eigenen Existenz in Frage stellen. Letzten Endes kann jeder Einzelne zeigen, dass er – ganz individuell – bei diesem Vorgang Wert schafft.

In diesem System besteht für niemanden ein Anreiz, zu verhindern, dass es weiter außer Kontrolle gerät. Selbst das oberste Management hat andere Schlachten zu führen, statt sich im vernichtenden Kampf der Unternehmensbürokratie zu verausgaben. Die wilde Bestie ist außer Kontrolle, bis es zur Krise kommt. Dann wird sie erbarmungslos zurückgeschlagen. Wie beim Beschneiden von Bäumen wird dadurch gewährleistet, dass sie beim nächsten Mal noch besser gedeiht.

Perfektes Raubtier

Einige Berater waren auf Safari und sie entschlossen sich, das perfekte Raubtier zu erschaffen. Jeder Berater übernahm die Verantwortung für ein Körperteil. Das Ergebnis war eine Schöpfung, in der sich das Beste aller Tiere vereinte. Das perfekte Raubtier hatte die Beine eines Geparden, den Hals einer Giraffe, den Kopf eines Elefanten, die Haut eines Rhinozeros, die Zähne eines Alligators und die Flügel eines Adlers. Das Tier brach unter dem Gewicht seiner eigenen Unwahrscheinlichkeit zusammen.

Als die Berater zurück an die Arbeit gingen, entschlossen sie sich, das perfekte Unternehmen zu kreieren. Jeder brachte seine größten Stärken ein. Folgendes Unternehmen kam dabei heraus:

- Der Arbeitsplatz sollte großes Engagement erfordern, solange das Management die Mitarbeiter benötigte.
- Die Firma sollte ein detailliertes Berichtswesen und ein Kontrollsystem von Weltklasse besitzen sowie ein Management mit vielen Befugnissen.
- Das Unternehmen sollte über einen starken strategischen Plan verfügen, mit dessen Hilfe es die Welt erobern würde, und es wäre erbarmungslos darauf ausgerichtet, die Kosten zu minimieren.
- Es sollte eine Organisation mit flacher Hierarchie und einer klaren Struktur der Entscheidungsfindung sein.
- Es sollte die niedrigsten Preise und die beste Qualität im Markt anbieten.
- Es würde global und regional sein.
- Es würde den Aktionären, Kunden, Mitarbeitern und der Allgemeinheit außergewöhnliche Dienste leisten.

Das Unternehmen wurde kein Welteroberer. Es war einfach ein Unternehmen wie jedes andere im Markt. Und letztlich brach es ebenfalls unter dem Gewicht seiner eigenen Unwahrscheinlichkeit zusammen.

Das perfekte Raubtier ist nicht eine Mischung aus den besten Teilchen der besten Praktiken anderer. Es ist nicht eine Mischung aus allen Managementtrends, die in den letzten zehn Jahren durch Universitäten und Vorstandsetagen gerauscht sind. Das perfekte Raubtier wie der Löwe, das Krokodil oder der Adler hat sich seiner Umwelt perfekt angepasst und die notwendigen Substitutionen vorgenommen, um perfekt zu werden. Da sich das Umfeld stets ändert, gibt es für ein Unternehmen zum Glück endlose Möglichkeiten, Perfektion zu erreichen, indem es anders ist als alle anderen.

Planungsparadies und Planungsinferno

Eine gute Planung kann das Unternehmen voranbringen. Eine schlechte Planung ist das reinste Bürokratie-Inferno, das Managementzeit aufsaugt und zu nichts führt. Jedes System verfügt über ein individuelles Planungssystem, das normalerweise von Funktionsträgern bewacht wird, die hiermit ihr täglich Brot verdienen. Greifen Sie den Prozess auf Ihre eigene Gefahr an. Die Funktionsträger werden das System eloquent verteidigen.

Planung sollte kein trockener, technischer Vorgang sein. Sie sollte das Management zu einer Handlungsfolge mobilisieren, es auf eine Linie bringen und ihm eine Selbstverpflichtung auferlegen. Dies geschieht nicht durch Pläne, die von den Mitarbeitern diktiert werden.

Sie wissen vermutlich intuitiv, ob Ihr Planungsprozess grandios oder katastrophal ist. Anbei einige Vorschläge, wie Sie Ihren Instinkt schärfen können.

Planungsinferno

- Treibende Kraft sind die Stabsmitarbeiter, nicht das Management. Fangen diese erst einmal an, die meisten Zahlen und Meinungen zum Geschäft beizusteuern, wird übermäßig viel Zeit und Mühe darauf verschwendet, deren Beitrag zu überarbeiten.
- Meinungsfindung durch historische Trendlinien: Sie extrapolieren die Vergangenheit in die Zukunft. Das ist ein absolut sicherer Weg, um für inkrementalistisches Denken zu sorgen. Auf diese Weise wird kein Ehrgeiz gefördert und die sich in jedem Geschäft immer wieder ändernden Hindernisse und Chancen werden ignoriert.
- Einzelpunktplanung. Dies endet normalerweise mit einer Debatte darüber, welches Ziel im kommenden Jahr verfolgt werden soll. Es ist sinnvoller, die Sensitivitätsszenarien zu analysieren sowie zu differenzieren zwischen grundlegenden und äußerst ehrgeizigen Zielen.
- Feld-unten-rechts-Vorurteil. Jeder weiß, wie die Zahl im Feld unten rechts auf dem Spreadsheet aussehen sollte, somit werden alle Annahmen so zurechtgebogen, dass dieses Ziel erreicht wird. Wenn in dem Feld 10 Millionen Euro Gewinn oder eine Eigenkapitalrendite von 15 Prozent stehen sollte wird dort immer eine Zahl stehen, die leicht darüber liegt. Stellen Sie nicht die Zahl in Frage, sondern die zugrunde liegenden Annahmen.

- Politisch begründet: die Anwendung von Macht und selektiven Fakten, mit denen das Ziel nach oben getrieben oder nach unten gedrückt wird.
- Kompliziert: Suche nach endlosen Details und falscher Genauigkeit. Dies ist normalerweise verknüpft mit Kontrolle durch die Mitarbeiter. Eine Diskussion über die Gehaltsvorstellungen der Sekretärinnen trägt zum Plan für den erfolgreichen Aufbau des Unternehmens nichts bei.
- Langwierig. Das Management hat andere Dinge zu tun, als sich in einer Endlosschleife immer wieder mit dem Plan zu befassen.

Planungsparadies

- Wird vom Unternehmensmanagement gesteuert. Der Planungsprozess fasst nur die Verpflichtungen in Worte, die die einzelnen Mitglieder des Managements eingehen. Eine Einmischung von Stabsmitarbeitern ist beim Verpflichtungsprozess nicht nützlich.
- Marktbasierte Annahmen darüber, was geschehen wird. Das ist besser als Pläne, die sich rückwärts (historische Trends) und nach innen orientieren (Kosten und Ergebnisse werden nach vorn extrapoliert).
- Sensitivitätsanalyse verschiedener Szenarien als natürliche Konsequenz, wenn ein Unternehmen nach außen oder in die Zukunft gerichtet ist.
- Ausgewogene Ziele: Man versucht, wegzukommen von der Tyrannei, sich einfach nur auf das Ergebnisziel zu fixieren. Der Plan sollte den Fortschritt für das Unternehmen in vier Bereichen reflektieren:
  - finanzieller Fortschritt: Gewinn, Kapitaleffektivität, Einnahmen
  - Marktfortschritt: Marktanteil, Service, Qualität, Zufriedenheit
  - Organisation: neue Fertigkeiten, Leistungsvermögen, Fokus
  - Innovation: Hier geht es darum, klüger zu arbeiten, nicht härter, um mehr zu erreichen. Langfristig ist dies die einzige Möglichkeit für nachhaltigen Fortschritt.

Letzten Endes sollte der Planungsprozess dazu beitragen, das Management zu mobilisieren und auf eine Linie zu bringen. Wer Vorschläge fürs Budget unterbreitet, sollte eine Art Besitzerstolz für den Plan entwickeln und ihn nicht einfach so akzeptieren, als wäre er von Funktionsträgern und dem Management an ihn weitergereicht worden. Das Senior Management sollte besser erkennen, wo die Herausforderungen und Chancen für jeden Bereich oder jede Abteilung liegen.

Political Correctness

Political Correctness und die Qualitätsbewegung leiden an der gleichen Krankheit: Der Vorgang ist wichtiger geworden als der Inhalt. Das Ziel der Political Correctness besteht nicht darin, integer zu sein, sondern als integer zu gelten. Die Fundamentalisten der Political Correctness sind dabei die größten Verbündeten des Managements. Indem sie auf einer idiotische Sprache bestehen (Kaffee mit Milch, nicht Milchkaffee; Abschaffung von Weihnachten etc.), sind sie dem Management eine enorme Hilfe:

- Sie bieten der alten Garde einige leichte Angriffsziele.
- Regeln zu befolgen ist leicht. Phrasendrescherei ist keine große Sache, und wenn dies mit einem spöttischen Lächeln und einem Verdrehen der Augen geschieht, trägt es dazu bei, Sympathie zu schaffen.
- Sie sorgen dafür, dass das Management inhaltlich nichts zur Political Correctness beiträgt. In den 100 größten Unternehmen in Großbritannien sind nur 1,8 Prozent der Vorstandsmitglieder Frauen, genauso wenig Vorstandsmitglieder sind Farbige. Der Club der weißen Männer mittleren Alters ist nach wie vor fest etabliert. Minderheiten gelangen nur auf die Chefetage, um ein Protokoll aufzunehmen, zu putzen oder Kaffee zu servieren.

Das Problem besteht darin, dass es Political Correctness um Kontrolle geht, nicht um Engagement. Je mehr es um Kontrolle geht, desto stärker leisten die Menschen Widerstand dagegen. Die beste Form des Widerstands besteht darin, nach außen Gehorsam zu zeigen (Prozessgehorsam), tatsächlich aber verdeckten Widerstand zu leisten (Apathie, was dazu führt, dass der Club erhalten bleibt). Das Engagementmodell dagegen verlangt starke Rollenvorbilder wie zum Beispiel in der US-Army, die Minderheiten aktiv unterstützt – mit Erfolg, wie das Vorbild des Stabschefs zeigt.

Präsentationen

Wir sind das Opfer von Präsentationen. Auch unsere eigenen Präsentationen sind todlangweilig, sodass die meisten von uns das Urteil „schuldig" verdienen. Achten Sie auf Folgendes:

Zweck

Die Vortragenden scheinen oftmals zu glauben, das Ziel ihrer Präsentation bestehe darin, rasch die Dias abzuhandeln, ihre Klugheit unter Beweis zu stellen oder aber schnell ihre Idee rüberzubringen. Die meisten Redner sehen die Präsentation vom falschen Standpunkt aus – vom eigenen.

Erfolgreiche Referenten betrachten die Präsentation vom Standpunkt des Zuhörers. Das Ziel einer Präsentation sollte darin bestehen, die Zuhörergruppe zu überzeugen und über etwas zu informieren, was für sie wichtig und relevant ist. Wenn Sie ein homogenes Publikum besitzen – prima; wenn Sie die unterschiedlichsten Zuhörer haben, konzentrieren Sie sich auf diejenigen, die für Sie am wichtigsten sind.

Stil

Die Zuhörer können sich nur an einen Bruchteil des Inhalts einer Präsentation erinnern. Versuchen Sie, sich den Inhalt der letzten drei Präsentationen, bei denen Sie waren, ins Gedächtnis zu rufen. Sie werden sich höchstens an ein paar Schlagzeilen erinnern, vielleicht an einige wenige Qualitätssätze, die verwendet wurden. Sie werden sich aber daran erinnern, ob der Vortragende ganz gut zu sein schien. Hierin zeigt sich der Stil des Vortragenden.

Denken Sie an die drei E: Energie, Erregung und Enthusiasmus. Wenn Sie diese drei Merkmale verspüren, haben Sie vermutlich Spaß an der Präsentation und Ihre Chancen stehen gut, dass auch Ihre Zuhörer Spaß haben. Es gibt kaum etwas Schlimmeres, als sich auf einen lustlosen Vortragenden zu konzentrieren, der auch mit lustloser, monotoner Stimme vorträgt. Kleine Tricks, zum Beispiel sich leicht auf die Zehenspitzen zu stellen, tragen dazu bei, dass das Energieniveau nicht in den Keller sinkt und Ihr Körper weiter den Eindruck vermittelt, Sie seien wachsam.

Lassen Sie die Zuhörer „auf Draht sein". Die Referenten blicken beim Vortrag oftmals auf die Dias oder die Rückwand. Die Zuhörer werden nicht einbezogen. Jeder Satz sollte sich an eine einzelne Person richten. Schauen Sie ihr in die Augen. Wenn sie gerade herumgekritzelt hat oder mit den Gedanken woanders war, ist die Wirkung elektrisierend. Die Zuhörer werden mit Sicherheit aufmerksam sein, wenn sie wissen, dass Sie Augenkontakt zu ihnen herstellen. Dies wirkt sowohl bei einem großen als auch einem kleinen Publikum.

Substanz

Es gibt ein viertes E, an das man denken sollte: Expertentum. Es ist schwierig, bei einem Thema Erregung zu zeigen oder zu bewirken, wenn man kein Experte ist und in der Angst lebt, dass eine komplizierte Frage gestellt werden könnte. Keine Kompetenz, keine Glaubwürdigkeit.

Präsentationshilfen

Ideal ist es, stumme Präsentationsmittel und kluge Vortragende zu haben. Häufiger erlebt man jedoch fachmännische Präsentationshilfen und stumme Vortragende. Die fachmännische Hilfe nimmt oft die Form detaillierter Dias mit viel Text an, den der Vortragende vorliest. Das Publikum kann schneller lesen als der Referent und jeder ist recht bald frustriert. Noch schlimmer ist es, wenn die Dias von einem PC aus gezeigt werden; das ist besonders beliebt bei Technikfreaks, weil sie damit beweisen können, dass sie die Technologie beherrschen. In der Praxis bedeutet dies jedoch für sie, dass sie jede Flexibilität verlieren im Hinblick auf das Tempo, die Prioritäten und die Anpassung der Präsentation. Sie weisen Fragen zurück, damit sie ihre Dias zu Ende zeigen können. Das macht sie glücklich und verärgert alle anderen.

Die einfachsten Hilfsmittel sind auch die klügsten. Ein weißes Blatt Papier ist ein guter Ausgangspunkt. Darauf können Sie ein Diagramm zeichnen oder die Schlüsselworte aufschreiben, die Ihren Standpunkt untermauern. Das geschieht nicht beiläufig oder spontan; Sie haben das, was Sie aufzeichnen werden, genauso gut vorbereitet wie die Technikfreaks ihre Dias. Es ist jedoch enorm, wie unterschiedlich die Auswirkung ist:

- Der Akt des Zeichnens verwandelt Ihre Präsentation in eine Live-Veranstaltung. Die Menschen sind immer neugierig zu erfahren, was gezeichnet wird und wie es zum Schluss aussieht. Sie beziehen das Publikum ein in das, was Sie machen.

- Beim Zeichnen können Sie Ihr Diagramm den Kommentaren des Publikums anpassen. Das macht Sie flexibel und die Zuhörer bleiben beteiligt, wenn über ihre Kommentare diskutiert wird; sie bieten ihre Unterstützung an, wenn sie spüren, dass der Vortragende mit ihren Ideen übereinstimmt.
- Sie haben die Möglichkeit, Tempo und Inhalt der Präsentation an die Zuhörerschaft anzupassen; Sie sind nicht fest an eine bestimmte Anzahl von Dias gebunden.

Natürlich benötigen Sie eine gewisse Struktur und einige vorbereitete Hilfsmittel. Aber auch diese sollten einfach und beschreibbar sein, damit Sie verschiedene Punkte darstellen oder betonen können.

Präsentationsfluss

Das alte Sprichwort „Sage ihnen, was du ihnen sagen wirst, sage es ihnen und sage ihnen dann, was du ihnen gesagt hast" bleibt weiter wahr. Hierfür gibt es zwei Gründe. Die Menschen möchten gern das Ziel kennen und wissen, warum sie zuhören sollten. Es gibt kaum etwas Schlimmeres, als mitten in einer weitschweifigen Präsentation zu sitzen und nicht zu wissen, worauf das Ganze zusteuert, wann es zu Ende ist oder worin der Sinn liegt. Machen Sie das somit von Anfang an deutlich. Geben Sie auch jedem einen klaren Grund, zuhören zu wollen. Sagen Sie dem Publikum, welches der Sinn der Präsentation ist. Die Leute werden gleich in der ersten Minute ihr Urteil fällen, ob ihnen Ihre Präsentation gefällt oder nicht.

Darüber hinaus hören die Menschen eine Botschaft nicht klar heraus. Nur weil Sie etwas gesagt haben, heißt das nicht, dass jeder das auch gehört, und schon gar nicht, dass er es auch verstanden oder akzeptiert hat. Eine Kernbotschaft muss mindestens dreimal gesagt werden, bis die Zuhörer realisieren, dass sie wichtig ist. Sie sollte außerdem auf mindestens drei verschiedene Weisen gesagt werden.

Preisgestaltung

Chaos und Verwirrung

Kontrolliertes Preischaos ist rentabel. Unkontrolliertes Preischaos zerstört die Rentabilität.

Kontrolliertes Chaos

Kontrolliertes Preischaos profitiert von Verbrauchern, die keine Zeit oder Lust haben, genau zu eruieren, welche Preisalternativen bestehen. In der Realität hat kein Mensch die Zeit, bei jedem Einkauf die Preise zu vergleichen. Stattdessen will der Verbraucher die Bestätigung, für sein Geld einen angemessenen Gegenwert zu erhalten und nicht ausgenommen zu werden.

Es gibt zwei Arten von Bestätigung, eine davon ist die Marke. Keiner, der Lebensmittel einkauft, vergleicht den Preis eines jeden Produkts im Einkaufswagen, bevor er sich für einen bestimmten Lebensmittelladen entscheidet. Er wählt einen Lebensmittelhändler und vertraut dann darauf, dass dessen Markenpolitik es ihm ermöglicht, seinen Einkaufswagen zu angemessenen Kosten zu füllen. Auch nach dem Einkauf können sich die Kunden nicht genau an einzelne Produktpreise erinnern und haben keine Ahnung, ob der Einkauf woanders preiswerter gewesen wäre. Die Kehrseite der Medaille besteht jedoch darin, dass der Kunde sein Vertrauen in die Marke verliert, wenn er feststellt, dass er zu viel bezahlt hat; dann sind Loyalität und Kunde weg.

Die zweite Form der Rückversicherung entsteht aus Preischaos. Kunden wollen glauben, einen guten Kauf gemacht zu haben, keine dummen Einkäufer zu sein und nicht ausgenommen zu werden. Preischaos trägt dazu bei, diese Rückversicherung zu geben, und räumt gleichzeitig dem Unternehmen die Möglichkeit ein, einen rentablen Preis festzusetzen. Preischaos ist besonders stark mit Segmentierung verknüpft.

Im Folgenden zwei Beispiele. Als erstes Telefonieren. Es sollte möglich sein, die Preise eines einfachen Telefongesprächs zu vergleichen. In der Praxis ist dies jedoch nicht der Fall. Es gibt mehrere tausend Tarife. Indem verschiedene Faktoren unterschiedlich miteinander kombiniert werden, zum Beispiel Grundgebühr, Anrufgebühren, Volumenrabatt, kostenfreie Minuten, unterschiedliche Tarife für Anrufe zu unterschiedlichen Anrufzeiten am Tag auf unterschiedlichen Apparaten an unterschiedlichen Orten, artet der Preisvergleich der Anbieter zu einer obskuren Kunst aus.

Anrufe von Großbritannien nach Japan beispielsweise können von 7 Pence pro Minute bis zu 2 Pfund pro Minute kosten. So können die Anbieter Profit machen. Die Preisgestaltung in der Branche verschleiert, dass Telefonanrufe von Natur aus eigentlich ein Massenprodukt sind. So glaubt der Kunde, einen guten Handel zu machen: Er findet immer ein Paket, das speziell seinem Gebrauchsmuster entspricht. Der Kunde kann sich stets eine gute Geschichte oder eine nachträgliche Rechtfertigung überlegen, warum das von ihm abgeschlossene Geschäft am besten ist: Er zahlt keine Grundgebühr, er erhält viele Freiminuten pro Monat, die Gespräche sind zu Spitzenzeiten oder eben zu Nichtspitzenzeiten günstig. Das Chaos ermöglicht dem Kunden, sich in Gedanken die Geschichte zurechtzulegen, die ihm bestätigt, das Richtige getan zu haben.

Beispiel zwei betrifft den Endverbrauchermarkt für Elektrogüter. Jeder möchte glauben, beim Kauf eines Computers das beste Geschäft gemacht zu haben. Die Art und Weise, wie die Menschen einkaufen, beweist, dass der Glaube, einen guten Kauf zu machen, wichtiger ist als die Wirklichkeit. Nach einem kurzen Preisvergleich ist der Verbraucher vollkommen verwirrt angesichts all der unterschiedlichen Ausführungen und Modelle, der verschiedenen Optionen in Bezug auf Lieferung, Installation, Service und Garantie. Nach einer Weile gibt er auf. Er möchte von einem Verkäufer eine vernünftige Richtlinie erhalten und die Versicherung, dass er eine gute Entscheidung getroffen hat. Dies ermöglicht dem Hersteller, einen schönen Profit einzukalkulieren, und der Verbraucher erhält eine gute Begründung dafür, warum er gerade diese Entscheidung getroffen hat.

Unkontrolliertes Chaos

Dies kommt bei Business-to-Business-Geschäften häufiger vor. Es gibt Preislisten, auf denen die Gewinnannahmen beruhen. Aber dann bot ein FMCG-Unternehmen (Fast Moving Consumer Goods) den Endkunden Folgendes:

- Rabatte bei Direktzahlung
- Lagerrabatt bei Neueröffnungen
- Nachlässe für besondere Auslage und Werbung
- gelegentlich Preisnachlässe durch Verkaufsförderungsaktionen
- Preisnachlass bei Rückgabe von alten Produkten
- Preisnachlass durch Berücksichtigung von Gutscheinen
- Mengenrabatt

Nach Abzug all dieser Rabatte und Preisnachlässe konnte der Endpreis bis zu 25 Prozent unter dem offiziellen Listenpreis liegen. Angesichts der Tatsache, dass die Nettomarge zirka 8 Prozent betrug, war damit die Katastrophe vorprogrammiert. Die Kontrolle aller Rabatte und Preiszugeständnisse erfolgte teils durch die Finanzabteilung, teils durch die Abteilungen Verkauf und Marketing. Zudem konnten die Informationssysteme nicht eindeutig den Endpreis und die Produkt- und Kundenrentabilität identifizieren. Vor allem jedoch wurde der Gewinn unkontrolliert ohne erkennbaren Nutzen aufgezehrt.

Profitorientierte Preiskalkulation

Profit ist eine Funktion von Gewinnmarge und Volumen. Die Gefahren, die ein zu hoher Preis und ein Volumenrückgang mit sich bringen, sind eindeutig zu sehen und zu spüren. Die Gefahren, die sich aus einem zu niedrigen Preis ergeben, sind ebenso akut. Eine Anhebung der Rendite von 8 Prozent auf 10 Prozent zeigt die gleiche Auswirkung wie ein Volumenanstieg um 25 Prozent. Die Art der Preiskalkulation ist von zentraler Bedeutung für die Rentabilität; oftmals ist die Kalkulation sehr schlecht. Häufig werden bei der Preisgestaltung einfach die falschen Fragen thematisiert. Falsche Fragen eignen sich aber ausgezeichnet dazu, falsche Antworten zu erhalten. Die falsche Fragestellung konzentriert sich auf die Rendite. Die richtige Fragestellung hat den Wert im Fokus. Für den renditeorientierten Ansatz sind zwei Methoden typisch. Erstens: Kosten plus Aufschlag. Das Ziel besteht darin, durch die Vorgabe eines Margenziels für eine nachhaltige Rendite zu sorgen. Zweitens: historischer Preis plus Aufschlag. Dies stellt eine leichte Abweichung zur Gleichung Kosten plus Aufschlag dar. Dazu werden die Preise vom Vorjahr benötigt, die dann an die Inflationsrate oder einen höheren Wert angepasst werden.

Der renditebasierte Ansatz baut auf einer nach innen gerichteten Logik auf. Außerdem ist er leicht anzuwenden. Der Preisentscheidung liegen einfache, sichtbare Maßstäbe zugrunde. Diese Methode lässt sich relativ einfach umsetzen und sorgt dafür, dass die Buchhalter glücklich bleiben: Es ist der rationale Weg, die Finanzkennzahlen stabil zu halten. Für die tägliche Neufestlegung der Preistaktik eignet sich der Weg gut.

Aber für viele Branchen enthält diese Logik fatale Fehler. Der Ansatz ignoriert die Meinung des Kunden so lange, bis dieser mit den Füßen abstimmt und den Laden verlässt. Das ist das einzige Signal, das ein Unternehmen im Falle zu hoher Preise erhält. Kein Signal erhält die Firma, wenn die Preise zu niedrig sind. Da es sich um einen inkrementalistischen Ansatz handelt, wird nichts unternommen, um die mit dem Geschäft verbundenen größeren Risiken zu bekämpfen und Chancen wahrzunehmen. Die Preistaktik im Alltag muss sich an einer klaren kunden- und wettbewerbsorientierten Strategie ausrichten.

Fragen der aktiven Preisgestaltung sowie nach dem Wert orientieren sich am Kunden und sind schwerer zu beantworten. Das Ergebnis kann jedoch rentabler und nachhaltiger sein als der auf die Gewinnmarge gerichtete Ansatz. Die ideale Preisstrategie konzentriert sich auf den Kunden. Sie fragt: Welchen Mehrwert bieten wir dem Kunden? Die Antwort darauf ist meistens vertrackt. Verschiedene Kunden geben verschiedene Antworten und es ist schwierig, sowohl für die sichtbaren als auch die nicht sichtbaren Werte des Angebots einen Preis festzulegen. Eine effektive Preisstrategie ist durch vier Merkmale gekennzeichnet:

- Sie konzentriert sich klar auf den Wert, nicht auf den Preis. Bei Wert geht es um Produktleistung gegenüber Preis und Erwartungen. Somit ist die Preisstrategie Teil der umfassenderen Produkt- und Positionierungsstrategie. Sie kann auch unweigerlich zur Frage führen, wie man Wert und Preis nach verschiedenen Kundensegmenten differenzieren kann.
- Markt- und Finanzlogik sollten zusammenwirken. Die Marktlogik sollte sich aktiv mit der schwierigen Frage auseinander setzen, wie eine überlegene Produkt- und Kostenleistung erzielt werden kann. Die finanzielle Forderung nach Rentabilität muss die schwierige Frage klären, wie sich das Produkt effektiv vermarkten lässt.
- Die Preisdiskussion sollte auf Aggressivität basieren, nicht auf Inkrementalismus. Es gibt zwei Formen der Aggression. Typisch für die aggressive Version nach dem Vorbild der Japan Inc. sind schnelles Wachstum von Volumen und Marktanteil, die von einem Preisrückgang gemäß der Lernkurve begleitet sind: Preissenkungen in Erwartung künftig sinkender Skalenkosten, die durch niedrigere Preise erreicht werden. Die Alternative besteht darin, zur Maximierung der Rentabilität aggressive Preiserhöhungen durchzuführen.
- Bei der Preisbildung sollte auch die Wettbewerbslogik berücksichtigt werden. Eine Preispolitik, bei der die Preise aggressiv nach oben gesetzt werden, kann den Mitbewerbern starke Signale senden und dazu beitragen, dass Preise und Rentabilität in der gesamten Branche steigen. Werden die Preise gesenkt, wird die Branchenrentabilität entweder zerstört, was einem Eigentor gleichkommt, oder es bleibt nur ein Gewinner übrig.

Preisstrategie in Aktion: die Markteinführung von Ariel Automatic

Waschmittel werden von vielen mehr oder weniger als Massenprodukt gesehen. Selbst in der Branche begann man, den Fehler zu machen, Waschmittel als Massengüter zu betrachten. Nach der Preisstrategie der führenden Marken wichen die Preise nicht mehr als 3 Prozent von dem des marktführenden Produkts ab. Dies war der klassische inkrementalistische Ansatz der Preisgestaltung, der keinen akzeptablen Gewinn einbrachte. Aus Wettbewerbssicht gab es kein Entkommen.

Dann entschloss sich das Unternehmen P&G, ein neues Waschmittel als Flaggschiff auf den Markt zu bringen: Ariel Automatic. Alle Vorkehrungen waren getroffen und am Tag der Einführung kamen alle Verkäufer zusammen, um sich eine Show aus Trockeneis, Tänzerinnen und Waschmitteln anzuschauen. Sie wurden enttäuscht. Die Einführung wurde im letzten Augenblick abgesagt.

Die Zentrale hatte Bedenken wegen der Preisstrategie, die vorsah, den Preis innerhalb der üblichen 3-Prozent-Spanne anzusetzen. Unter der Annahme, dass der Handel eine niedrigere Marge im Vergleich zum Marktführer akzeptieren würde, wäre das Produkt zu einem Preis auf den Markt gekommen, der ungefähr auf gleicher Höhe lag wie der des marktführenden Produkts. Die Rahmenbedingungen waren miserabel. Eine Woche später bekamen die Verkäufer Trockeneis, Tanzmädchen und Waschmittel doch noch zu sehen. Am meisten ins Auge sprang jedoch der Preis: Er lag satte 7 Prozent über dem des Marktführers. Damit hatte man die längste Zeit geglaubt, dass es sich bei Waschmitteln um Massengüter handle. Die Auswirkungen dieser Entscheidung waren enorm:

- Die Rahmenbedingungen von Ariel Automatic änderten sich, sodass die Werbeausgaben verdoppelt wurden und überall die Botschaft vermittelt werden konnte, dass es sich bei Ariel Automatic tatsächlich um ein besseres Produkt handelte. Der hohe Preis rechtfertigte die Werbeausgaben und umgekehrt.
- Die Rahmenbedingungen der Branche änderten sich: Die Wettbewerber erhielten ein Signal, dass es ungefährlich war, den Preis gelegentlich auch einmal heraufzusetzen, nicht nur herunter. Ariel Automatic gab der Branche Preissicherheit.
- Die Position hoher Preis für hohen Wert machte es dem Wettbewerber unmöglich, auf das neue Produkt im Markt mit der traditionellen Antwort zu reagieren. Normalerweise wäre das ein kurzer harter Preiskrieg gewesen. Die größte Marke mit der größten Macht im Markt und den niedrigsten Kosten war immer der Gewinner. Im Kampf gegen

das hochrentable Ariel Automatic wäre ein Preiskrieg jedoch finanziell sehr schmerzvoll geworden. Außerdem hätte sich damit die vom Kunden wahrgenommene Qualitätslücke zwischen den zwei Marken noch erweitert.
- Strategisch gesehen ließ Ariel Automatic den Marktführer einfach links liegen. Der Markführer war nun gefangen zwischen den Niedrigpreisprodukten einerseits und den Hochpreisprodukten andererseits. Er konnte nicht an beiden Fronten gleichzeitig kämpfen und musste irgendwo Marktanteile abgeben. Durch aktive Preisgestaltung waren verschiedene Marktsegmente entstanden.

Andere Beispiele zeigen ebenfalls, welches Potenzial entsteht, wenn der Faktor Wert in die Preisgestaltung einfließt. In keinem dieser Fälle würde mit der Strategie Kosten plus Aufschlag das gleiche Preis- oder Gewinnpotenzial erreicht wie mit wertorientierter Preisgestaltung:

- Bei Mineralwasser sind die Produktkosten minimal, aber im Einzelhandel können damit 3 Euro pro Liter erlöst werden. Der Wert liegt in der Bequemlichkeit, dem wahrgenommenen Geschmack und Gesundheitsaspekt sowie dem Status.
- Fluglinien berechnen für einen Flug über den Atlantik im selben Flugzeug zur selben Zeit 300 Euro bis 10.000 Euro. Der Unterschied besteht im Platzangebot, in niedrigen Investitionen für Mahlzeiten und Getränke sowie im Status.
- Beratungsfirmen stellen einen Universitätsabsolventen für 50.000 Euro ein und holen über ihn Beratungsgebühren von 250.000 Euro herein. Nicht der einzelne Berater besitzt den Wert, sondern die Lösung, die der Berater dem Kunden zu bringen verspricht.

Preisgestaltung, Profit und Gefängnis

Es ist deutlich angenehmer, eine Preiserhöhung um 10 Prozent erfolgreich durchzusetzen, als die Kostenbasis um weitere 10 Prozent zu senken. Außerdem ist die damit verbundene Zufriedenheit sehr viel unmittelbarer zu spüren, als wenn Sie auf eine Verdoppelung des Umsatzvolumens hoffen, was auf Basis variabler Kosten bei einer Marge von 10 Prozent denselben Effekt hätte.

Das Problem besteht natürlich darin, eine 10-prozentige Preiserhöhung erfolgreich umzusetzen, ohne von den Kunden niedergetrampelt zu werden, wenn diese zum Notausgang in Richtung nächster Konkurrent stürmen. Manche Branchen sind bei der Umsetzung einer Preiserhöhung erfolgreicher als andere. Es gibt im Allgemeinen sechs Möglichkeiten, eine Preiserhöhung effektiv durchzusetzen. Einige davon sind legal:

Bilden Sie ein Kartell

Absolut illegal, wenn Sie nicht OPEC heißen und es um hohe Politik geht. In einigen Branchen existieren nach wie vor effektive Kartelle. In einer Branche fiel mir auf, dass niemals das Wort Wettbewerb fiel. Man sprach nur von Koproduzenten. Vermutlich unterscheidet sich hier das Vokabular deutlich von dem der Kartellbehörden.

Für Kartellmitglieder gibt es vielerlei Wege, den Wettbewerbern die eigenen Absichten zu signalisieren, ohne dass man sich gleich in düsteren Motels oder Wiener Palästen (OPEC) treffen muss. Ein Kartell, das sich auf Regierungsdienstleistungen spezialisiert hatte, richtete sich nach den Mondphasen. Je nach Phase des Mondes reichten drei Wettbewerber eine sehr hohe Offerte ein, während einer ein gutes Angebot abgab, mit dem er dann gewann. Sie wurden erwischt. Bei einer Versteigerung von Telekom-Lizenzen benutzten verschiedene Wettbewerber die drei letzten Zahlen eines jeden Angebots um zu signalisieren, welche Lizenz sie am liebsten hätten. Es bestand keine richtige Absprache oder vorherige Einigung, sodass die Behören frustriert zuschauen mussten.

Das Problem beim Kartell besteht darin, dass es illegal ist. Ein Gefängnisaufenthalt wird mit zunehmendem Alter nicht unbedingt lustiger. Es ist schwierig, Kartelldisziplin zu wahren. Die OPEC hat zuweilen damit Erfolg und dann wieder jahrelang nicht. Neue Teilnehmer werden ermutigt, in einen Markt einzusteigen, der ihrer Ansicht nach rentabel und ineffizient ist.

Setzen Sie Preissignale

Dies ist hilfreich, wenn alle Wettbewerber offensichtlich eine Politik der aktiven Preisbildung verfolgen. Unilever und P&G besitzen eindeutig eine solche Preisbildungsstrategie und haben über die Jahre Spielregeln entwickelt, ohne je geheime Absprachen getroffen zu haben. Es ist unvermeidbar, dass über den Handel Informationen über die Preislisten an die Konkurrenz durchsickern. Das stört nicht etwa das Vertrauen in den Handel, sondern ist vielmehr hilfreich. Auf diese Weise wird kontrolliert, ob die eingeschlagene Preisbildungsstrategie richtig funktioniert. Wenn einer der Preisführer die Preise anhebt, können alle anderen Marken folgen. Wenn eine Marke die Preise senkt, kann die Konkurrenz zunächst prüfen, ob es sich dabei um eine zeitlich begrenzte Werbeaktion handelt (Gegenmaßnahme nicht unbedingt notwendig) oder um eine dauerhafte Preissenkung (Gegenmaßnahme absolut notwendig). Indem sie die Preissignale studieren und respektieren, können die zwei Wettbewerber ihren Markenkrieg vehement weiterführen, ohne die Preisstruktur der Branche zu zerstören. Der Wettbewerb besteht noch, konzentriert sich jedoch nicht auf den Preis. Die Preisdisziplin wird durch die Einzelhändler mit ihren eigenen Marken am unteren Ende des Marktes gewahrt.

Schaffen Sie Preischaos

In zersplitterten, stark umkämpften Märkten ist es nicht möglich, Preissignale zu setzen und Preisdisziplin zu wahren. Wenn es sich beim Produkt auch noch um ein Massengut handelt wie zum Beispiel Telefongespräche, werden die Preise potenziell in Richtung Grenzkosten des schwächsten Wettbewerbers nach unten getrieben. Dies ist kein Erfolgsrezept.

Die Telefongesellschaften haben darauf mit einem Preischaos reagiert. Allein in Großbritannien gibt es über tausend sich häufig ändernde Tarife. Keiner kann auf dem Laufenden bleiben bei all den vielen Preisen und stets wissen, welches gerade der günstigste Tarif ist. Als Folge reduziert sich der Preiswettbewerb, vor allem weil aus Sicht des Telefonierenden mit jedem Wechsel Mühen verbunden sind.

Segmentieren Sie den Markt

Ein Flug über den Atlantik kann im selben Flugzeug zwischen 300 Euro bis 10.000 Euro kosten. Es gibt einige Menschen, die bereitwillig 10.000 Euro zahlen (wenn das Unternehmen die Kosten übernimmt). Andere berücksichtigen bei der Suche nach dem günstigsten Anbieter sogar eine Differenz von 2 Euro. Die dazwischen liegenden Angebote unterscheiden sich in den Merkmalen Annehmlichkeit, Bequemlichkeit und Flexibilität. Ein effektives Ertragsmanagement optimiert die Einkünfte aus diesen Segmenten.

Konzentrieren Sie sich auf außerpreislichen Wettbewerb

Im Endverbrauchergeschäft sind es die Marken, die dem Kunden außerpreislichen Wert in Form von Produktleistung, Mehrwert oder Lifestyle-Attributen versprechen.

Der professionelle Dienstleistungsmarkt ist rentabel, weil er auf nicht preisbedingtem Wettbewerb beruht. Bei einer Übernahme zum Beispiel suchen Raubtier und Beute ihren Berater nicht nach dem Kriterium des günstigsten Preises aus, sondern danach, wer ihre Chancen auf Erfolg maximiert.

Andere Business-to-Business-Märkte setzen stärker auf den Preiswettbewerb, insbesondere dann, wenn der Einkauf über eine preisorientierte

Einkaufsabteilung stattfindet. Solange es den Anbietern nicht gelingt, über den Preis hinaus Mehrwert anzubieten, werden sie sich in Preiskriege verstricken – sofern sie nicht in einem Kartell organisiert sind.

Die radikale Alternative: Erklären Sie den uneingeschränkten Preiskrieg

Preiskriege tendieren in Richtung alles oder nichts. Ein gutes Beispiel für die Alles-Version aus den 80er Jahren ist der Eintritt der Japan Inc. in den Automobil- und Unterhaltungselektronikmarkt. Durch Preisgestaltung jenseits der Lernkurve unterboten sie die Wettbewerber. Dies ermöglichte ihnen, Skaleneffekte zu nutzen, weiter jenseits der Lernkurve zu agieren, die Preise noch mehr zu reduzieren und einen virtuosen Produktionskreis aufzubauen. Niedrige Preise sorgten für ein höheres Volumen, das eine weitere Senkung der Kosten mit sich brachte und als Folge noch niedrigere Preise. In der Zwischenzeit wurde die Konkurrenz in die Todesspirale niedrigerer Volumen, höherer Stückkosten und höherer Preise gezwungen. Am Ende gingen die Japaner zum außerpreislichen Wettbewerb über, bei dem sie Skaleneffekte und Rentabilität wahren konnten.

Der Preiskrieg kann zu einem Schuss nach hinten werden. Er kann gerechtfertigte oder ungerechtfertigte Eingriffe von Kartellbehörden und Regierungen zur Folge haben wie zum Beispiel die Einführung von Anti-Dumping-Zöllen auf Stahlimporte. Außerdem verlagert sich damit die Rentabilität außerhalb des Marktes, wodurch es für die übrigen Wettbewerber schwierig wird, ebenfalls erfolgreich zu sein, wie dies in der weltweiten Glasindustrie der Fall ist. Strukturell bedingt ist in dieser Branche von vornherein mit einer niedrigen Rentabilität zu rechnen, solange es nicht zu einer Branchenumstrukturierung kommt, bei der genügend Kapazitäten vom Markt genommen werden.

Professionelle Dienstleister und Pyramiden

Professionelle Dienstleistungsunternehmen besitzen eine Pyramidenstruktur. Auch ihr Verkaufsschema gleicht einer Pyramide. Die Partner streichen den gesamten finanziellen Gewinn ein, während die Mitarbeiter auf den unteren Ebenen die gesamte Arbeit erledigen. Wie bei allen Verkaufspyramiden funktioniert dies nur, solange die Pyramide wächst. Ist das nicht mehr der Fall, kündigt sich Unheil an.

Über die Moral des Ganzen lässt sich durchaus streiten. Ergiebiger ist es jedoch, zu diskutieren, welche Auswirkungen dieses System auf die Entwicklung der Karriere hat. Im Wesentlichen gilt, dass bei einer kleinen Partnerschaft die Chance auf schnelles Wachstum und die Schaffung weiterer Partnerschaftsmöglichkeiten größer ist als bei einer großen Partnerschaft. Machen wir eine kleine Rechnung auf.

Angenommen, in zwei Beratungsfirmen beträgt das Verhältnis Mitarbeiter zu Partner 15:1. Durchschnittlich sind acht Jahre nötig, um Partner zu werden. Beide Firmen wachsen jährlich um 20 Prozent. In Firma A sind 100 Mitarbeiter beschäftigt, in Firma B 60.000.

In beiden Unternehmen steht die Chance, Partner zu werden, etwa 3,5:1 unter der Voraussetzung, dass ausschließlich Mitarbeiter Partner werden. Erhöht sich die Zeit bis zur Partnerschaft auf 10 Jahre, beträgt die Chance 2,5:1, aber so lange will keiner warten. Deshalb entsteht der Druck, die Mitarbeiter schneller zu befördern. Das ist nur dann möglich, wenn die Mitarbeiter schneller ausgesiebt werden oder die Wachstumsrate steigt.

In der kleinen Firma A muss der Mitarbeiterstab nur auf 429 anwachsen, wenn eine jährliche Wachstumsrate von 20 Prozent erzielt werden soll. Die große Firma B hat sich zu einem Mega-Unternehmen mit mehr als 250.000 Mitarbeitern zu entwickeln, um über acht Jahre ein jährliches Wachstum von 20 Prozent zu erreichen. Das ist keine Partnerschaft, das ist Bürokratie. Dieses System basiert nicht darauf, die bestqualifizierten Mitarbeiter zu haben, sondern mit Durchschnittskräften die beste Maschinerie zu besitzen. Darüber hinaus muss sich das Unternehmen mit der Aufgabe, auf 250.000 Mitarbeiter anzuwachsen, einer enorm großen Herausforderung stellen. Aller Wahrscheinlichkeit nach wird dieses Unternehmen nur langsam expandieren, das kleine hingegen schnell.

Andere Wachstumsraten wirken sich drastisch auf eine potenzielle Partnerschaft aus. Wenn sich die jährliche Wachstumsrate auf 15 Prozent verlangsamt, kann unter den zuvor beschriebenen Bedingungen nur jeder Fünfte der Neuanfänger Partner werden. Erreicht die kleine Firma B jedoch jährlich eine Wachstumsrate von 25 Prozent, kann sich einer von 2,5 neuen Mitarbeitern zum Partner entwickeln.

Zugegeben, wenn die Neulinge keine Mathematik beherrschen und sich das Risiko nicht ausrechnen können, verdienen sie es, in der falschen Firma zu landen. Sie haben die Wahl zwischen Geschäftsrisiko (die kleinere Partnerschaft könnte scheitern) und Beförderungsrisiko (die größere Partnerschaft wird nicht so schnell scheitern, aber dafür sind die Wachstumsperspektiven weniger gut). Doch selbst Mathematik hilft unter Umständen nicht weiter. Für die Partner besteht die große Versuchung, alles zu verkaufen, bevor Sie selbst an die Spitze gelangen.

Professoren und der One-Night-Stand

Gute Professoren einer Business School eignen sich ausgezeichnet für einen One-Night-Stand. Sie sind sehr klug, unterhaltsam und verfügen normalerweise über „eine" große Erkenntnis und halten „eine" große Rede. Nach einer Nacht mit ihnen haben Sie selbst die Rede gehört und sich die Erkenntnis angeeignet; die Professoren haben damit ihre Arbeit erledigt, dem Team mit einer neuen Perspektive Antrieb zu geben und es in Begeisterung zu versetzen.

Die Versuchung ist nun groß, sie erneut einzuladen, um mehr von dem Zauber zu erfahren. Lassen Sie es. Sie bekommen denselben Trick noch einmal vorgeführt oder eine billige Imitation des Tricks eines anderen. Der Zauber ist verflogen und Sie sind enttäuscht. (Einige wenige Weltklasseprofessoren beherrschen zwei Tricks, einer sogar drei.)

Bedenken Sie, dass ihr Zauber im Wesentlichen darin besteht, eine Lösung für ein Problem zu finden. Es ist immer dieselbe Lösung, dieselbe Erkenntnis, die sie in ein Unternehmen mitbringen. Wenn Sie genau dieses Problem haben, prima. Wenn nicht, lohnt sich die Einladung immer noch aufgrund des Unterhaltungswerts und der unterschiedlichen Sichtweise des Professors. Erwarten Sie aber ja nicht, dass Ihr Problem gelöst wird.

Auch die Geschichten und Fallbeispiele, die sie äußerst detailliert vortragen, sind nicht wahr. Sie versuchen nicht, wahre Geschichte zu vermitteln. Sie versuchen, etwas klarzustellen. Die Professoren von heute sind darin sehr gut geworden. Bei der Zusammenarbeit mit einem Professor in Europa war ich erstaunt, wie detailliert und umfangreich dieser Fälle aus Asien anführen konnte. Als ich mit ihm in Asien zusammenarbeitete, erzählte er die gleichen Geschichten, aber alle seine Fälle bezogen sich auf europäische Unternehmen. Ich wusste, dass es sich um detailreiche fiktive Werke handelte, aber seine Zuhörer hatten keine Chance, ihn zu durchschauen.

Prognosen und Experten

Alle irren sich mit ihren Prognosen. Experten irren sich mit größerer Eloquenz und Autorität als wir anderen. Hier die Expertenmeinung zum Thema:

- Telefon: „Eine erstaunliche Erfindung, aber wer will schon so was benutzen?" – US-Präsident Rutherford Hayes, 1876
- Elektrisches Licht: „Gut für unsere Freunde jenseits des Atlantiks … aber für einen praktischen oder wissenschaftlichen Menschen unwürdig." – Britischer parlamentarischer Sonderausschuss, 1878
- Plattenspieler: „Der Phonograph besitzt keinen Handelswert." – Thomas Alva Edison
- Computer: „Es wird für keinen Menschen einen Grund geben, zu Hause einen Computer zu besitzen." – Ken Olson, Präsident von DEC, 1977
- Computer (nochmals): „Ich denke, es gibt für etwa fünf Computer einen Weltmarkt." – IBM-Gründer Thomas J. Watson, 1947
- Radio: „Ich erwarte, dass es wieder komplett verschwindet – voller Zuversicht, dass die armen Menschen, die sich zur Zeit freiwillig dem Zwang aussetzen ‚hereinzuhören', bald eine bessere Beschäftigung für ihre Freizeit finden." – H.G. Wells, 1928
- Atomkraft: „Wer erwartet, dass aus der Umwandlung dieser Atome eine Quelle der Macht entstehen kann, redet Blödsinn." – Nobelpreisträger und Physiker Lord Rutherford, nachdem er 1911 das Atom gespalten hat
- Aktienmarkt: „Wie es aussieht, haben die Aktienkurse ein anhaltend hohes Niveau erreicht." – Irving Fisher, Professor für Wirtschaft an der Yale University, September 1929, kurz vor dem Crash an der Wall Street

Natürlich sind Unternehmensprognosen niemals so dumm. Oder?

Projektmanagement

Die vier Reiter der Apokalypse

Es gibt vier Möglichkeiten, ein Projekt zu zerstören. Berater und Manager mit Köpfchen wissen dies instinktiv und reagieren angemessen darauf.

Das falsche Problem

Die beste Möglichkeit, sich auf das falsche Problem zu konzentrieren, besteht darin, sich auf die neueste Managementlösung oder -idee zu stürzen und diese einzuführen. Viele Beratungsfirmen stehen Ihnen dabei gern mit Rat und Tat zur Seite. Die Berater müssen etwas verkaufen, damit der Einnahmestrom nicht versiegt, und vermutlich verfügen sie über Teams, die mit dieser Idee vertraut sind. Der Berater erhält keine Belohnung, wenn er nichts verkauft oder etwas verkauft, das Sie zwar benötigen, er aber nicht anbieten kann.

Sie besitzen das richtige Problem, wenn die Lösung klar und deutlich Vorteile für Sie bringt. Schätzen Sie den Vorteil ab – er muss nicht unbedingt nur finanzieller Natur sein. Wenn die angebotene Lösung keine wesentliche Verbesserung bewirkt, ist es durchaus möglich, dass sie zu einem Problem gehört, das Sie gar nicht besitzen.

Wie gut Sie auch sonst alles erledigen: Wenn Sie das falsche Problem haben, erhalten Sie das falsche Ergebnis.

Das falsche Team

Lohnenswerte Projekte sind normalerweise schwierig. Das bedeutet, dass Sie wirklich gute Leute für dieses Projekt einsetzen sollten. Die richtigen Leute sind vermutlich diejenigen, die Sie sich am wenigsten leisten können. Damit wird das Problem zu einer Prioritätsfrage. Verdient es jedoch nicht die besten Experten, ist es vermutlich auch nicht besonders wichtig. Schauen Sie sich das Problem noch einmal an, schätzen Sie erneut den Vorteil einer Lösung ein und finden Sie heraus, wo das Projekt in der Reihe der Unternehmensprioritäten einzuordnen ist.

Eindeutige Verlierer sind Teams, die sich nur aus Funktionsträgern oder Mitarbeitern einer einzigen Abteilung zusammensetzen. Das Projekt muss in ein Gesamtkonzept eingebettet sein und benötigt Mitarbeiter, die sich ganz mit ihm identifizieren und verantwortlich dafür sind, dass auch wirklich Ergebnisse vorgelegt werden. Das sind nicht die Berater, auch nicht die Stabsmitarbeiter oder eine bestimmte Abteilung. Dies geht über einzelne Funktionsbereiche hinaus und muss sich am Gesamtkonzept des Unternehmens orientieren.

Der falsche Kunde

Der Kunde ist Pate oder Sponsor des Projekts. Er ist mächtig. Der Sponsor / Finanzier verfügt über die Mittel und die Macht, unternehmensübergreifend zu wirken. Entscheidend ist, dass er genug Zeit besitzt, um das Projekt zu fördern und zum richtigen Zeitpunkt bestimmte Aktivitäten in die Wege zu leiten.

Ein Sponsor, der nur eine bestimmte Funktion im Kundenunternehmen ausübt, jedoch eine relativ niedrige Stellung besitzt, und für den beim Ausgang des Projekts nichts auf dem Spiel steht, der außerdem zu beschäftigt ist, das Projekt zu fördern, ist ein geeigneter Kandidat, um die Initiative in den Sand zu setzen.

Der richtige Ausführungsprozess

Wenn Sie das richtige Problem und das richtige Team besitzen, dürften Sie auch den richtigen Prozess für sich finden (Qualitätsprozess, Reengineering, Change Management etc.). Wählen Sie eine ungeeignete Methode, stürmt das Team in die falsche Richtung und ist nur schwer zurückzuholen.

Diese vier Reiter der Apokalypse werden zuschlagen, ehe das Projekt überhaupt angefangen hat. Bereits vor Beginn des Projekts steht effektiv fest, ob es ein Erfolg oder Misserfolg wird. Wie die meisten Schlachten ist es bereits gewonnen oder verloren, bevor es überhaupt anfängt. Wenn Sie also in das richtige Projekt vor Beginn mehr als genug investieren, zahlt sich dies später in Form hoher Dividenden aus.

Das tatsächliche Projektmanagement stellt etwa 90 Prozent der Arbeit dar, den Ausgang beeinflusst es jedoch nur zu etwa 30 Prozent. Meistens können die Führungskräfte das Projekt selbst umsetzen – ohne Hilfe der Berater.

Anleitung für Projektmanagement Marke Eigenbau

Projektmanagement ist das, womit Berater das große Geld verdienen. Es ist absolut einfach. Deshalb können Berater oftmals ihre noch neuen Mitarbeiter für Projektmanagement einsetzen. Der ideale Projektmanagement-Auftrag für ein Beratungsunternehmen sieht so aus, dass er im Auftrag des CEO durchgeführt wird und dem Berater eine Reihe von Kundenteams zugewiesen werden, die die eigentlichen Ergebnisse erarbeiten. Damit erhält der Berater Macht, keine echte Verantwortung, und außerdem die perfekte Jagdlizenz, mit der er durch das Unternehmen gehen und nach weiteren Verkaufsmöglichkeiten suchen kann.

Projektmanagement ist etwas, was das Management selbst erledigen sollte. Machen Sie sich frei von all dem Beratungsgequatsche über Risiken und Probleme, Organigrammerstellung, Training und Autorisierung. Das ist alles nur Schall und Rauch. Was die Berater machen, kann das Management auch. Im Folgenden eine Übersicht über das, was die Berater wirklich machen und was das Management machen sollte:

1. Berater verleihen dem Projekt und sich selbst Macht, nicht dem Management.
   - Macht erhält man, wenn man auf der richtigen Ebene des Unternehmens Unterstützung erfährt. Wenn ein CEO ein Projekt fördert, sorgt er dafür, dass es nicht scheitert; da das Projekt für ihn hohe Priorität besitzt, reagiert auch das Unternehmen dementsprechend.
   - Macht erhält man dadurch, dass einem großzügige Finanz- und Personalmittel zur Verfügung gestellt werden. Mit einer großzügigen Mittelzuweisung steht nun allein der CEO unter dem Druck zu beweisen, dass das Budget nicht verschwendet wurde; der CEO muss dafür sorgen, dass das Projekt ein Erfolg wird.
   - Indem sich die Berater zwischen CEO und übriges Management schalten, ermächtigen sie sich selbst und entmächtigen das Management.
   - Das Management verfügt eindeutig über die Voraussetzungen, alle Projektaufgaben selbst erledigen zu können. Wenn das Projekt genug Priorität besitzt, können die Manager auf der richtigen Ebene des Managements Unterstützung sowie die angemessenen Personal- und Finanzmittel erhalten. Wenn sie die Arbeit selbst erledigen, wächst damit innerhalb des Managementteams das Maß an Verantwortung und Autorität.
2. Berater bilden und organisieren Arbeitsteams, die an verschiedenen Teilen des Projekts arbeiten. Hierbei sind drei Faktoren entscheidend:
   - Ressourcenzuteilung. Berater werden zwangsläufig nach den besten Mitarbeitern fragen mit der Begründung, das Projekt sei so wichtig, dass nur die Besten im Team sein sollten. Das stimmt. Es stimmt auch, dass die besten Mitarbeiter in der Lage sind, sich selbst zu

managen. Bei der Zuweisung von Personal geht es im Wesentlichen um Prioritäten (Woran sollen die Mitarbeiter arbeiten?), Risiko (Können wir es wagen, unsere Konzentration auf das Alltagsgeschäft zu reduzieren?) und Politik. (Keiner will seine besten Mitarbeiter aufgeben oder auf andere Prioritäten verzichten.) Dies zu klären ist Aufgabe des Managements.
- Projektstrukturplan. Hierbei geht es darum, die Arbeit in Teilaktivitäten zu zerlegen und zu klären, wer für was verantwortlich ist. Dies führt typischerweise zu einem Diagramm, das sich aus folgenden Elementen zusammensetzt: Ziel: messbar, relevant und erreichbar; Zeitrahmen für Abgabe und wichtige Meilensteine; Team – bestehend aus Teamleiter, der verantwortlich für die Abgabe ist, ein Senior Manager als Protektor, der für die Überwachung der Qualität verantwortlich ist und dem Team politische Macht verleiht, sowie Teammitglieder, die alle zusammen über die Fähigkeiten und die Macht verfügen, das Ziel zu erreichen; wichtige Abhängigkeitsverhältnisse: Was benötigt das Team vom übrigen Unternehmen und zu welchem Zeitpunkt?
- All dies sind Managemententscheidungen; der Berater liefert nur die Schablonen und vervollständigt die Arbeitsergebnisse.
- Schließlich erstellen die Berater zum Schluss. Dazu mag auch ein GANTT-Chart (Balkenplan) gehören. Dieser zeigt lediglich an, was in welcher Reihenfolge erledigt werden muss. Normalerweise wird der Chart auf einem Computer mit einem superirren Programm vorgeführt. Lassen Sie sich nicht einschüchtern. Das Ganze ließe sich genauso gut auf einem großen Blatt Packpapier mit Post-its darstellen, die sich je nach Bedarf und Timing verschieben lassen. Das ist sehr viel benutzerfreundlicher, und da es für jeden sicht- und nutzbar ist, ist es für die Organisation von größerer Bedeutung und Relevanz als ein mystischer GANTT-Chart, der sich im Computer eines Beraters versteckt.
3. Berater unterstützen die Projektplanungsaufgaben jedes Arbeitsteams. Projektplanung ist direkt. Zur Projektplanung gehören sechs Schritte:
   - Man identifiziert, wo man ankommen muss. Projektplanung beginnt mit dem Ende (dem gewünschten Ausgang) und arbeitet sich dann zurück an den Anfang. Sie sollten in der Lage sein, das gewünschte Resultat abzuschätzen. Folgende Eigenschaften sollte das Ergebnis aufweisen: Es sollte für das Unternehmen relevant sein und eine starke Auswirkung haben, damit es sich auch lohnt, dafür zu arbeiten. Es sollte messbar sein, damit Sie wissen, wann Sie erfolgreich sind. Außerdem muss es vollständig sein; das heißt, das

Ergebnis ist nicht unbedingt nur finanzieller Natur, sondern kann auch eine Änderung der Fähigkeiten, der Verhaltensweisen, der Struktur und des Prozesses bewirken. Außerdem sollte es fassbar sein. Die Mitarbeiter sollten verstehen, was dies für sie persönlich bedeutet.

- Man begreift, wo man ankommen muss. Hierbei handelt es sich um eine ehrliche Bewertung der vorhandenen Ressourcen, Probleme und Stärken. Wichtig ist auch zu erkennen, welche Erwartungen die verschiedenen Beteiligten haben.
- Man identifiziert die Hindernisse, die dem Erfolg im Weg stehen. Jedes Hindernis ist im Wesentlichen ein weiteres Problem, das das Management zu lösen hat. Hindernisse können rationaler Natur sein (Mangel an Geld, Personal und Zeit, vorhandene Systeme und Prozesse) oder sie können politischer und emotionaler Art sein (Widerstand gegen Veränderung, mangelnde Kooperation). Beide Formen sind real und müssen von den Führungskräften, nicht von den Beratern, gemanagt werden.
- Man identifiziert die Mindestanzahl an Schritten, die vom Projektanfang bis zum Ende erforderlich sind. Es besteht die Tendenz, den Vorgang zu verkomplizieren. Sorgen Sie dafür, dass er einfach bleibt. Zerlegen Sie das Problem in kleine Bestandteile. Setzen Sie dann für alle Teile Prioritäten je nach Risiko und Komplexität im Verhältnis zur Auswirkung. Einige Aufgaben können schnell erledigt werden. Führen Sie diese auch rasch durch und sorgen Sie auf diese Weise für etwas Begeisterung und Dynamik. Andere Aktivitäten benötigen eine lange Anlaufzeit. Starten Sie hiermit früh. Fügen Sie den Rest später hinzu. Die meisten Projekte durchlaufen vier Stadien: Anfangsphase: Identifizieren Sie das Problem, den Vorteil aus der Lösung und das Team; erkennen Sie den Ist-Zustand: Verstehen Sie das Problem richtig und fangen Sie an, Lösungen zu testen; entwickeln Sie die Lösung für den Soll-Zustand und sorgen Sie für erste, leicht zu erzielende Siege; implementieren Sie die Lösung.
- Man achtet darauf, dass die richtigen Mitarbeiter zum richtigen Zeitpunkt aus dem richtigen Grund involviert sind. Zu den typischen Rollen zählen: Sponsor, ein leitender Mitarbeiter, der das Team überwacht und Befugnisse erteilt; Teamleiter, der die Verantwortung dafür trägt, dass das Ergebnis erreicht und implementiert wird; Fachleute (IT, Finanzen, Marketing), die bei der Entwicklung der Lösung helfen; interessierte Parteien, die von dem Ergebnis tangiert werden und informiert bleiben sollten.

- Man verfolgt den Fortschritt im Verhältnis zum Plan. Hierzu gehören auch regelmäßige Aktualisierungen und Überprüfungen, damit das Unternehmen Hindernisse besser umgehen oder aus dem Weg räumen kann.

All dies ist keine große Wissenschaft. Aber in ihrer Gesamtheit und Dringlichkeit können diese Schritte zu einer beängstigenden und riskanten Aufgabe für das Management werden. Hierbei können die Berater großen Reibach machen.

4. Die Berater überwachen den Fortschritt und identifizieren Probleme. Sie nennen das Projektmanagement. Eine effektive Kontrolle des Prozesses beruht auf vier Prinzipien:
- Durch eine ehrliche Identifizierung von Problemen im frühen Stadium lässt sich vermeiden, dass später größere Probleme und Verzögerungen auftreten. Traut das obere Management dem Arbeitsteam nicht zu, den Fortschritt offen und ehrlich einzuschätzen, kann es Berater zur Kontrolle einsetzen. Besser wäre es jedoch, das Management brächte Mitarbeiter ins Team, denen es vertraut, oder es würde ein Umfeld schaffen, in dem Offenheit und Ehrlichkeit vorherrschen.
- Häufige Kommunikation im frühen Stadium ist von entscheidender Bedeutung. Für jeden Einsatz auf allen Organisationsebenen spielen Tempo und Dringlichkeit eine maßgebliche Rolle. Dies kann zum Beispiel bei einer Fusion bedeuten, dass der Vorstand täglich eine halbe Stunde zusammenkommen muss, notfalls per Telefon, um sich über die Fortschritte zu informieren und eventuelle Engpässe zu beseitigen. Bei einer langfristigen Systemintegration trifft sich der Vorstand vielleicht nur einmal im Monat, um eine Zusammenfassung über den Fortschritt zu erhalten.
- Effektive Entscheidungsfindung. Eine gute Möglichkeit, Kosten eskalieren zu lassen, Ressourcen zu verschwenden und den Fortschritt zu verzögern, besteht darin, nur langsam Entscheidungen zu treffen, Einspruch gegen Entscheidungen zu erheben, diese umzuwerfen oder für unklare Zuständigkeiten zu sorgen. Dies eignet sich auch ausgezeichnet dazu, jeden Projektteilnehmer zu demoralisieren und zu frustrieren mit Ausnahme der Berater, die Ihnen jede Extraleistung in Rechnung stellen. Eine effektive Entscheidungsfindung weist auf ein effektives Management sowie klare Richtlinien für Kontrolle und Verantwortung hin.
- Machen Sie den Fortschritt sicht- und fassbar. Der schicke GANTT-Chart auf dem PC des Beraters versagt in dieser Hinsicht kläglich. Ein großes Stück Packpapier mit der Zeitplanung und den Meilen-

steinen zeigt allen Beteiligten klar und deutlich, was wann erledigt werden muss und wie die einzelnen Aktivitäten zusammengehören. Wenn es im Empfangsbereich aufgehängt wird, übt es auf alle den Druck aus, auch wirklich Ergebnisse vorzulegen, und es zeigt den einzelnen Teams, wann dies geschehen muss.

Groß angelegte Projekte haben die Angewohnheit, riesig, unangenehm und kompliziert auszusehen. Manager ziehen dabei gern zur Sicherheit die Berater heran, um einige der wahrgenommenen Risiken zu beseitigen. Das ist Geldverschwendung, es ist schlecht für die Organisation und unnötig. Mit obiger Checkliste erhalten Sie einen Basisratgeber für Projektmanagement. Machen Sie es selbst, Sie haben gewiss Erfolg. Sollte jedoch ein Projekt in die Wege geleitet werden, das nicht diese Kriterien zu erfüllen scheint, gehen Sie schweigend fort.

Prüfung von Dokumenten: Die Kunst des Lesens

Dies ist der Augenblick, in dem der Prüfer geprüft wird. Ein Team setzt einen Zeitpunkt fest, um ein vorzubereitendes Dokument oder eine Präsentation zu besprechen. Von Ihnen wird erwartet, dass Sie klug und konstruktiv sind und Mehrwert schaffen. Vielleicht beurteilen Sie heimlich, ob die anderen etwas taugen. Mit Sicherheit beurteilen die anderen aber, ob Sie etwas taugen, und sie zögern nicht, ihr Urteil auch den übrigen Mitgliedern mitzuteilen.

Ihre Kompetenz als Manager wird von der strengsten aller Gruppen beurteilt – von Ihrem Team.

Einige Menschen sind von Natur aus klug und brillant; sie schauen sich das Dokument in Echtzeit an und steuern auch noch neue großartige Erkenntnisse bei. Hier geht es auch um unser Manager-Ego: Wir zeigen, dass wir so beschäftigt, klug und wichtig sind, dass wir nicht über die Zeit oder das Bedürfnis verfügen, uns in irgendeiner Weise vorzubereiten. Für viele von uns ist das keine kluge Option.

Andere fragen im Voraus nach den Unterlagen und bereiten viele Kommentare vor. Manchmal funktioniert das aus rein logistischen Gründen nicht. Teams mögen das auch nicht. Die anderen Teammitglieder werden dadurch gebremst und Sie selbst sind nicht länger ihr Coach, sondern ihr

Prüfer. Deshalb kann es durchaus darauf hinauslaufen, dass Sie das Dokument in Echtzeit durchsehen müssen.

Der Schlüssel zum Erfolg liegt nicht darin, dass Sie einfach auf die vorgelegten Unterlagen reagieren. Auf diese Weise verfangen Sie sich nur in deren interner Logik, die großartig sein kann oder auch nicht. Bereiten Sie stattdessen Ihre eigenen Kriterien vor, mit deren Hilfe Sie sich auf das, was Sie vorgelegt bekommen, konzentrieren. Hier kann eine Vorbereitung von vier Minuten einen wesentlichen Unterschied bewirken. Notieren Sie sich schnell vier Dinge:

- Ihr Argument oder Ihre Ansicht zu dem Thema, das besprochen werden soll. Damit haben Sie etwas in der Hand, mit dessen Hilfe Sie die Ideen der anderen prüfen können.
- Inhaltliche Überschriften, die Sie in dem Dokument zu sehen erwarten. Das hilft Ihnen, das Wichtigste zu entdecken, was es zu entdecken gibt, nämlich das, was fehlt.
- Die nächsten Schritte, die Sie erwarten, damit die Dynamik gewahrt bleibt.
- Alle inhaltlichen oder stilistischen Punkte, die Sie im Rahmen Ihrer Coachingaktivität mit dem Team klären möchten.

Wenn Sie dies vor Augen haben, können Sie proaktiv mit den Mitarbeitern zusammenarbeiten, ihnen eine klare Meinung bieten und Sie besitzen einen Maßstab, mit dessen Hilfe sich die Arbeit der anderen bewerten lässt. Selbst wenn Ihnen das Dokument im Vorhinein vorgelegt wird, lohnt es sich, den Vier-Minuten-Test durchzuführen, ehe Sie das Dokument öffnen und in dessen Logik eintauchen. Wenn Sie auf diese Weise verfahren, laufen Sie Gefahr, als von Natur aus kluger Mensch zu gelten. Das könnte dazu beitragen, dass Sie weiterhin einen guten Ruf im Büro genießen.

Es gibt noch eine ähnliche Methode, die sich ebenfalls in jedem Meeting oder jeder Präsentation anwenden lässt. Reagieren Sie nicht einfach auf das, was diskutiert oder vorgelegt wird. Notieren Sie sich Ihren eigenen Standpunkt und Ihre eigenen Erwartungen, ehe Ihre Gedanken durch die Präsentation infiziert sind. Auf diese Weise können Sie viel besser intervenieren.

Punks, Hippies, Experten und die Zukunft

Anfang 1977 ließ ich meine Hippie-Freunde in England zurück. Ich machte mich über Afghanistan auf den Weg ins Hippie-Nirwana Nepal. Sechs Monate später segelte ich zurück in der Hoffnung, einen Sommer der Liebe zu verbringen, nur um festzustellen, dass meine Freunde tatsächlich während der letzten drei Jahre Punks gewesen waren. Ich war perplex: Weder sie noch ich hatten bis dahin jemals von Punks gehört.

Im Jahr 1987 eroberte Reengineering die Welt des Managements. Wir hatten nie zuvor davon gehört. Aber das war okay, da uns das Management informierte, dass all unsere Projekte der letzten drei Jahre eigentlich Reengineering-Aktivitäten gewesen seien. Somit waren wir Experten und konnten hinaus in die Welt gehen und noch mehr Reengineering-Arbeit verkaufen.

Im Jahr 1997 kehrte ich nach sechsmonatiger Abwesenheit zurück zu meinen Kollegen nach New York. Ich stellte plötzlich fest, dass sie alle Internetexperten waren, und das schon seit drei Jahren. Ich hatte das Wort nie zuvor gehört. Irgendwie liegt allem ein gemeinsames Muster zugrunde:

- Die große Veränderung geschieht willkürlich im Intervall von zehn Jahren. Hüten Sie sich vor dem Jahr 2007.
- Die Menschen lügen. Zumindest sind sie kreativ, was die wahre Vergangenheit angeht. Sie betrachten die wahre Vergangenheit als thermoplastisch, das heißt, sie kann beliebig geformt werden, um den Anforderungen der Gegenwart gerecht zu werden.
- Die Zukunft ist wirklich nicht vorhersehbar. Sie müssen mit der Zeit gehen. Wenn Sie das nicht machen, enden Sie als Manageräquivalent eines pensionierten, in Zeit und Raum verlorenen Hippies. Dies ist kein Rezept für Managementerfolg.
- Fachwissen ist relativ.

Ziehen Sie Ihren Nutzen aus relativem Fachwissen. Wenn nur Sie einen Teil eines Reengineering-Projekts gesehen haben, sonst niemand, dann sind Sie der Experte. Und trotz der ganzen Fachsprache und dem Bluff, der mit diesen neuen Managementideen einhergeht, sind die meisten Konzepte im Grunde genommen einfach. Mit ein wenig Erfahrung, einem guten Anleitungsbuch und gesundem Urteilsvermögen können Sie zum Verkaufsleiter solcher Ideen werden. Genauso verfahren die Berater.

Ende 1996 zum Beispiel kehrte ich nach Großbritannien zurück. Ich entschloss mich, ein Unternehmen aufzubauen, das Banken bei der Vorbereitung auf den Euro hilft. Zu dem Zeitpunkt hatten die meisten Banken keine Ahnung, wofür EWU eigentlich stand. Ich wusste es. Ich war der Experte. Ich war meinen Kunden vermutlich nie mehr als einen Schritt voraus; aber mit dem, was ich von dem einen Kunden lernte, war ich ein bisschen weiter als der andere. Wir gewannen 26 neue Kunden in 18 Monaten, was außergewöhnlich war. Lassen Sie sich niemals einschüchtern von dem angeblichen Sachverstand der Berater und anderer Experten, vor allem dann nicht, wenn sie über neue Managementideen sprechen.

Qualitätsfanatiker

Sie sind gefährlich. Das Mantra lautet, dass Qualität gratis ist, aber der Preis besteht darin, dass man sich ganz und gar dem Glauben verpflichten muss. Dies bedeutet, dass Sie mit größter Genauigkeit zu dokumentieren haben, wie Sie umfangreiche Qualitätsstandards einhalten, die willkürlich festgesetzt werden von einem Standardorgan, das Ihr Geschäft vielleicht – vielleicht auch nicht – kennt.

Als Konsequenz aus dieser Verpflichtung widmen Sie Ihre gesamte Managementzeit und Aufmerksamkeit der Aufgabe, diese Qualitätsstandards zu erfüllen. Noch schlimmer ist, dass Sie die Wahrung dieser Standards in einer endlosen Dokumentation nachweisen müssen.

Dies ist besonders beliebt in Ministerien. Sie können Qualitätszertifikate als Beweis dafür einsetzen, dass sie ihre Arbeit gut machen. Wenn sie Anbieter wählen, die diese Standards erfüllen, kann ihnen niemand den Vorwurf machen, die Arbeit schlecht zu erledigen. Qualitätszertifikate sind ein risikofreier Ersatz für Managementurteile.

Qualitätsbürokratie könnte akzeptabel sein, wenn sie sachdienlich wäre. Aber der Qualitätsprozess wird zum reinen Selbstzweck. Das Ziel besteht darin, das Zertifikat zu erhalten, nicht darin, Profit zu machen oder dem Geschäft dienlich zu sein. Im Extremfall schaffen Sie damit die Voraussetzungen, viel zu viel Zeit dafür zu benötigen, genau das falsche Produkt zur falschen Zeit auf den falschen Markt zu bringen. Zumindest wissen Sie dann aber, dass Sie etwas auf genau richtige Weise falsch gemacht haben. Sie werden dann die Qualitätszertifikate von ihrem Konkursverwalter zum Schleuderpreis kaufen können. Qualität sollte das Geschäft nicht beherrschen, sondern ihm dienen.

R

Rache

Von Zeit zu Zeit ist jeder einmal sauer. Manchmal liegt es an einem miesen, bösartigen, machiavellistischen Missmanager, ein anderes Mal schlicht und einfach an einem inkompetenten Mitarbeiter, der uns das Kind allein schaukeln lässt. Die Versuchung, Rache zu üben, ist groß. Das ist die Sache aber nicht wert und es funktioniert auch nicht.

Wenn Sie versuchen, sich zu rächen, erkennt dies jeder. Dadurch werden alle individuellen und institutionellen Verteidigungssysteme aktiviert. Auf diese Weise bringen Sie nur sich selbst in Verruf. Wenn Sie sich jedoch zurückhalten, ist es möglich, dass sich Tage, Monate oder sogar Jahre später die Gelegenheit bietet, still Rache zu üben. Nehmen Sie dann, wenn Sie wollen, diese Gelegenheit wahr. Aber warten Sie nicht darauf, dass diese Situation endlich kommt. Der Augenblick der Rache ist unmittelbar und direkt. So bleiben Sie gesund und glücklich. Wenn Sie dies von sich behaupten können, berührt Sie nichts. Lassen Sie die miesen Machiavellisten knietief im Schmutz waten.

Alle miesen Missmanager da draußen – ihr wisst, wer gemeint ist – lächeln!

Rationales, politisches und emotionales Management

Man lehrt uns, dass Geschäftemachen eine rein rationale Angelegenheit sei. Dies verfehlt das Thema Managen grundlegend. Die Menschen lernen jedoch schnell, dass mit Managen auch die Kunst der Politik verknüpft ist. Wenn Führungskräfte ohne große Befugnisse Veränderungen bewirken, um Anerkennung kämpfen, Erwartungen wecken, Allianzen mit Gleichgesinnten eingehen, sich Ressourcen erarbeiten, Zustimmung suchen, dann ist all dies ganz normal ein Ausdruck politischer Fähigkeiten sowie ein Zeichen für Überlebenskunst im mittleren Management.

Einige wenige Manager entdecken, dass das Management auch emotional ist. Die Menschen haben Hoffnungen; sie haben Ängste. Sie trauen oder misstrauen anderen. Keiner wagt es, über emotionales Management zu sprechen, sofern er nicht als Mitglied der Gemeinschaft der Baumumarmer abgestempelt ist. Aber zu verstehen, wie man mit den Emotionen der Menschen umgeht, wie man ihr Vertrauen und ihre Zusammenarbeit gewinnt, wie man mit ihren Hoffnungen und Ängsten umgeht, ist ebenso nüchtern wie traditionelles Managen. Es geht darum, mithilfe anderer Menschen eine Veränderung zu bewirken.

Manche Manager arbeiten nur auf der rationalen oder politischen Ebene. Großartige Manager arbeiten immer effektiv auf der rationalen, politischen und emotionalen Ebene.

Rechtsanwälte und die Revolution

Wenn die Revolution kommt, ist das nicht unbedingt eine schlechte Nachricht für das Management. Natürlich kann es geschehen, dass auch die Manager zu den Mitarbeitern an die Wand gestellt und erschossen werden. Zumindest hätten sie dann aber das Vergnügen zu erleben, wie die Rechtsanwälte vor ihnen erschossen würden. Bis dahin müssen sich die Manager jedoch mit den Anwälten arrangieren.

Die Welt wird immer prozesssüchtiger und jeder ist sich zunehmend seiner Rechte bewusst. Vertrauen im Geschäft ist prima, wenn alles gut geht, bietet aber keinen Schutz, wenn es schief läuft. Dann ist es aber zu spät, die Rechtsanwälte hinzuzuziehen.

Holen Sie sie früh ins Spiel. Vorsorge ist besser als Nachsorge. Aber wählen Sie Ihre Anwälte mit Bedacht. Ein Rechtsanwalt, der unternehmensorientiert ist, ist es wert, in Gold aufgewogen zu werden. Er wird sich auf das konzentrieren, was Sie machen können, nicht auf das, was Sie nicht machen können. Vermeiden Sie Anwälte, die darauf bestehen, das gesamte Unternehmen in juristischen Floskeln zu baden. Sie minimieren damit vielleicht insgesamt das Rechtsrisiko, aber zum Preis, dass das Unternehmen in einem zähen juristischen Brei feststeckt, in dem keiner auch nur einen Schritt zu machen wagt, ohne gleich drei Anwälte im Schlepptau zu haben.

Einen Rechtsanwalt können Sie auf einfache Weise prüfen, indem Sie seine Sprache analysieren. Lassen Sie ihn sofort fallen, wenn er fortwährend etwas von undurchsichtigen Prozessen und Vertragsziffern 200 Jahre alter Gesetze murmelt. Wenn er jedoch von Ihrem Geschäft spricht und davon, wie es unterstützt werden kann, befindet er sich zumindest im richtigen Spiel.

Reengineering des Reengineering

Reengineering muss dringend einem Reengineering-Prozess unterzogen werden. Das von den Beratern verkaufte Reengineering wurde im Vergleich zur ursprünglichen Fassung stark verändert. Heute bedeutet es kaum mehr, als Kostensenkungsmaßnahmen lächelnd durchzuführen. Dabei ist das Lächeln optional. Es gibt drei unterschiedliche Formen des Reengineering, mit denen im Markt geworben wird.

Reengineering auf der Basis von IT

Hier erhalten Sie eine schnelle Technologielösung für ineffiziente operative Prozesse, die sich durch das Unternehmen winden wie ein Trampelpfad durch ein Feld. Die Technologie kann den Trampelpfad nicht begradigen oder vereinfachen, sondern ihn lediglich zubetonieren. Technologie mit hohen Fixkosten ersetzt Arbeit mit hohen variablen Kosten. Das System bleibt in sich ineffizient, aber nun ist es auch noch in sich inflexibel; möchte man den Prozess den Anforderungen der Zukunft anpassen, werden erhebliche Technologiekosten fällig.

Prozess-Reengineering

In seiner traditionellen Form ist dies eine offizielle Einladung an die Berater, ins Unternehmen zu kommen und für alle Aktivitäten den Ablauf zu entwickeln. Für Beratungsunternehmen ist das eine einfache, hoch rentable Arbeit mit großer Hebelwirkung. Sie lieben es, diese Arbeit zu verkaufen. Wenn sie ihre Aufgabe gut machen, begradigen sie die Trampelpfade und das Unternehmen wird die Kosten senken und die Verarbeitungsgeschwindigkeit erhöhen. Das sieht erfolgversprechend aus. Aber es basiert auf einer rein internen Sicht der Welt, die davon ausgeht, dass die bestehenden Prozesse die richtigen Prozesse sind, mit denen den richtigen Kunden die richtigen Produkte und Dienstleistungen angeboten werden. Wenn eine dieser impliziten Annahmen falsch ist, führt Prozess-Reengineering das Unternehmen lediglich in eine Sackgasse. Prozess-Reengineering konzentriert sich darauf, dass Arbeit effizient durchgeführt wird. Das macht keinen Sinn, wenn dem Unternehmen so ermöglicht wird, das Falsche effizient zu machen.

Unternehmens-Reengineering

Dies kommt näher an die Originalversion heran, wie sie einst von Champney und Hammer in *Reengineering the Corporation* vorbuchstabiert wurde. Unternehmens-Reengineering beginnt beim Markt. Diese Art von Reengineering blickt nach vorn und stellt grundlegende Fragen im Hinblick darauf, wie man sich dem Markt am besten nähert. Ausgangspunkt ist nicht der Status quo. Es sind keine Horden von Analysten nötig, die erarbeiten, was Sie bereits wissen. Hier müssen die klügsten Köpfe darüber nachdenken, wie man das Unternehmen von morgen entwickelt. Es geht weniger um Reengineering als vielmehr darum, das Geschäft von der Nullbasis aufzubauen. Erfolgreiche Internetunternehmen wie Amazon haben das bereits geschafft. Die alten Praktiken werden einfach über Bord geworfen. Eine der Voraussetzungen besteht darin, dass das Unternehmen den Weg zum Erfolg nicht erschrumpft, sondern zum Erfolg hinwächst. Aus Sicht des Beratungsunternehmens ist damit ein hohes Risiko verbunden, niedrige Einnahmen und wenig Hebelwirkung. Erwarten Sie nicht, dass die Berater Ihnen davon allzu viel verkaufen möchten.

Reengineering: Schafe und Wölfe

Berater und Senior Manager verkaufen Reengineering als Transformation. Andere, die das Verkaufsgespräch hören, verstehen Gesundschrumpfen, Abbauen, Umbesetzen, Reduzieren und Hinauswerfen. Reengineering hat sich selbst einen schlechten Ruf eingebracht. Wenn Sie hören, dass Reengineering angesagt ist, gibt es vier Überlebensstrategien. Diese lassen sich auf alle bedrohlichen Initiativen – und bedrohlichen Chefs – anwenden:

- Ignorieren Sie die Initiative und verstecken Sie sich. Hierbei handelt es sich um eine Glücksstrategie. Es ist die Strategie von Schafen. Sie hoffen, dass der Wolf ein anderes Schaf aussucht. Die Schafstrategie identifiziert Sie als potenzielles Opfer. Sie werden wahrscheinlich als totes Fleisch enden.

- Bekämpfen Sie die Initiative. Schafe haben sich bisher nicht als besonders geschickt im Umbringen von Wölfen erwiesen. Aber auf jeden Fall ist dieser Weg spektakulärer. Reengineering wird normalerweise top-down umgesetzt und führt zu hartnäckigem Widerstand.
- Laufen Sie. Finden Sie einen anderen Hirten, eine andere Abteilung oder Firma, in der es keine Reengineering-Wölfe gibt oder in der Sie beschützt werden. Gute Überlebenschance, aber alle anderen werden auch wegrennen, deshalb müssen Sie am schnellsten laufen.
- Schließen Sie sich den Wölfen an. Schafe in Wolfspelzen sind nicht immer überzeugend. Dies ist aber der sicherste Platz. Sie werden die Opfer aussuchen müssen. Sofern Sie nicht ein starkes Todesverlangen besitzen, werden Sie wohl nicht die eigene Person wählen.

Rekrutierung

Der intensivste Wettbewerb zwischen Firmen findet im Markt statt: im Kampf um Kunden und im Kampf um die fähigsten Mitarbeiter. Die Spitzentalente und -kräfte eines Unternehmens konzentrieren sich auf die Kunden. Mitarbeiter aus dem Bereich Human Resources konzentrieren sich auf den Talentemarkt.

Setzen Sie den besten Mitarbeiter für die Talentsuche ein – hier geht es um das künftige Überleben des Unternehmens. Die besten Mitarbeiter erkennen Sie schnell. Es sind diejenigen, die nie zur Verfügung stehen. Die meisten großen professionellen Serviceanbieter gehen es richtig an. Gemeinsam mit einigen Senior Managern entsenden sie junge Universitätsabsolventen, die für die künftigen Studienabgänger glaubwürdig und von Bedeutung zu sein scheinen. Wählen Sie die Senior Manager mit Bedacht. Schicken Sie nicht einfach den Manager mit dem höchsten Titel. Die Studenten kennen nicht all die feinen Nuancen Ihrer Hierarchie und lassen sich dadurch sowieso nicht beeindrucken. Die entscheidende Frage lautet, ob der Senior Manager so ist, wie die Studenten in 20 Jahren sein möchten. Ein schwergewichtiger, verkrusteter „alter Sack" ist hier nicht die richtige Antwort.

Jedes Unternehmen vermittelt dieselbe Botschaft: Wir wachsen am schnellsten; wir sind die Größten und Individuellsten; wir agieren unternehmerisch, aber ohne Risiko; wir sind eine schwer arbeitende und familienfreundliche Gemeinschaft. Studenten scheinen darauf manchmal etwas zynisch zu reagieren. Suchen Sie deshalb nach einer einzigartigen Botschaft, die Ihr Unternehmen auf ehrliche Weise vorbringt. Es ist möglich, sowohl positiv als auch ehrlich zu sein.

Lassen Sie keine Rekrutierfachleute die Auswahl der Kandidaten treffen und die Folgegespräche führen. Das ist Ihre Entscheidung und Sie müssen den Kandidaten Ihr Entgegenkommen beweisen. Die einzige knallharte Frage, die die wahre Meinung von Beisitzern ans Licht bringt, lautet: „Nehmen Sie diesen Absolventen im nächsten Jahr in Ihr Team auf?" Lassen Sie die Beisitzer wissen, dass Sie bei einem „Ja" diesen Kandidaten voraussichtlich wirklich bekommen. Achten Sie darauf, dass Manager mit ihren Entscheidungen leben müssen.

Respekt vor dem Individuum

Respekt vor dem Individuum ist heute eine der am häufigsten missbrauchten Floskeln im Management. Oftmals steckt dahinter nur eine von einem traditionellen Befehl- und Kontrollsystem praktizierte Augenwischerei. Vielleicht verfügen Sie ja über eine wunderbare Organisation, in der die folgenden Situationen nie vorkommen:

- Befehle werden in Fragen umfunktioniert, die nur eine einzige Antwort kennen: „Werden Sie heute lange arbeiten?" anstatt „Sie müssen heute länger bleiben". So viel zu einer Politik, die ein ausgeglichenes Freizeit- und Familienleben vorsieht.
- Ein-Minuten-Managen von Mitarbeitern mit trivialen Komplimenten, die als Motivation gedacht sind: „Hey, das haben Sie aber schön fotokopiert."
- Künstliche Einbeziehung in Managementvorschläge. Dies kann in Form eines Fragebogens geschehen (Ergebnisse von negativen Aspekten befreit, verdreht oder ignoriert), Arbeitsgruppensitzungen bei Konferenzen (Zusammenfassungen für Plenarsitzungen zunächst verstümmelt und dann ignoriert) oder Manuskripten, die zirkulieren, damit Vorschläge eingebracht werden (kleine redaktionelle Änderungen werden vorgenommen, die zeigen, dass der Autor reagiert hat; der Inhalt bleibt jedoch unverändert).

All dies erfolgt in bester Absicht. Damit sollen die Mitarbeiter einbezogen und soll ihnen Respekt gezollt werden. Die normale Reaktion darauf ist Zynismus. Respekt vor dem Einzelnen funktioniert jedoch durchaus – daraus entstehen Vertrauen und Engagement. Konsequent erhalten jene Manager, die zeigen, dass ihnen jeder Einzelne am Herzen liegt, die beste Bewertung von den Mitarbeitern. Diese Vorgesetzten bekommen nicht nur gute Noten für ihr Interesse am Individuum. Sie werden auch als besonders effektiv wahrgenommen und ihre Ergebnisse und analytischen und technischen Fähigkeiten werden ebenfalls als gut bewertet. Vertrauen und Respekt lassen sich jedoch nicht in einer Minute aufbauen. Das erfordert viel Zeit und Mühen. Außerdem müssen gelegentlich unangenehme Entscheidungen getroffen werden wie zum Beispiel der Entschluss, den Mitarbeiter zu seiner Familie zu schicken, auch wenn das für Sie selbst in Ihrer augenblicklichen Hektik unangenehm ist. Respekt entsteht aus Taten, nicht aus Worten.

Um Respekt aufzubauen, müssen Sie Vertrauen aufbauen. Machen Sie Gebrauch von der Vertrauensgleichung: $V = (G+GL)/R$ (s. Seite 13). Respekt, Vertrauen, Motivation, Produktivität und Qualität gehören zusammen. Wenn Sie sich die Mühe machen, Respekt und Vertrauen richtig aufzubauen, zahlt sich das für das Unternehmen aus.

Risiko und Marzipan

Kein Mensch verliert gern. Wir sind risikoscheue Lebewesen. Je mehr wir besitzen, desto risikoscheuer werden wir, da wir auch mehr zu verlieren haben. Die großen Risikoträger, die Unternehmerpersönlichkeiten, befinden sich in der Tendenz nicht in hohen Managerpositionen mit hohen Titeln und hohen Gehältern. Sie geben nicht alles auf, um in der Garage ein Unternehmen zu gründen, wenn sie nicht sowieso plötzlich ihre Arbeit verlieren. Die Unternehmensanfänge in Garagen sind für Aussteiger. Bill Gates und Steve Jobs haben gepokert, als sie wenig zu verlieren hatten. Mit Risiko im Management sind Komplikationen und Chancen im wahren Leben verbunden:

- Wo es Risiko gibt, gibt es auch Widerstand. Der Widerstand entsteht aus dem Verlustrisiko. Wenn das Risiko gemanagt wird, wird damit oftmals auch der Widerstand gemanagt.

- Widerstand gegen eine große Veränderung kommt oftmals aus der Marzipanschicht des Managements. Die Zuckergussschicht (Top Management) kontrolliert die Veränderung. Da sie die Veränderung leitet, ist sie recht zuversichtlich, dass sie sicher ist. Die Biskuitschicht (Junior Management) hat bei einer Umstrukturierung des Unternehmens mehr zu gewinnen als zu verlieren. Die Marzipanschicht hat am meisten zu verlieren, am wenigsten zu gewinnen und es fehlt ihr an Kontrolle. Es ist wichtig, die Gleichung aus Verlust, Gewinn und Kontrolle zu ändern.
- Das Risiko ist persönlich. Manager haben keine Schwierigkeiten damit, stellvertretend für das Unternehmen Risiken einzugehen. Hierfür werden sie ja bezahlt. Das lässt sich rational managen. Persönliches Risiko ist emotional und als Managementthema theoretisch tabu. Solange jedoch nicht die Emotion des persönlichen Risikos gesteuert wird, tritt unter dem Deckmantel aller möglichen rationalen Argumente Widerstand auf. Der Versuch, die rationalen Einwände zu beseitigen, geht an der eigentlichen Sache vorbei und führt rundum zu Frustration.
- Das Risiko ist nicht immer gleich. Die Menschen haben eine unterschiedliche Risikotoleranz; was für den einen sicher ist, ist für den anderen riskant. Das bedeutet abermals, dass das Risikomanagement genau auf den Einzelnen zugeschnitten sein muss.

Es gibt drei Möglichkeiten, mit Risiko umzugehen:

- Eliminieren oder reduzieren Sie das Risiko.
- Erhöhen Sie die Belohnung im Verhältnis zum Risiko; angesichts der Abneigung der Menschen gegen Risiko entspricht der linearen Reduzierung des Risikos auf der einen Seite der Gleichung ein exponentieller Anstieg der Belohnung auf der anderen Seite.
- Geben Sie der Person ein höheres Maß an Kontrolle in der Situation. Das wahrgenommene Risiko stammt größtenteils aus der Angst vor dem Unbekannten. Können die Menschen die Situation kontrollieren, reduziert sich die Angst und damit auch das wahrgenommene Risiko.

Ruf des Besonderen

Jeder benötigt den Ruf, etwas Besonderes zu sein. Es ist einfach nicht genug, nur seinen Job nach Vorschrift zu machen. Je größer ein Unternehmen ist, desto leichter verlieren sich die Mitarbeiter darin. Der Ruf, etwas Besonderes zu sein, hebt einen Mitarbeiter hervor, verleiht ihm eine Identität, die vom Management anerkannt wird. Bei Hunderten oder Tausenden Mitarbeitern ist es als Erfolg zu verbuchen, für eine bestimmte Sache bekannt zu sein. Dafür benötigt man einen Ruf jenseits des Gewöhnlichen.

Ist ein Mitarbeiter erst einmal als Experte für etwas bekannt oder dafür, etwas Bestimmtes zu erreichen, ändert sich sein Leben. Anstatt zwischen den verschiedenen Aufgaben hin und her zu treiben, ist er nun überall eine gefragte Person, sowohl unter seinesgleichen als auch auf der Chefetage. Es ist sein besonderer Ruf, der dafür sorgt, dass dieser Mitarbeiter gefragt ist. Er verschafft ihm die Möglichkeit, künftig zu wählen, wo er am meisten Zeit und Mühen einsetzt, und er macht ihn sichtbar, wenn es um die Verteilung von Bonuszahlungen und Beförderungen geht.

Der Ruf des Besonderen entsteht, wenn Auswirkung und Bedeutung einer bestimmten Tätigkeit mindestens noch zwei Hierarchiestufen weiter oben zu spüren sind. Dies trifft selten zu für „Arbeit nach Vorschrift". Der Mitarbeiter muss bereit sein, ein zusätzliches Risiko einzugehen, zusätzliche Mühen auf sich zu nehmen und herauszufinden, womit sich das Management tatsächlich beschäftigt. In einigen Unternehmen ist es möglich, sich einfach nur treiben zu lassen, aber das ist der langsame Weg nach Nirgendwo.

Ein guter Ruf ist von entscheidender Bedeutung, wenn es um Beförderungen geht. Beförderungsentscheidungen sollten rational sein und die Leistungen und Fähigkeiten des Kandidaten sollten richtig erkannt werden. Einige Unternehmen haben vielleicht diesen Grad an detaillierter Objektivität erreicht. Bei anderen wird die Entscheidung grober und einfacher gefällt.

Die Beurteilung wird vermutlich vom direkten Vorgesetzten geschrieben, der eventuell eine Beförderungsempfehlung abgibt. Die tatsächliche Entscheidung wird jedoch von Leuten getroffen, die sich zwei oder drei Ebenen höher in der Hierarchie befinden. Sie verfügen in Bezug auf die einzelnen Kandidaten nur über ein bruchstückhaftes, vereinfachtes Wissen. Deshalb stützen sie sich bei ihrer Entscheidung auf drei Beweisstücke. Bei jedem Beweismittel ist es das Außergewöhnliche, nicht das Alltägliche, das ins Auge springt und über den Ausgang entscheidet:

- Die detaillierten Beförderungsunterlagen. Das Management dürfte täglich 20 oder 30 davon erhalten. Alle sind überzeugend und beziehen sich auf gute Kandidaten. In der Tendenz heben sie sich gegenseitig auf, solange ein Kandidat nicht durch eine außergewöhnliche Leistung oder

ein besonderes Problem hervorsticht. Jeder Kandidat benötigt deshalb einen Ruf des Besonderen.
- Die Glaubwürdigkeit und Überzeugungskraft, mit der die Empfehlung vom Befürworter ausgesprochen wird. Die Stärke der Überzeugung zeigt, wie groß das diplomatische Geschick des Betroffenen und wie stark die Meinung des Befürworters ist. Die Fürsprache ist immer dann am stärksten, wenn der Befürworter auf eine einzelne, unverwechselbare Tätigkeit hinweisen kann, mit der sich der Kandidat einen Ruf jenseits der Normalität erarbeitet hat.
- Persönliches Kennen des Kandidaten. Das mag simpel klingen, wie zum Beispiel die Aussage, ein Meeting sei gut oder schlecht ausgegangen. Diese simple Angelegenheit kann jedoch eine unverhältnismäßig große Bedeutung erhalten. Wenn die Entscheidungsträger persönlich den Ruf des Kandidaten kennen, kann dies insgesamt ausschlaggebend für die Entscheidung sein. Wenn 20 oder 30 Kandidaten direkt zur Auswahl stehen und es darüber hinaus noch viele weitere gibt, werden die meisten hart arbeiten müssen, um sich einen Ruf des Besonderen erkämpfen zu können. Je ausgeprägter dieser Ruf ist, desto stärker beeinflusst er auch die Entscheidung.

S

Sekretärinnen

Das Tor zur Macht

Sekretärinnen sind oftmals Torwächterinnen für die Hohen und Mächtigen. Sie kontrollieren den Zugang zu den Großen über ihren Terminkalender sowie über Telefon und E-Mail. Sie sind fleißige, eigenständige Menschen, die häufig fremde Charaktere ausgezeichnet beurteilen können. Die meisten meiner Sekretärinnen konnten bereits in der kurzen Zeit, in der sie einen Bewerber von der Rezeption zum Büro begleiteten, erkennen, ob dieser Kandidat geeignet war. Mit der Einstufung eines Bewerbers schneiden sie grundsätzlich besser ab als die HR-Abteilung.

Das bedeutet, dass es sich auszahlt, Sekretärinnen als wertvolle und wichtige Mitarbeiterinnen zu behandeln. Der Sekretärin des CEO Blumen und Pralinen zu schenken kann funktionieren, kann aber auch zur Katastrophe führen. Es ist eindeutig Bestechung und auch ein Zeichen der Herablassung.

Wenn Sie Eindruck machen wollen, behandeln Sie die Sekretärin mit Respekt und als Gleichrangige. Seien Sie nicht herablassend. Helfen Sie ihr, ihre Arbeit zu verrichten. Bitten Sie nicht um unmögliche Meetings und unmögliche Termine. Rufen Sie stets zurück, wenn Sie es versprochen haben. Belästigen Sie die Sekretärin nicht unnötig, wenn sie beschäftigt ist. Wenn sie allerdings ein bisschen Zeit hat, sollten Sie mit ihr plaudern und versuchen, ein wenig über sie zu erfahren. Behandeln Sie sie mit dem Respekt, den ein Profi verdient, dann werden auch Sie mit Respekt behandelt. Und wenn Sie dann eine dringende Besprechung benötigen, ist sie gern bereit, einmal Termine zu verschieben und Ihnen zu helfen. Auch ohne Pralinen.

Brauch und Missbrauch

Sekretärinnen tragen enorm dazu bei, die Produktivität zu erhöhen. Sie können Ihnen all die routinemäßigen Administrativa abnehmen, die so viel Managementzeit und -energie aufsaugen. Sie dienen auch den Ineffizienten und Ineffektiven als Stütze. Die Lösung ist nicht die Sekretärin, sondern sie besteht darin, selbst effizienter und effektiver zu sein:

- Ablage. Machen Sie es selbst. Ablage Nummer eins ist der Papierkorb. Die meisten Unterlagen werden „nur für den Fall" gehortet. Sie verstopfen alles und stören. Weniger Ablage bedeutet stärkere Fokussierung und weniger Verwaltung.
- Telefonanrufe. Nehmen Sie die Anrufe direkt an, wenn Sie sich nicht gerade in einem Meeting befinden. Wenn Sie im Meeting sind, machen Sie Gebrauch von Voice Mail. Sie werden irgendwann sowieso Kontakt zu dem Gesprächspartner aufnehmen, machen Sie es doch gleich direkt, nicht durch eine Sekretärin.
- Terminkalender. Jonglieren Sie selbst damit herum. Ihre Sekretärin sollte nicht beurteilen, wie Ihre Prioritäten zu setzen sind. Wenn Sie ein großes Meeting planen, ist die Sekretärin voll in ihrem Element. Dann muss Sekretärin zu Sekretärin sprechen und versuchen, alle Termine zu koordinieren.
- E-Mail. Verspätungen von Flugzeugen und Zügen wurden speziell dafür erfunden, dass Sie sich um Ihre E-Mails kümmern können.
- Briefe. Eine handgeschriebene Antwort verlangt sehr viel mehr Aufmerksamkeit als der standardmäßige Unternehmensbrief. Außerdem geht es schneller und die Antwort kann überall geschrieben werden.

Sex and Drugs and Rock and Roll

- Sex im Büro. Lohnt sich nicht. Mag zu dem Zeitpunkt ja Spaß machen, aber es führt nur zu endlosen Komplikationen und endet immer mit Tränen.
- Drogen. In einigen Unternehmen obligatorisch. Macht macht abhängig und sollte als Droge der Klasse A eingestuft werden, aber wir alle werden sowieso süchtig davon. Ansonsten sagen Sie „Drogen keine Chance".

- Rock and Roll. Werden Sie endlich erwachsen und lösen Sie sich aus Ihrer Raum-Zeit-Falle. Wenn Manager älter werden, geraten die meisten von ihnen in eine Raum-Zeit-Falle. Es kann passieren, wenn sie 20 sind oder 60 oder irgendwo dazwischen. Privat zeigt sich das darin, dass ihr Geschmack für Musik und Mode, Sporthelden, Filme und von ihnen verehrte Berühmtheiten um eine bestimmte Zeit eingefroren ist. Sie verlieren das Interesse an neuen Dingen, die immer zu verblassen scheinen vor dem, was früher war. Diese persönliche Verknöcherung geht einher mit einer beruflichen Verknöcherung. Die Spielregeln, die sie damals gelernt haben, sind die Regeln, an die sie sich auch heute halten. Der alte Hund lernt keine neuen Tricks mehr. Auch wenn das Neue schockierend ist, bewahren erfolgreiche Manager ein lebhaftes Interesse an allem Neuen, lernen immer dazu und passen sich an.

Sex und Drogen sind eine Abkürzung auf dem Weg in den Untergang. Rock and Roll ist der langsame und bequeme Weg dorthin.

Shakespeare und Management

Shakespeare schrieb drei Arten von Werken: Komödien, historische Stücke und Tragödien. Die meisten Managementberichte, die meisten Manager und die meiste Managementzeit fallen in eine dieser Kategorien. Wenn Sie wissen, in welchem Stück Sie sich befinden, und Ihren Part angemessen spielen, zahlt sich dies aus. Aber um welche Art von Stück es sich auch handelt, es ist ein Schauspiel und es ist der Stoff fürs Leben. Viel Spaß also.

Sheriffs und Cowboys

Buch- und Abschlussprüfer sind die Sheriffs der Unternehmenswelt. Es zahlt sich aus, sie auf der eigenen Seite zu haben, vor allem, wenn man ein Cowboy ist. Von den meisten Menschen werden sie instinktiv gehasst. Sie verderben den anderen den ganzen Spaß, halten sie von dem ab, was sie machen wollten, und sind im Allgemeinen allen im Weg. Leider sind sie auch diejenigen, die über Autorität verfügen. Da so viele Menschen von den Buchhaltern frustriert werden, ist es leicht, diese zu Ihren Verbündeten zu machen; sie sind es nicht gewohnt, nett behandelt zu werden.

Betrachten Sie die Welt einmal mit ihren Augen. Sie sollen alles in Ordnung halten, oftmals zusammen mit bockigen, unkooperativen Managern. Am Ende des Monats müssen all ihre Rechnungen aufgehen und sie haben Risiko, Betrug oder potenzielle Probleme jeglicher Art aufzuspüren. Wenn da draußen Bananenschalen herumliegen, müssen die Buchhalter sie finden. Sie hassen Überraschungen.

Die schlechtesten Buchhalter enden letztlich damit, dass sie pedantisch genau auf Einzelheiten achten und glauben, das Unternehmen sei dazu da, ihnen zu dienen, nicht umgekehrt. Aber viele Buchhalter werden Ihnen helfen, wenn Sie den Buchhaltern helfen. Haben Sie erst einmal den Sheriff auf Ihrer Seite, können Sie richtig loslegen. Eine der Grundaufgaben besteht darin, sie auf Ihre Seite zu bringen:

- Sprechen Sie gleich zu Anfang mit ihm, wenn ein neuer Vorschlag gemacht wird. Finden Sie heraus, wie die Idee eingeschätzt wird und wie die Spielregeln aussehen. Damit geben Sie ihm ein Gefühl der Kontrolle. Er wird dankbar sein.
- Ziehen Sie ihn hinzu, damit er Ihnen beim Entwurf des Vorschlags hilft oder zumindest die damit verbundenen Zahlen für richtig erklärt. Ersparen Sie ihm Überraschungen. Geben Sie ihm das Gefühl, dass er alles unter Kontrolle hat und den Vorgesetzten gegenüber den Eindruck vermittelt, seine Arbeit gut zu machen.
- Machen Sie ihm das Leben einfach. Wenn der Buchhalter bestimmte Informationen zu einer bestimmten Zeit benötigt, liefern Sie diese vorzeitig in der angeforderten Verpackung. Der Buchhalter wird das Kompliment erwidern, wenn er an der Reihe ist.
- Fangen Sie niemals in der Öffentlichkeit mit ihm einen Streit über Zahlen an. Auch wenn Sie Recht haben, wird der Buchhalter Rauch und Spiegel benutzen, um alle zu verwirren, alles zu verzögern und Sie vom Kurs abzubringen. Sie sind dann ganz unnötig einen Kampf eingegangen und haben nun einen Feind am Hals. Schauen Sie sich im Voraus allein mit dem Buchhalter die Daten an, klären Sie bereits jetzt Unstimmigkeiten.

Sprache

Sprache ist unsere mächtigste Waffe. Sie wird jedoch häufiger missbraucht als sinnvoll gebraucht. Sprache kann manipulieren. Es lohnt sich, drei der häufigsten Formen sprachlicher Manipulation etwas genauer zu betrachten:

Die umkehrenden Qualifikationsmerkmale

Die drei bekanntesten umkehrenden Qualifikationsmerkmale sind „mal eben", „nur" und „aber". Hier einige Beispiele für „aber":

- „Ich finde diesen Vorschlag gut, aber ..."
- „Ihre Präsentation war gut, aber ..."
- „Sie könnten zu dieser Konferenz gehen, aber ..."

Im Grunde ist alles vor dem „aber" Blödsinn. Ignorieren Sie es einfach. Es ist nicht ernst gemeint; ernst gemeint ist nur, was hinter „aber" steht. Auf Aber-Sager reagieren Sie am besten, indem Sie das, was nach „aber" gesagt wird, exakt wiederholen und fragen, ob es das ist, was der Sprecher sagen möchte. Erklären Sie ihm anschließend, dass alles, was vor „aber" steht, Mist ist. Damit machen Sie sich vielleicht keine Freunde, aber der Sprecher wird „aber" nicht mehr verwenden und künftig sagen, was er meint. Hier zwei Beispiele für „mal eben" und „nur":

- „Könnten Sie mal eben diesen Vorschlag abtippen?"
- „Es ist nur ein kurzes Dokument, ein kleines Problem, ein unbedeutender Fehler."

„Mal eben" und „nur" sind absolut sichere Indikatoren dafür, dass sich jemand in einer bestimmten Situation sehr defensiv fühlt: Er hat etwas Verkehrtes getan oder um etwas Unvernünftiges gebeten. An diesem Punkt sollte Ihr Mülldetektor anfangen, Überstunden zu machen, um herauszufinden, wie ernst „mal eben" und „nur" zu nehmen sind.

Powerworte

Dokumente sind oft übersät mit Powerworten wie „dringend", „wichtig", „bedeutend", „strategisch". Powerworte sollen einem Dokument Gewicht und Bedeutung verleihen, was ihnen aber nicht gelingt. Zu oft handelt es sich bei diesen Worten nur um eine unqualifizierte persönliche Meinung des Schreibers. Wenn etwas wichtig oder dringend ist, sollte die Substanz des Dokuments dies anhand von relevanten Fakten und Argumenten klar machen, nicht anhand eines qualitativen Urteils, das den aufmerksamen Leser zum Widerspruch verleitet. Wenn Sie den Leser erst einmal mit Ihrer Einschätzung zum Widerspruch reizen, animieren Sie ihn dazu, grundsätzlich alles in Frage zu stellen. Powerworte sind ein Schuss nach hinten. Der unaufmerksame Leser tappt allerdings in die Falle, nur den Nennwert des Wortes zu erfassen.

Ich und wir

Einige Mitarbeiter machen eine Managementreligion daraus, das Wort „ich" durch „wir" zu ersetzen. „Wir" ist gewiss stärker einbeziehend und weniger gegnerisch oder hierarchisch als „ich". Als Beispiele sind zu nennen:

- „Ich möchte, dass Sie ..." im Gegensatz zu „Wir müssen ..."
- „Ich habe das Geschäft abgeschlossen ..." im Gegensatz zu „Wir haben das Geschäft abgeschlossen ..."
- „Ich habe keine Zeit ..." im Gegensatz zu „Wir müssen zu einem anderen Zeitpunkt ..."

Im Allgemeinen ist „wir" sehr viel positiver und konstruktiver. In manchen Situationen ist die Verwendung von „wir" jedoch auch vollkommen anmaßend. Wenn man zum Beispiel einen größeren Neukunden zum ersten Mal sieht, impliziert „wir" ein nicht wirklich vorhandenes Maß an Intimität und Zustimmung.

Stabsmitarbeiter und die Herren des Universums

Vor 200 Jahren konnte ein Unternehmen ohne viele Stabsmitarbeiter überleben. Auf Wiedersehen Berater, Rechtsanwälte, Investmentbanker, Buchhalter, PR- und Marketingexperten, Rekrutierer und HR-Personal und auf Wiedersehen den Hohe Priester der Informationstechnologie.

Heute stellen sie das Lebenserhaltungssystem eines jeden größeren Unternehmens dar. Manager entdecken erst dann, wie wichtig diese Mitarbeiter sind, wenn sie das Unternehmen verlassen und der Firma anschließend der Sauerstoff all dieser lebenserhaltenden Tätigkeiten fehlt.

Aber die Diener des Unternehmens handeln über ihren Stand hinaus. Im 21. Jahrhundert wollen sie die Herren im Haus sein. Werfen Sie sie hinaus, erschießen Sie sie, stopfen Sie sie aus. Geben Sie ihnen niemals das Zepter in die Hand. Als Diener sind sie wunderbar, als Herren schrecklich. Wenn sie die Dinge in die Hand nehmen, droht Unheil:

- Das Unternehmen konzentriert sich auf sich selbst, nicht auf den Markt. Die Manager verbringen Zeit damit, für Büroklammern Budgetschlüssel zu entwerfen und sich über die daraus entstehende Abweichungsanalyse für Büroklammern Gedanken zu machen.
- Die Entscheidungsfindung verlangsamt sich. Entscheidungen werden geprüft, besprochen, überarbeitet und analysiert von allen ehrenwerten Mitarbeitern aus den Bereichen Finanzen, Strategie, Personal, IT und sonstige. Sie alle müssen Mehrwert schaffen, deshalb liefern sie alle auch Kommentare und Fragen, die einer Antwort bedürfen. Das Ziel sollte nicht darin bestehen, von Mitarbeitern errichtete Hürden zu nehmen, sondern die richtige Entscheidung zu treffen.
- Falsche Entscheidungen werden getroffen. Eine von der IT-Abteilung entworfene IT-Lösung ist vielleicht technisch exquisit, aber eine einfachere, technisch weniger schöne Möglichkeit ist oftmals das, was das Unternehmen wirklich benötigt.
- Die Verantwortung verteilt sich auf mehr Personen. Sind die Stabsmitarbeiter am Entscheidungsprozess beteiligt, wird den unteren Führungskräften Verantwortung entzogen. Es sind mehr Leute da, denen man die Schuld zuweisen kann. Die Politisierung eskaliert.
- Die Berichterstattungs- und Koordinationskosten steigen. Mehr Menschen benötigen auch mehr Informationen über mehr Themen. Wenn sie die Information erhalten, möchten sie damit etwas anstellen, sodass es noch mehr Meetings und mehr Diskussionen und mehr Konzentration aufs eigene Unternehmen gibt.
- Die Kosten eskalieren. Zusätzliche Mitarbeiter kosten Geld und verursachen noch mehr indirekte Kosten als Folge all der zusätzlichen Arbeit, die sie im Unternehmen verursachen.
- Die Moral sinkt. Ist dieses Stadium erreicht, befindet sich das Unternehmen in der Todesspirale, da es sich immer mehr auf sich selbst konzentriert; wenn Probleme auftreten, schiebt jeder jedem die Schuld zu. Anstatt das Feuer zu löschen, diskutieren die Mitarbeiter darüber,

wer angefangen hat und wer dafür verantwortlich ist, den Wassereimer zu füllen.
- Die Wettbewerber gewinnen.
- Gute Stabsmitarbeiter sind es wert, in Gold aufgewogen zu werden. Sie wissen, dass sie da sind, um dem Unternehmen zu dienen. Sie sorgen für eine Hebelwirkung im Geschäft und helfen den Managern, sich auf das Wesentliche zu konzentrieren, indem sie ihnen routinemäßige und komplizierte Aufgaben abnehmen.

Status

Jeder strebt einen bestimmten Status an. Je weiter Sie in der Hierarchie nach oben klettern, desto weniger notwendig wird dies. Für das Junior Management ist jedes kleine Statussymbol ein weiteres Zeichen der Anerkennung, das ihnen das Vertrauen gibt, wirklich weiterzukommen. Das kostet nur wenig und nützt mehr, als dass es schadet.

Aber vom Status kann man genauso abhängig werden wie von Crack. Das Management kann sich nicht von bestimmten Gewohnheiten befreien. Jedes Jahr müssen Büro und Schreibtisch größer, PC und Handy hingegen kleiner werden. Dann sind da noch Notwendigkeiten wie die Mitgliedschaft im Golfclub, fest reservierte Plätze bei Sportveranstaltungen, Reisen erster Klasse und ganz zum Schluss das Auto mit Chauffeur und der Konzernjet. All das wird auf der Grundlage gerechtfertigt, man träfe Kunden und spare Zeit ein. Und all das ist großer Mist.

Die Konzentration auf den Status steht in indirektem Verhältnis zur Konzentration auf das Geschäft. Außerdem entfremdet Statusverhalten das Management vom Rest des Unternehmens – es schafft eine Situation, in der es heißt: „Die anderen und wir." Die streng hierarchische Natur des Unternehmens wird verstärkt. Nicht, dass das Senior Management das überhaupt zur Kenntnis nehmen würde – die Führungsschicht hat sich in ihrem Erste-Klasse-Kokon eingesponnen, dem großen Eckbüro, der Managerschublade. Mit der Unternehmensrealität kommen diese Manager nicht in Berührung. Es gibt drei Lösungen für das Statusproblem:

- Werden Sie die Statussymbole los. Führen Sie ein offenes Büro, das Sie eventuell mit den anderen Mitgliedern des Führungsteams teilen. Das sind die Leute, mit denen Sie am häufigsten sprechen müssen, und ohne

Zwischenwände lässt es sich einfacher reden. Erleichtern Sie den Mitarbeitern den Besuch. Die meisten von ihnen sind nicht dumm: Sie wollen nicht unbedingt Zeit verschwenden. Weniger Status, aber bessere Kommunikation und schnellere Entscheidungsfindung, so ist es für Sie leichter, mit dem Unternehmen in Verbindung zu bleiben.
- Machen Sie den Status zu Geld. Finden Sie heraus, wie viel all die freiwilligen Leistungen kosten, und bieten Sie stattdessen 50 Prozent des Werts in bar. Das Unternehmen spart ein Vermögen ein und die Führungskräfte haben letztlich ein deutlich verbessertes Einkommen. Wenn es dann um das eigene Geld geht, verspüren sie seltsamerweise nicht so sehr die Notwendigkeit, erster Klasse zu reisen.
- Verordnen Sie Uniformen. Der CEO erhält die Uniform eines Fünf-Sterne-Generals, der Kontrolleur auf der unteren Führungsebene die Streifen eines Feldwebels. Zumindest sind Status und Hierarchie so für jeden klar erkennbar. Sie können sogar Medaillen für gute Führung und Mut gegenüber dem Wettbewerber einführen.

Strategie: Krieg und Frieden

Teil eins: Krieg

Strategie ist sehr wichtig. Aber keiner weiß, was sich dahinter verbirgt. Jeder Professor der Welt definiert Strategie anders. Auf diese Weise bleiben die Professoren zwar im Geschäft, aber dem Management ist nicht geholfen. Auf die professoriale Frage „Was ist Strategie?" gibt es nur eine universell korrekte Antwort: „Es bedeutet genau das, was es Ihrem Wunsch nach bedeuten sollte, damit Sie Ihre Idee rüberbringen können."

Es gibt im weitesten Sinne zwei Denkschulen, die ihren Streit in Bücherregalen und Konferenzsälen ausfechten. Zunächst einmal ist da die intellektuelle und analytische Schule unter der Leitung von Michael Porter. Die Anhänger dieser Schule warten mit vielen Diagrammen und analytischen Werkzeugen auf, die nur gescheite Leute wie sie selbst verstehen. Dies bedeutet, dass Sie ihnen viel Geld dafür bezahlen müssen, dass sie sich Ihre Daten vornehmen und für Sie einsichtig neu arrangieren. Die gute Nachricht daran ist, dass sie wirklich über sehr viel Einsicht verfügen, und es ist immer besser, Fakten zu benutzen, als blind zu raten. Das Problem besteht darin, dass vieles, was sie machen, entweder nicht sinnvoll oder sogar definitiv gefährlich ist:

- Daten gibt es nur für die Vergangenheit, nicht für die Zukunft. Bei Strategie geht es um die Zukunft. Es ist selten klug, beim Vorwärtsfahren in den Rückspiel zu schauen.
- Die meisten Strategiewerkzeuge sind verordnend: Sie sagen Ihnen, was Sie tun sollen. Aber jeder verfügt über die gleichen Werkzeuge, was bedeutet, dass viel Strategie oft dahinführt, dass jeder sich auf die gleichen Strategien festlegt. Das kommt im Wettbewerb einem Selbstmord gleich. Sie können keine Wettbewerbsvorteile erringen, indem Sie genauso sind wie jeder andere. Zu einem Wettbewerbsvorteil gehört auch dazu, anders zu sein.
- Auf der Suche nach originellen Lösungen wird aufgrund des analytischen Schwerpunkts die Bedeutung von Kreativität ignoriert sowie die Notwendigkeit, eine Organisation für eine neue Denkweise zu gewinnen und für deren Umsetzung zu mobilisieren. Die meisten Strategieberichte entpuppen sich als teure Türstopper. Sie haben vielleicht im Senior Management und Vorstand Wohlbehagen verursacht, sind aber keine Dokumente, nach denen man im wahren Leben handeln kann.

Die Prozessschule unter der Leitung von Hamel und Prahalad ist dagegen eine Revolte gegen die Intellektuellen. Ihr entscheidendes Argument lautet, dass die Aufgabe einer guten Strategie darin besteht, die Organisation so zu fordern und die Ressourcen so auszuschöpfen, dass das Unerreichbare erreicht wird. Für die Organisation ist dies ein Ruf zu den Waffen. Der Schwerpunkt liegt auf Ehrgeiz, absolutem Einsatz, Kreativität und Mobilisierung des Unternehmens. Alles an sich ist gut – und falsch angewandt extrem gefährlich.

Es besteht eine feine Trennlinie zwischen Zielen, die der Organisation das Äußerste abfordern, und Zielen, die die Organisation ruinieren. Auf jedes Unternehmen, das sich außergewöhnliche Ziele gesetzt und dann auch erreicht hat, kommen viele andere Firmen, für die die Erreichung ihrer ehrgeizigen Ziele nur ein Wunschtraum geblieben ist.

Ehrgeiz, der nicht auf einem guten Verständnis des Marktes beruht und dem die faktische Basis der intellektuellen Schule vollkommen fehlt, kennt keine Grenzen. Er kennt jedoch unter Umständen auch nicht die Realität.

All dies würde keine Rolle spielen, wenn es nur darum ginge, dass Professoren über eine abstrakte Theorie streiten. Leider spielt es aber eine große Rolle. Die Methoden dieser zwei Gedankenschulen haben ins Senior Management und in die Beratungsunternehmen Einzug gehalten. In der Praxis bedeutet dies, dass bei der Strategie nicht die Bedürfnisse des Unternehmens im Mittelpunkt stehen. Ausschlaggebend für die Strategie ist, wen Sie um Rat bitten und welchen Ansatz diese Person verfolgt. Fragen Sie den falschen Berater, erhalten Sie die falsche Strategie.

Teil zwei: Frieden

Angesichts der Kakophonie, die sich aus den vielen Expertenmeinungen zum Thema Strategie ergibt, muss das Management für sich selbst herausfinden, was Strategie ist und wie diese sich aufbauen und umsetzen lässt. Fragen Sie fünf verschiedene Experten um Rat und Sie erhalten sechs verschiedene Antworten.

Es gibt keine verordnenden Antworten. Aber es gibt Fragen, mit deren Hilfe Sie erkennen, ob Sie richtig liegen. Durch Beantwortung dieser Fragen haben Sie eine recht gute Chance, etwas zu erhalten, das funktioniert:

- Ist die Strategie einzigartig? Wenn es sich um die gleiche Strategie handelt, die auch von den Konkurrenten umgesetzt wird oder die leicht zu kopieren ist, eilen Sie aus Wettbewerbssicht entweder in eine Sackgasse oder Sie nehmen am Niemals-aufhol-Spiel teil.
- Wird das Äußerste gefordert? Eine Strategie, bei der es sich im Wesentlichen um eine Extrapolation einer vergangenen Finanzleistung handelt, ist keine Strategie. Eine aufs Ganze gehende Strategie zwingt das Unternehmen, neue Wege zu finden, wie etwas im Unternehmen gehandhabt wird, neue Wege im Wettbewerb und neue Wege für die Nutzung begrenzter Ressourcen. „Business as usual" ist eine kriminelle Verschwendung interner Fähigkeiten und externer Möglichkeiten. Durch eine Strategie könnten die Fähigkeiten mit den Möglichkeiten in Einklang gebracht werden.
- Ist die Strategie für jeden im Geschäft relevant? Der Relevanztest besteht darin zu fragen, ob die Strategie den Mitarbeitern Wahlmöglichkeiten bietet und das Personal sich dann auf das Richtige konzentriert. Es mag überall holperig klingende Elemente geben wie Nutzflächenstrategie oder Kundenzufriedenheitsstrategie oder Euroumstellungsstrategie. Puristen sind entsetzt über einen solchen Gebrauch des Wortes Strategie. Aber wenn die Menschen ihre lokalen und abteilungsbezogenen Strategien in Übereinstimmung mit der Gesamtstrategie des Unternehmens entwickeln, trägt dies dazu bei, dass die Prioritäten richtig gesetzt werden und die Ressourcen an den richtigen Stellen gebündelt werden.

- Hat die Strategie Bezug zur Realität? Das ist anders, als wenn man sie auf 300 verschiedene Weisen in einem großen Strategiebericht geprüft hat. Vielleicht beruht sie auf der Erkenntnis, dass Ihr Unternehmen im Markt oder im Wettbewerb ineffizient ist, oder darauf, dass die Kunden unzufrieden sind. Die Erkenntnis sollte eine gewisse Richtigstellung mit sich bringen, aber sie sollte sich auf die Zukunft beziehen, nicht auf die Vergangenheit. Wenn Sie nicht eine wirklich ausgezeichnete Kristallkugel besitzen, sollten Sie nicht fest damit rechnen, Daten für die Zukunft zu erhalten.
- Ist sie verfolgbar? Die Strategie sollte vom gesamten Management bejaht werden, nicht nur vom Vorstand. Jeder wird mit ihr leben und sie umsetzen müssen. Wenn bei der Entwicklung einer Strategie das gesamte Management hinzugezogen wird, ist die Wahrscheinlichkeit groß, dass die Manager diesen Prozess mit sehr viel mehr Engagement unterstützen als einen Prozess, über den sie erst nach dem Ereignis informiert werden.

Stress ist gut

Welches Umfeld kehrt Ihre beste Seite hervor?

Option A: Das Zurücklehnumfeld – Schlendern und Schlafen im Unternehmen

Hier ist alles nett und gemütlich. Sie tragen nur wenig Verantwortung, bewältigen eine leichte Arbeitslast, besitzen ein freundliches Büro. Sie arbeiten in dunkel gehaltenen, kreativen Räumlichkeiten mit einer irren Einrichtung, in denen Sie sich von Walmusik berieseln lassen können, während Sie meditieren und Ihre kreativen Gedanken denken. Dieser Lebensstil ist großartig. Aber wie gut ist Ihre Arbeit und wie stark entwickeln Sie sich weiter?

Option B: Das Hochleistungsumfeld – Rennen im Unternehmen

Die Mitarbeiter sind in Eile. Sie rennen in Meetings, rennen, um ein Telefongespräch anzunehmen. Jeder wird bis an die Grenzen gefordert und ist leicht gestresst. Jeder hat ein bisschen Arbeit zu viel – Sie müssen deshalb gnadenlos Prioritäten setzen, den Unrat an Arbeit aussortieren und wie verrückt delegieren, damit die Dinge verwaltbar werden. Harter Lebensstil. Aber wie groß ist Ihr Beitrag und wie weit kommen Sie im Vergleich zum Zurücklehnumfeld?

Jedes Unternehmen sollte einen Stressberater haben, der dafür sorgt, dass genug Stress im Unternehmen herrscht.

Taschenrechner

Werfen Sie sie weg. Der Gebrauch eines Taschenrechners ist normalerweise eine Möglichkeit sicherzugehen, dass die Rechnung bis auf acht Stellen genau ist, selbst wenn die Logik zu 100 Prozent falsch ist. Experten für dieses Problem sind Versicherungsmathematiker und Buchhalter. Die Richtigkeit eines Zahlenwerks lässt sich mit besseren Mitteln als dem Taschenrechner prüfen:

- Machen Sie eine einfache Rechenprobe. Ergibt die Addition der letzten Stellen der Zahlen einer Spalte das Ergebnis, das als letzte Ziffer in der Summe steht?
- Machen Sie die Vernunftprobe. Die meisten Manager sollten die Kennzahlen für ihre Abteilung oder ihre Aktivitäten vorliegen haben. Wenn sie Informationen erhalten, denen zufolge sich der Geschäftsbeitrag plötzlich verdoppelt und sich die Kosten halbieren, ist es an der Zeit, Fragen zu stellen, egal, wie nachvollziehbar die Rechnung auch sein mag.
- Überprüfen Sie Definitionen. Ich arbeitete einmal an einem Produkt mit dem Namen Flash. Es besaß einen Marktanteil von 40 Prozent, jedoch mit fallender Tendenz, da sich der Markt rückläufig entwickelte. Das lag daran, dass wir Reinigungspulver als unseren Markt definiert hatten. Flüssige und cremige Reinigungsmittel entwickelten sich in der Zwischenzeit wie verrückt. Wir ergriffen nicht die offensichtlich notwendige Maßnahme, ein flüssiges oder cremiges Produkt auf den Markt zu bringen, da dies nicht unser Markt war – wenn es unser Markt *gewesen wäre*, hätte unser Anteil klein und rückläufig ausgesehen.
- Überprüfen Sie Annahmen. Alle Prognosen spiegeln nur Annahmen zum Markt, zum Geschäftsbeitrag und zu den Kosten und Preisen wider. Normalerweise werden die Annahmen so getroffen, dass sie die gewünschten Antworten produzieren. Somit ist die Antwort bedeutungslos, wenn die Annahme nicht gut ist.

Der Gebrauch eines Taschenrechners verschleiert nur die Notwendigkeit, über die vorliegenden Zahlen nachzudenken. Er hilft nicht dabei, den Sinn, die Annahmen oder Definitionen zu überprüfen. Außerdem ist er mitverantwortlich dafür, dass niemand mehr in der Lage ist zu rechnen. Benutzen Sie statt des Taschenrechners lieber den Verstand.

Teamspieler

Es gibt drei Arten von Teamarbeitern.

Teamspieler

Diese Mitarbeiter arbeiten wirklich mehr für das Team als für ihren eigenen Ruhm. Wenn sie gut sind, sind sie unschätzbare Teammitglieder. Aber sie erhalten selten die verdiente Anerkennung. Andere Mitarbeiter sind erfolgreicher darin, den Ruhm für sich in Anspruch zu nehmen. Sie sind keine Alphatiere, die vorn von der Spitze aus führen und die besten Stücke der Beute bekommen, sondern sie sind Betatiere, die in der Befehlshierarchie stets an zweiter Stelle stehen.

Flache Hierarchien sind von Teamarbeitern abhängig, die willig sind, auch außerhalb ihrer Schubladen zu arbeiten und andere Mitarbeiter zu unterstützen. Unternehmen, in denen es für die Leistung der Mitarbeiter Belohnungs- und Messsysteme gibt, sind selten darauf ausgerichtet, diese Art von Mühen anzuerkennen. Die jährliche Leistungsbeurteilung reduziert sich oftmals darauf, dass der Chef betrachtet, was der einzelne Mitarbeiter für ihn persönlich erledigt hat, nicht für das Unternehmen.

Nicht-Teamspieler

Diese Mitarbeiter waren in der traditionellen Hierarchie nützlich. Sie konnten ihren eigenen Verantwortungsbereich akzeptieren und gut damit leben. Da im Unternehmen die Aufgaben aber immer mehr über einzelne Funktionen hinausgehen, sind „Nicht-Teamarbeiter" eine aussterbende Spezies. Mit Ausnahme der CEO-Ebene, wo der Schwerpunkt auf dem Kapitänsrang und auf der Führung des Teams liegt, ist es nicht hilfreich, ein „Nicht-Teamarbeiter" zu sein.

„Mein-Team"-Teamspieler

Diese Mitarbeiter gibt es in Hülle und Fülle in Organisationen mit flacher Hierarchie. Sie behaupten von sich, große Teamspieler zu sein. Ihre grundlegende Prämisse lautet, dass Sie entweder in ihrem Team oder aber kein Teamspieler sind. Wenn Sie dabei eine abweichende Meinung haben oder Anweisungen nicht befolgen, wird dies als eindeutiger Beweis dafür gesehen, dass Sie nicht teamfähig sind. Hierbei handelt es sich um die traditionelle Hierarchie in der Verkleidung von Teamspiel. Im Vergleich dazu herrscht in einer traditionellen Hierarchie sehr viel mehr Ehrlichkeit und Klarheit.

Teflonbeschichtetes Management: Wie man Verluste in Investitionen verwandelt

Investitionen sind gut, Ausgaben sind okay und Verluste sind schlecht. Dies ist ein Problem, wenn Sie ein Geschäft übernehmen, das Sie reif fürs Krankenhaus macht: einen Verlustbringer. Die Kunst besteht darin, die Verluste in Investitionen zu wandeln. Gelingt Ihnen das, entwickeln Sie sich von einem Aussätzigen zu einem Olympioniken.

Dabei ist es entscheidend, dass Sie Erwartungen und Wahrnehmungen steuern und beweisen können, dass Sie alles unter Kontrolle haben. Wenn Ihnen all dies gelingt, erwerben Sie eine dicke Teflonschicht.

Zum Beispiel erhalten Sie den Auftrag, das Geschäft in Japan zu führen. Sie kommen dort an und stellen fest, dass es keinen Umsatz, keine Einnahmen und nicht einmal die leiseste Aussicht auf Umsatz gibt. Stattdessen gibt es ein teures Büro und einen teuren Mitarbeiterstab. Sie könnten das Unternehmen schließen, aber sie wurden nach Japan geschickt, um das japanische Geschäft aufzubauen, nicht um es auszulöschen. Und Sie wissen, dass Sie auf große Verluste zusteuern:

- Regel eins: Übernehmen Sie die Kontrolle. Lassen Sie nicht zu, dass die Unternehmensfunktionäre Ihnen mit schlechten Nachrichten vorauseilen. Deren Konzentration auf die schlechten Nachrichten dürfte kaum eine Hilfe sein. Das bedeutet, dass Sie zur Konzernleitung gehen, bevor die Funktionäre dies tun; versuchen Sie nicht, sich zu verstecken. Die

Konzernleitung wird es herausfinden und gewinnt den Eindruck, Sie wären nicht Herr der Lage.
- Regel zwei: Rücken Sie mit allen schlechten Nachrichten heraus. Es ist nicht in Ihrem Interesse, dass weiter schlechte Nachrichten durchsickern. Wenn es schlechte Nachrichten gibt, heraus damit. Schätzen Sie den finanziellen Schaden notfalls höher ein, als er ist. Damit erhalten Sie für später einen gewissen Spielraum und das Management ist dann vielleicht sogar erleichtert, dass Sie statt der prognostizierten 6 Millionen Euro lediglich einen Verlust von 5 Millionen Euro eingefahren haben. Hatten Sie zuvor Hoffnungen geweckt, der Verlust könne auf 4 Millionen Euro begrenzt werden, sehen 5 Millionen Euro wie ein Misserfolg aus. Das gleiche Finanzergebnis, unterschiedliche Erwartungen und unterschiedliche Folgen für die Karriere.
- Regel drei: Halten Sie die Lösung parat. Gehen Sie nicht nur mit dem Problem zur Konzernleitung – damit werden Sie selbst Teil des Problems. Präsentieren Sie die Lösung. Damit zeigen Sie, dass Sie alles im Griff haben. Das Management wird kaum besser als Sie wissen, wie es weitergehen soll.
- Regel vier: Finden Sie einen positiven Dreh. Die Verluste müssen keine Verluste sein. Schlagen Sie stattdessen zum Aufbau eines erfolgreichen Geschäfts in Japan einen 3-Jahres-Investitionsplan vor. Machen Sie deutlich, wie großartig sich diese Investition auswirkt – die Folgen sind fähiges Personal, ein rentables Geschäft und glückliche Kunden. Die Investition bedeutet, dass lediglich in den ersten drei Jahren die Kosten höher ausfallen als die Einnahmen. Vielleicht unterschreibt die Konzernspitze Ihren Investitionsplan, auch wenn sie keine Verluste akzeptiert. Natürlich ist es das Gleiche.
- Regel fünf: Gründen Sie eine Koalition. Sie wissen, wer die wichtigsten Entscheidungen trifft. Versuchen Sie, und zwar persönlich, diese Personen so schnell wie möglich an Bord zu bekommen. Versuchen Sie, ein oder zwei dazu zu bewegen, Ihr Betreuer zu sein. Sie werden mit Sicherheit unter Beschuss geraten. Identifizieren Sie die potenziellen Problemmacher und versuchen Sie, diese persönlich oder durch Ihre Betreuer für sich zu gewinnen.
- Regel sechs: Legen Sie Ergebnisse Ihres neuen Plans vor. Von mehreren Konzernleben, die Sie besitzen, haben Sie gerade eines verwirkt. Riskieren Sie nicht, die Menschen nochmals zu enttäuschen; sie werden nicht noch einmal so großzügig sein.

Telearbeit: Mythos und Realität

Es wäre verfrüht, vom Ende des Büros zu sprechen. Durch die Technologie haben wir mehr Möglichkeiten, mobiler zu arbeiten, aber wir alle bleiben an ein Büro gebunden. Telearbeit war jahrhundertelang bis zur industriellen Revolution eine Realität. Der Tuchhandel basierte darauf, dass Arbeit außer Haus vergeben wurde. Individuen erhielten einen Stückpreis für ihre Arbeit, die darin bestand, die Wolle in verschiedenen Stadien vom Schaf bis zum Hemd zu verarbeiten. Mit der Arbeit, die zu Hause verrichtet wurde, wurde das Einkommen aus der Landwirtschaft ergänzt.

Telearbeit im 18. Jahrhundert war erfolgreich, weil sie keine menschliche Interaktion und keine komplexe Koordination erforderte; Messung und Belohnung für die Arbeitsleistung waren transparent. Für Telearbeit waren keine Breitbandtelekommunikation und keine ausgereiften Technologien nötig. Es musste nur die richtige Art von Arbeit vorhanden sein.

Die für Telearbeit benötigte Technologie ist heute komplett vorhanden. Aber Telearbeit bleibt eine Arbeitsweise des 18. Jahrhunderts, nicht des 21. Jahrhunderts. Letzteres mag im Verhältnis zum 18. Jahrhundert hoch technologisiert sein, aber es ist auch zunehmend ein Zeitalter der direkten Berührung. Für die Arbeit des 21. Jahrhunderts sind persönliche Kontakte erforderlich sowie:

- Vertrauen. Wir müssen den Menschen, mit denen wir zusammenarbeiten, vertrauen können. Insofern hat sich die menschliche Natur nicht genug gewandelt, als dass wir nur mit einem Kontakt in der Ferne zufrieden wären. Die Anzahl der Reisen per Flugzeug steigt in gleichem Maße wie die Anzahl der E-Mails und Voice-Mails. Wir müssen in der Lage sein, unsere Kollegen, Kunden und Geschäftspartner in natura zu sehen.
- Komplexität. Das Business gewinnt immer mehr, nicht weniger, an Komplexität. Dies bedeutet, dass immer häufiger immer genauere Koordinationsbemühungen notwendig werden. Es bedeutet auch, dass es sehr viel schwieriger wird zu messen, welcher Beitrag durch die Managementarbeit geleistet wird. Für die Stückarbeit im 18. Jahrhundert war wenig Koordination nötig – die Güter mussten bis zu einem bestimmten Tag hergestellt sein. In einer komplizierteren Welt hilft der direkte Berührungskontakt, einige Mehrdeutigkeiten in Bezug auf die Aktivitäten, die Koordination oder den Leistungsbeitrag zu klären. Man glaubt erst das, was man auch sieht.

- Motivation. Allein schon die Disziplin, frei von allen häuslichen Aktivitäten am Arbeitsplatz aufzutauchen, sorgt für einen großen Unterschied in der Produktivität.
- Kommunikation. Die Kaffeemaschine und die offene Bürotür bleiben die besten Kommunikationsmittel. E-Mail und Voice-Mail sind hilfreich, können jedoch die Direktheit und Vertrautheit eines Bürokontakts nicht ersetzen.

Telearbeit wird im gleichen Tempo Einzug halten wie das papierlose Büro.

Titel

Bei Titeln geht es um menschliche Würde und Eitelkeit. Auf der Ebene des Junior Managements steht die Würde im Vordergrund. Verkäufer hassen es, Verkäufer genannt zu werden. Sie möchten gern Account Manager heißen, Relationship Manager, Leiter für die Geschäfts- oder Marktentwicklung oder Manager. Alles, nur nicht Verkäufer. Hier sind Titel eine preiswerte Möglichkeit, den Mitarbeitern Würde und einen Status zu verleihen. Machen Sie es. Ein bisschen Titelinflation kann eine Menge bewirken.

Weiter oben in der Organisation steckt hinter Titeln Eitelkeit und Macht. Jeder ist ein Vice President. Echter Wettbewerb entsteht, wenn es darum geht, Senior Vice President (SVP) oder Executive Vice Presdident (EVP) zu werden. Titelinflation mag für die untere Ebene der Organisation in Ordnung sein, an der Spitze des Unternehmens ist sie nicht akzeptabel.

Halten Sie immer einen Goldstandard-Titel bereit, den jeder anstreben kann. Der VP muss ein SVP werden wollen, der SVP ein EVP. Außenstehende erkennen vermutlich nicht einmal den Unterschied, und es ist ihnen auch ganz egal. Innerhalb des Unternehmens ist den Mitarbeitern das alles andere als gleich. Auf einem bestimmten Niveau signalisiert der Titel, dass der Manager endlich im Konzernwalhall angekommen ist. Dies ist das Land der Götter. Vergeben Sie diesen Titel nur sparsam – machen Sie den Mitarbeitern weiter Appetit. Sorgen Sie dafür, dass die wenigen, die das Walhall erreichen, auch wirklich Rollenmodelle im Unternehmen verkörpern. Wenn Eitelkeit so viel zählt, setzen Sie diese zu Gunsten des Unternehmens ein.

Training im Gegensatz zu Erfahrung

Es gibt drei Arten von Training außerhalb des Arbeitsplatzes:

- Fachliches Training
- Persönlichkeitstraining
- Das Training, das Sie sich wünschen, aber nie erhalten

Fachliches Training

Diese Art von Training ist sinnvoll. Bei Fachschulungen, die von Mitarbeitern tatsächlich genutzt werden, handelt es sich meistens um eine berufliche Weiterbildung, zum Beispiel im Bereich Recht oder Rechnungswesen. Diese Schulung vermittelt die grundlegenden Fähigkeiten und das Rüstzeug für den Beruf.

Durch formelle außerbetriebliche Fachschulungen wird selten das erreicht, was erreicht werden sollte. Normalerweise ist diese Art von Training nicht genug auf die Bedürfnisse des Einzelnen zugeschnitten und sie findet oftmals zur falschen Zeit statt. Um effektiv zu sein, muss ein Training von unmittelbarer Relevanz sein, sodass die neuen Fertigkeiten sofort in der Praxis angewandt werden können. Die beste Art von JIT-Training (Just in Time bzw. zeitoptimal), das auf die Bedürfnisse des Einzelnen zugeschnitten werden kann, findet immer am Arbeitsplatz statt, nicht außerhalb.

Persönlichkeitstraining

Bei dieser Art von Training treten die gleichen Probleme zutage wie bei außerbetrieblichen Fachschulungen – es fehlt an direkter Relevanz. Ein weiteres Problem besteht darin, dass Menschen sich nur schwer ändern. Selbst wenn sie sich ändern wollen, benötigen sie dazu Jahre, nicht Tage. In der Praxis bleiben aufgabenorientierte Menschen aufgabenorientiert und durchsetzungsfähige Menschen bleiben durchsetzungsfähig. Sie können nicht zu Baumumarmern bewegt werden. Im besten Fall vermittelt das Persönlichkeitstraining den Mitarbeitern ein bisschen Selbsterfahrung, ein bisschen Einsicht in andere Menschen und eine vorübergehende Hochstimmung als Folge der Konferenzdrinks und der Freiheit, nicht im Büro zu sein.

Das Training, das Sie sich wünschen, aber nie erhalten

Was die Menschen wirklich wissen wollen, ist, wie sie in der eigenen Organisation Erfolg haben können. Dieses Wissen steht nicht in einer von der jeweiligen Organisation geschriebenen Betriebsanleitung. Die Mitarbeiter wollen dies auch nicht von Trainingsexperten lernen, sondern von erfolgreichen Menschen, die sie verehren und denen sie vertrauen. Diese Art von Training ist möglich.

Im Wesentlichen geht es bei Erfolgstraining darum, dass man die besten Praktiken miteinander teilt. Die meisten Menschen sind in einem bestimmten Bereich ihres Berufs erfolgreich und möchten in anderen Bereichen etwas dazulernen. Jeder besitzt eine Teilantwort auf die Frage, wie man erfolgreich wird. Jeder kann von den Best Practices lernen und selbst etwas dazu beisteuern. Die meisten Menschen sind eitel genug, sich darüber zu freuen, selbst als bester Praktiker gesehen zu werden, und sind bereit, Zeit und Mühen darin zu investieren, diese Erfahrung mit anderen zu teilen.

Die Erstellung eines Best-Practice-Programms erfordert auch einige Anstrengungen von den Trainingsexperten. Sie können nicht einfach ein Trainingsprogramm aus dem Regal nehmen und jedem eine Diskette schicken oder das Konferenzzentrum buchen. Sie müssen ein Programm entwickeln, das das Lernen systematisch in eine sinnvolle Struktur festschreibt, und ein Programm schaffen, in dem das Wissen kontinuierlich geteilt, weiterverbreitet und kodifiziert wird. Das Wissen muss lebendig werden.

Dann muss das Training von den glaubwürdigsten Leuten zur richtigen Zeit veranstaltet werden. Mit anderen Worten: Es muss zum optimalen Zeitpunkt von den besten Praktikern selbst abgehalten werden. Das ist zeitintensiv und kostet Mühen.

Sie haben die Wahl zwischen einem teuren, aber guten Trainingsprogramm, das auch tatsächlich benutzt wird, und einem billigen Fertigprogramm, das nicht genutzt wird. Die meisten Unternehmen ziehen es vor, weniger zu investieren und den gesamten Wert der Investition zu verlieren, statt mehr zu investieren und dafür einen guten Ertrag zu erhalten.

Trendlinien

Die Tücke der Prognosen

Die Fehlerhaftigkeit von Prognosen ist stabilen, historischen Trendlinien zu verdanken. Bei der für das kommende Jahr erstellten Trendlinie für die Entwicklung handelt es sich im Grunde um die Leistung des letzten Jahres, wobei eine Art historischer Trend in die Zukunft extrapoliert wird. Wenn Sie einmal herzhaft lachen wollen, schauen Sie sich doch den vor fünf Jahren erstellten Fünfjahresplan an. Seine Prognosen für heute werden mit der Realität kaum noch Ähnlichkeit aufweisen, es sei denn, Sie besäßen ein Monopol in einer statischen Branche.

Zum Teil ist das Problem auf nicht vorhersehbare externe Schocks zurückzuführen, auf das Internet, Übernahmen, Regierungsinterventionen und Rezessionen. Die Unfähigkeit, solche Schocks vorherzusehen, ist entschuldbar. Der Sinn der Szenarienplanung besteht darin, eine Basis zu schaffen, von der aus solche Schocks betrachtet werden können.

Zu einem größeren Teil ist das Problem jedoch darauf zurückzuführen, dass das Management annimmt, man könne das aktuelle Leistungsniveau auch halten, ohne weiter spezielle Maßnahmen zu ergreifen. Das ist Blödsinn. Die echte Trendlinie weist für jede Tätigkeit einen rapiden Leistungsabfall auf. Die Gründe hierfür sind offensichtlich:

- Operativ tendiert alles in Richtung Chaos. Jeder, der einmal in einem Laden gearbeitet hat, erkennt, wie schnell etwas in der Auslage, bei den Vorräten oder beim Preis schief gehen kann. Für professionelle Dienstleistungsunternehmen besteht durch den permanenten Verlust erfahrener Kräfte sowie die Einarbeitung unerfahrener Mitarbeiter die Herausforderung bereits darin, das aktuelle Leistungsniveau insgesamt zu halten.
- Die Konkurrenz ist im Durchschnitt genauso clever wie Sie. Gewiss wäre es unklug, seinen Plan auf der Annahme zu begründen, die anderen wären dumm. Dennoch wird mit vielen Plänen genau dies impliziert. Man geht davon aus, dass das Gewinnsteigerungsprogramm, Kostensenkungen, neue Marketingpläne allesamt zu Kosteneinsparungen und einer Leistungsverbesserung führen. Die Überraschung ist dann groß, wenn dies nicht der Fall ist. Irgendwie ist es dem Mitbewerber im

gleichen Maße wie Ihnen selbst gelungen, Kosten und Preise zu senken sowie Marketingkonzepte zu entwickeln. Jeder Erfolg ist tendenziell von kurzer Dauer.
- Externe Zwänge sind selten sanft. Kunden bieten nicht freiwillig an, höhere Preise zu zahlen, Lieferanten offerieren keine niedrigeren Preise, Mitarbeiter arbeiten nicht für weniger Geld – und für jeden Euro Zuschuss durch die Regierung müssen Sie drei zurückzahlen.

Vor diesem Hintergrund muss davon ausgegangen werden, dass jede Entwicklung negativ ist. Im Extremfall erzielte ein Unternehmen einmal über vier Jahre Kosteneinsparungen, die dem Vierfachen des in diesen Jahren gemachten Profits entsprachen. Während dieser vier Jahre sank der Gewinn. Ohne die Kosteneinsparungen wäre dieses Unternehmen zweifelsohne in die Bredouille geraten, aber die Veränderungen gingen bei weitem nicht so schnell vonstatten wie vom Management erhofft.

Der einzige Zeitpunkt, zu dem das Management die Natur der fallenden Trendlinie erkennt, ist der Augenblick der Budgetierung. Zu Budgetzeiten entwickeln sich die Führungskräfte zu wahren Experten darin, Probleme und Katastrophen vorherzusagen, die eine Rechtfertigung dafür liefern, dass die Planzahlen für Gewinn und Umsatz so niedrig ausfallen und obendrein außergewöhnlich hohe Ressourcen erforderlich machen. Plötzlich wird die stabile Trendlinie zur bekannten Hockeyschlägerkurve. Im Normalfall kann das Management zum unteren Teil des Schlägers beitragen.

Rettung des Managements

Dies ist der älteste aller Tricks in diesem Buch. Wann immer Sie neue Verantwortung übernehmen, kehren Sie jedes bisschen Schmutz und Unglück hervor, das man Ihnen vererbt hat. Malen Sie das graueste aller Bilder von all dem Chaos, das Sie übernommen haben, von einem Geschäft oder Projekt, das außer Kontrolle zu geraten scheint und fatale Rückschläge und Verluste erwarten lässt. Von diesem Augenblick an scheint jede Entwicklung eine relative Verbesserung zu der alarmierenden Situation zu sein, die Sie übernommen haben.

Umgekehrt wird Ihr Vorgänger versucht haben zu betonen, wie er das Geschäft an die Schwelle des Durchbruchs gebracht und alles für den extrem sensationellen Erfolg vorbereitet hat. Sollte diese Version der Geschichte akzeptiert werden, sehen Sie alt aus. Sie werden hart kämpfen, damit sich die Versprechungen des Vorgängers erfüllen. Sollte Ihnen das gelingen, ist das nur der Arbeit des Vorgängers zu verdanken. Sollte es

Ihnen nicht gelingen, liegt es daran, dass Sie eine Niete sind. Sie können nicht gewinnen und etwaige Überraschungen können nur übel ausfallen.

Dieses Spiel ist nicht nur ein Trick für das mittlere Management. Beobachten Sie einmal, wie häufig kurz nach dem Wechsel eines CEO Ergebnisse veröffentlicht werden, in denen von hohen Rückstellungen, Abschreibungen und außerordentlichen Aufwendungen die Rede ist. Geschieht dies früh, kann der neue CEO implizit alle Schuld dem vorherigen Regime anlasten. Gleichzeitig verschafft er sich selbst einen finanziellen Puffer, um mit unvorhergesehenen Katastrophen wie etwa einer schlechten Führung durch den neuen CEO fertig zu werden.

„Tut mir Leid" und Sympathie

„Es tut mir Leid" ist ein machtvoller Satz. Wenn man ihn früh genug ehrlich sagt, sorgt er in bestimmten Situationen für den Abbau von Wut und Emotionen. Die Mitarbeiter können das Thema Schuld abhaken und zur Arbeit übergehen. Einige Menschen scheinen rein pathologisch nicht in der Lage zu sein, diesen Satz auszusprechen. Andere sind eventuell so perfekt, dass sie niemals Unrecht haben und sich niemals entschuldigen müssen. Wieder andere kämpfen lieber mit Händen und Füßen darum, ihre Ehre zu retten, indem sie anderen die Schuld zuschieben. Eine Entschuldigung spricht für einen guten Geschäftssinn.

U

Überdurchschnittliche Bezahlung der Mitarbeiter

Wenn die Mitarbeiter wirklich Ihr wichtigstes Gut sind, macht es Sinn, sie dafür überdurchschnittlich im Vergleich zum Markt zu entlohnen. Eine Überbezahlung wirkt sich in vielerlei Weise positiv aus:

- Sie haben eine gute Chance, die besten Leute anzuheuern. Im Vertrieb sind Verkäufer, die zu den oberen 25 Prozent zählen, oftmals vier bis fünf Mal so produktiv wie das untere Viertel. Eine Überbezahlung ist hier eine gute Investition.
- Sie haben eine relativ gute Chance, die natürliche Fluktuation niedrig zu halten. Zu den aus natürlicher Fluktuation entstehenden Kosten zählen nicht nur die Rekrutierungskosten, sondern auch die Kosten, die entstehen, wenn Sie die neuen Mitarbeiter auf Trab bringen, zusammen mit dem Risiko, dass sie sich vielleicht gar nicht bewähren.
- Durch Überbezahlung werden hohe Leistungserwartungen gesetzt. In der Tendenz erreichen die Mitarbeiter das, was von ihnen erwartet wird – niedrige Erwartungen führen zu einer niedrigen Leistung, hohe Erwartungen schaffen das Potenzial für Spitzenleistung.

Weniger Gehalt sorgt für weniger Kosten, aber auch für weniger Leistung und weniger Arbeitsmoral. Die Beschäftigung von mehr Mitarbeitern mit niedrigerem Gehalt ist kein Ersatz für Qualität.

Es gibt gute und schlechte Möglichkeiten der Überbezahlung. Ein überdurchschnittlich hohes Gehalt sollte mit Leistung verbunden sein. Ebenfalls verbunden sein sollte es mit einer Unternehmenskultur, die Hochleistung erwartet und die Menschen an die erste Stelle setzt. Überbezahlung ist nicht nur etwas für die großen Chefs im Management. Mindestens genauso wichtig sind die Empfangsmitarbeiter, die Angestellten im Call Center und die Servicemitarbeiter an vorderster Front, die das Geschäft beim Kunden vertreten. Diese Mitarbeiter sollten exzellent sein.

Überschusskapazitäten

Personalüberhang ist keine Todsünde. Dahinter kann sich durchaus eine kluge Investition verbergen. Denken Sie daran, wie oft Sie an der Kasse warten mussten, an die Warteschlangen am Flughafen oder das Warten am Telefon, wenn Sie ein Call Center anrufen. Sie als Kunde sehen sich gezwungen, dafür zu zahlen, dass der Dienstleister nicht genügend Kapazitäten zur Verfügung hat. Eventuell erhalten Sie einen etwas niedrigeren Preis für einen Service, der grottenschlecht ist.

Denken Sie an all die Initiativen, die Sie gern in die Wege leiten würden, Recherchen, die noch nicht angestellt wurden, Märkte, die noch nicht getestet und in Angriff genommen wurden; aber Sie können nichts machen, weil Ihnen Kapazitäten fehlen. Die Organisation ist vielleicht besonders schlank und effizient, aber zu dem Preis, dass nicht genug in die Zukunft investiert wurde.

Jedes System, das ohne Überschusskapazitäten arbeitet und 100-prozentige Effizienz anstrebt, ist in sich instabil. Es kann unerwartete Nachfrage nicht befriedigen oder unerwartete Probleme nicht lösen. Ein Büro, in dem alle Mitarbeiter nur zur Erhaltung des Status quo bereits 50 bis 60 Stunden pro Woche arbeiten, ist kein glücklicher Ort und hat vermutlich auch keine gute Zukunft.

Überschusskapazität im Büro lässt sich selten daran messen, wie viele Mitarbeiter keinen Finger krumm machen. Es ist wahrscheinlicher, dass 6 oder 10 oder 12 Mitarbeiter zu 25 oder 50 Prozent ihrer Zeit mit anderen Aufgaben effektiver beschäftigt werden könnten. Die Kunst besteht darin zu erkennen, wo diese Kräfte brachliegen, und sich auf diese zu konzentrieren. Bewahren Sie eine Liste auf mit allen Initiativen, die Sie in die Wege leiten möchten; auf diese Weise können Sie dann Personalüberangebot und -nachfrage geschickt miteinander koordinieren. Falls das Geschäft einen Einbruch erleidet, besteht die Möglichkeit, diese Arbeitskräfte von den von ihnen zugewiesenen Aufgaben abzuziehen und sie wieder für die Vollzeittätigkeit einzusetzen. So erhalten Sie ein Unternehmen, das mit den Höhen und Tiefen umgehen und nach freiem Ermessen Initiativen verfolgen kann, die die Investition in die Zukunft darstellen.

Unfairer Wettbewerb

Der Wettbewerb ist nur dann unfair, wenn der Mitbewerber gewinnt. Wenn wir gewinnen, liegt es daran, dass wir klüger sind als die anderen. Das Management wird niemals sagen, dass es verliert, weil es nicht gut ist. Die Schuld liegt immer bei einem anderen. Abstreiten ist eine natürliche Verhaltensweise. Aber diese Reaktion steht der Realität sowie einer Verbesserung im Weg.

Im Jahr 1995 starteten die drei großen Autohersteller der USA zum Aufbau ihrer Präsenz in Japan eine riesige Kampagne. Die meisten Unternehmen, die sich im Markt etablieren wollen, machen sich Gedanken über das Produkt, die Preisgestaltung, Verkaufsförderung, Service und Qualität. Dies war für die Großen Drei nicht von Belang. Stattdessen stritten sie mit der japanischen Regierung darüber, dass diese ihnen in Japan mehr Händlerlizenzen zugestehen, damit die US-Firmen dem unfairen Wettbewerb der Japaner begegnen könnten.

Als Beweis dafür, dass die Japaner unfair waren, wurde die Tatsache herangezogen, dass die Großen Drei in Japan einen sehr geringen Absatz hatten. Zu der Zeit verkauften die Großen Drei Autos, in denen sich das Steuer auf der falschen Seite befand. Die Wagen waren viel zu groß für japanische Straßen. Sie kosteten doppelt so viel wie japanische Autos. Die Qualität war mies. Selbst der britische Mini, der von einem der weltweit kleinsten und schlechtesten Autofabrikanten hergestellt wurde, konnte in Japan einen besseren Absatz vorweisen als Ford, General Motors und Chrysler zusammen. Der Mini füllte eine Nische. Aber die US-Hersteller wollten nicht einsehen, dass die Lösung bei ihnen selbst lag. Sie waren im Begriff zu verlieren. Es musste der Fehler eines anderen sein.

Wenn die Japaner zur US-Regierung gegangen wären und zusätzliche Händlerlizenzen verlangt hätten, um Autos zu verkaufen, die das Steuer auf der falschen Seite haben, teuer und von schlechter Qualität sind und auch noch die falsche Größe besitzen, hätte man sie lachend aus der Stadt gejagt.

Aber eine Intervention durch die Regierung ist ein legitimes Geschäftsmittel. Solange es Politiker gibt, die verzweifelt auf der Suche nach Popularität sind, gibt es immer wieder Möglichkeiten, etwas abzustauben: die Sondersubvention, günstige Kredite, Zuschüsse für Unternehmensgründungen, Importsperren und Wettbewerbssanktionen. Wenn die Regierung dumm genug ist, all dies zu geben, sollte ein Unternehmen klug genug sein, das anzunehmen. Das mag eine schlechte Wirtschaftspolitik sein, aber solange es insgesamt nicht gegen die Regeln der Politik verstößt, kann es auch ein gutes Geschäft sein.

Unternehmer, Unternehmen und der Pakt mit dem Teufel

Unternehmen geben gern vor, unternehmerisch zu sein. Sie lügen und machen sich selbst etwas vor. Der unternehmerische Ansatz ist für Unternehmen ebenso unbekömmlich wie Salz für eine Schnecke.

Ambiguität, Risiko und Geschwindigkeit

Unternehmen sind bereit, ein Risiko einzugehen, hassen aber alles, was nicht eindeutig ist. Das geplante Risiko gehört mit zu jedem Investment oder jeder Initiative in einem neuen Markt. Es gibt jedoch keine Mechanismen, die helfen würden, mit Ambiguität umzugehen.

Der Einzelunternehmer wird versuchen, das Risiko zu minimieren – vermutlich steht sein Haus auf dem Spiel. Aber Ambiguität ist zulässig – sie bietet die Möglichkeit, Dinge zu verändern und Raum für neue Wettbewerbsideen zu schaffen. Wenn es also zwei oder drei verschiedene Möglichkeiten gibt, um sich in einen Markt vorzuwagen, wird der Unternehmer vermutlich mehrere ausprobieren, er wird erforschen, welcher Weg funktioniert, und dann darauf aufbauen. Das Unternehmen möchte hingegen zunächst alles bis ins Detail ergründen, dokumentarisch festhalten und noch vor dem Stabsteam beweisen, was am besten ist, ehe der nächste Schritt durchgeführt wird. Zu diesem Zeitpunkt ist der Unternehmer bereits ein Stück weiter.

Betriebsamkeit

In der Welt der Unternehmen geht jeder einmal in Urlaub. Wenn Mitarbeiter Ferien machen, krank werden, in den Ruhestand gehen oder sterben, geht das Geschäft trotzdem weiter. Der Unternehmer entdeckt schnell, dass nur etwas geschieht, wenn er aktiv ist, und er muss an allen Fronten aktiv sein – bei der Suche nach Kunden, der Anwerbung von Spitzenkräften, der Führung von Mitarbeitern, der Prüfung der Finanzen.

Für ihn gibt es nicht wie für den Angestellten in einem Unternehmen große Abteilungen, die ihm all diese Probleme abnehmen.

Lebenserhaltungssysteme im Unternehmen und der Pakt mit dem Teufel

Jeder, der von der Unternehmens- in die Unternehmerwelt flüchtet, ist schockiert:

- Es kommen keine Lakaien mit frischen Blumen ins Büro.
- Sie müssen Ihre Fotokopien selbst in einem Fotokopierladen an der Ecke machen.
- Die Klimaanlage besteht darin, das Fenster zu öffnen. Möchte man mehr Geld, dann gibt es nicht die Möglichkeit, politisch geschickt einen neuen Etat auszuhandeln. Es bedeutet, auf den Knien zu kriechen zu starrköpfigen Banken und Wagniskapitalgebern.
- Die Verwaltung des Cashflow ist keine Budgetangelegenheit – es bedeutet, dass man die Miete zahlen kann oder nicht.
- Reisen in der Economy-Class ist möglich, ohne zu sterben.
- Es gibt keine Ausschüsse, die Sie blockieren, aber auch keine, die Sie unterstützen und die Schuld mit Ihnen teilen. Sie sind für Ihre Entscheidungen selbst verantwortlich.

Dies ist der Teufelspakt, den Arbeitnehmer mit ihren Arbeitgebern eingehen. Der Arbeitgeber setzt alle möglichen Systeme des Unternehmens ein, um den Einzelnen sowohl zu unterstützen als auch zu unterdrücken. Solange Sie sich am Unternehmenssystem orientieren, ist alles wunderbar. Versetzen Sie dem System einen Stoß, tritt es zurück. Dadurch entwickeln sich die Mitarbeiter eines großen Unternehmens nicht zu Unternehmern. Es ist nicht einfach, in großen Firmen für echte Unternehmer einen Platz zu finden. Unternehmer gehören einer ganz anderen Rasse an.

Die Lösung besteht für Unternehmen nicht etwa darin vorzugeben, unternehmerisch zu sein. Das führt rasch zu Verwirrung und Schizophrenie in der Firma. Unternehmertum sollte außerhalb der sicheren Grenzen der Unternehmenswelt existieren. Unternehmertum lässt sich fördern, indem man eine Einheit außerhalb all der normalen Geschäftskontrollen bildet, die sich vorzugsweise in einer weit entfernten Region befindet und einen mächtigen politischen Förderer besitzt, der jeden Unternehmensfunktionär, der helfen will, erschießt.

Unvernünftiges Management

Ein einsichtig-vernünftiges Management ist gefährlich. Gute Manager sind nicht vernünftig. Sie sind – selektiv – unvernünftig. Ein vernünftig handelndes Management hätte Virgin gesagt, der Versuch, es mit British Airways aufzunehmen, sei verrückt. Toyota und Honda waren verrückt, es mit den Drei großen US-Autoherstellern aufzunehmen. Präsident Kennedy begab sich auf dünnes Eis, als er versprach, innerhalb von zehn Jahren einen Mann auf den Mond zu schicken und ihn lebendig zurückzuholen.

Einsichtige Manager hören auf all die logischen, rationalen Gründe, warum eine Senkung der Kosten und des Nettoumlaufvermögens von 20 Prozent bei gleich bleibenden Einnahmen nicht möglich ist. Sie revidieren dann ihre Ziele nach unten und machen für die jeweiligen Aktivitäten vernünftigere Vorgaben.

Die einsichtigen Manager sind die Manager, die in den stillen Nebengewässern in Form eines nicht ausgenutzten Potenzials enden. Sie sind schwach. Die unvernünftigen Manager sind die Vorgesetzten, die hohe Anforderungen stellen und für die Organisation das Äußerste erreichen – Ziele, die zuvor noch unerreichbar schienen.

Irgendwo dazwischen verläuft eine Trennlinie zwischen Zielen, die der Organisation das Äußerste abfordern, und Zielen, die die Organisation ruinieren, zwischen unvernünftigem und ungesundem Management. Ziele, für die nicht alle Kräfte der Organisation in einer gemeinsamen Anstrengung gebündelt werden, bleiben Tagträumerei. Wenn das Management die unvernünftigen Ziele festsetzt, sollte es:

- eine Koalition zur Unterstützung der Ziele bilden;
- die Ziele für das gesamte Management zu einer Realität machen, für die es kein Entkommen gibt;
- mögliche Belohnungen und Maßnahmen zur Erreichung der Ziele einsetzen;
- die Ressourcen der Organisation zu Gunsten des Ziels bündeln;
- flexibel sein in Bezug auf die Frage, wie das Ziel erreicht wird, jedoch inflexibel in Bezug auf das Erreichen des Ziel selbst.

Wenn das Management so verfährt, wird es keine Entschuldigungen akzeptieren. Jeder Rückschlag stellt nur eine weitere Herausforderung dar, die auf dem Weg zum Erfolg zu meistern ist. Es ist Alexander der Große, an den wir uns erinnern, nicht an Alexander den Vernünftigen.

Veränderung

Die Glockenkurve

Die Begeisterung der Menschen für Veränderung ist unterschiedlich stark ausgeprägt. Die Glockenkurve entspricht der Normalverteilung. Was den Enthusiasmus in Bezug auf eine Veränderung angeht, befinden sich 95 Prozent der Gesamtheit aller Manager in dem Bereich um den Mittelwert plus/minus zwei Standardabweichung. Sie zeigen sich nicht auffallend ablehnend, befürworten Veränderung aber auch nicht aktiv. Dieser riesige Teil der Gesamtheit aller Manager muss sich ändern. Passives Akzeptieren oder Widerstand gegenüber Veränderung muss in bereitwillige Unterstützung verwandelt werden. Diese Manager werden niemals zu fanatischen Anhängern des Wandels, dennoch ist ihre aktive Mitarbeit notwendig.

Interessant sind aber vor allem die Extreme. 2,5 Prozent aller Manager sind begeisterte Anhänger des Wandels und eine gleich große Anzahl geht auf die Barrikaden, um den Status quo zu halten.

Begeisterte Anhänger des Wandels

Sie stellen die Schocktruppen für das Veränderungsprogramm dar. Ihnen gebührt der Ruhm, wenn das Programm erfolgreich ist, und sie stehen auch am stärksten im Mittelpunkt, wenn es ein Misserfolg wird. Diese Truppen sind zweifelsohne als Anführer, so genannte „Change Leader", von unschätzbarem Wert für das Veränderungsprogramm. Entscheidend ist, die richtigen Mitarbeiter zu finden und an den richtigen Stellen zu suchen. Gute Change Leader befinden sich nicht nur in Machtpositionen, obwohl auch solche Anführer benötigt werden. Es sind Mitarbeiter, die auf allen Ebenen der Organisation Einfluss haben. Was sie sagen, verbreitet sich mit mehr Glaubwürdigkeit und Autorität als jedes offizielle Rundschreiben.

Der geeignete Mitarbeiter ist vielleicht der 50-jährige Manfred, der eher zum schweigenden Personal gehört, das offensichtlich keine Macht besitzt. Da er keine Macht hat, ist er keine Bedrohung; er wird nicht als Teil der offiziellen Machtstruktur gesehen. Weil er schon seit Jahren dabei ist, glauben ihm die Mitarbeiter im Großen und Ganzen. Er ist die Person, die sie sich als Change Leader wünschen. Die Probe aufs Exempel wird gemacht, wenn man Manfred fragt, was er von dem letzten Veränderungsprogramm hält. Falls die Antwort lautet, dass es sich dabei um den normalen Managementmist handele, der auch vorübergehe, gibt es eine Gelegenheit weniger. Wenn er den Kopf hebt und sagt, dass es so aussehe, als ob das Management auch einmal etwas Anständiges auf die Beine gestellt habe, ist dies der Startschuss dafür, dass an die 95 Prozent, die eine der mittleren Positionen einnehmen, die richtige Botschaft weitergegeben wird. Sie werden aufhorchen und Notiz von der Initiative nehmen.

Wenn Sie Zeit darin investieren, sich die Unterstützung von einflussreichen Schlüsselpersonen zu sichern, zahlt sich das deutlich aus, weil ein Großteil der Mitarbeiter an das Veränderungsprogramm glauben und zur Mitarbeit bereit sein wird.

Die Reaktionäre

Diese Mitarbeiter werden sich mit Händen und Füßen wehren. Es mag nur eine winzige Gruppe sein, aber sie werden Gift versprühen. Die Versuchung ist groß, zahllose Stunden damit zu verbringen, ihre Meinung zu ändern. Sie könnten aber genauso gut versuchen, einen Jesuiten zum Buddhismus zu bekehren. Wenn einer der Reaktionäre ein Anführer ist, könnte das fatal sein. Für den reaktionären Anführer ist die Wahl leicht: Entweder er springt auf den Zug oder er wirft sich davor. In beiden Fällen wird der Zug den Bahnhof verlassen.

An anderen Stellen in der Organisation sollte der Schwerpunkt darauf liegen, die Unterstützung der 95 Prozent zu erhalten, statt die 2 bis 3 Prozent an Widerstand zu brechen. Wenn die Minderheit sieht, wie die Mehrheit auf den Zug der Veränderung aufspringt, werden sich jene Leute ziemlich einsam fühlen. Sie werden sich in drei Lager aufspalten: Einige werden ebenfalls auf den Zug springen, einige werden weglaufen und ein oder zwei besonders zähe Kämpfer werden sich auf die Schienen vor den Zug legen. Sollen sie zu ihrer eigenen Schlussfolgerung kommen. Der Zug fährt weiter.

Die Formel für Veränderung

Änderungsgleichung für das Unternehmen

Die meisten normalen Menschen haben ein starkes Beharrungsvermögen und damit eine starke Abneigung gegen Veränderung. Damit sind Mühen verbunden, es ist riskant und man weiß nie genau, wie die Dinge enden. Und dann gibt es da noch die Berater. Sie lieben Veränderung. Wandel ist für Berater gleichzusetzen mit Einnahmen. Ein neues IT-System, eine neue Strategie, eine neue Organisation – die Berater sind zur Stelle, um zu helfen. Sie sind diejenigen, die dabei etwas einnehmen, und sie müssen auch nicht mit den Konsequenzen leben. Für sie gibt es nur Vorteile und keine Risiken.

Woher wissen Sie, dass ein Unternehmen für den Wandel bereit ist? Auch nach 20-jähriger Anwendung bewertet die Änderungsgleichung nach wie vor akkurat, ob das Unternehmen zum Wandel bereit ist. Im Folgenden die Formel für Veränderung in all ihrer pseudomathematischen Eleganz:

$$(S \times V \times F \times E) > R$$

Das Unternehmen ist bereit zum Wandel, wenn Schmerz (S) vorhanden ist sowie eine Vision (V) für die Zukunft; weiterhin ist die Fähigkeit (F) notwendig, auch wirklich zum Ziel zu gelangen, sowie einige erste praktische Schritte (E). All dies muss größer sein als das wahrgenommene Risiko und die Veränderungskosten (R). Wenn ein Veränderungsprogramm scheitert, ist das im Normalfall darauf zurückzuführen, dass eine oder alle Voraussetzungen nicht erfüllt waren:

- S steht für Schmerz. Es macht keinen Sinn, eine brillante Lösung zu besitzen (Reengineering, TQM, Management auf Zeit), wenn damit nicht das Problem gelöst wird, das dem Unternehmen wirklich Schmerzen bereitet. Die erste Frage, die man bei jeder Idee stellen sollte, lautet: „Welches Problem wird damit gelöst?" Ohne Schmerz besteht kein Interesse an und kein Engagement für Veränderung. Im besten Fall wird das Programm dann nur der Form halber ausgeführt.
- V steht für Vision. Es ist besser, gegen einen bekannten Feind zu kämpfen als gegen einen unbekannten. Deshalb muss der Schmerz mit einer Zukunftsvision verbunden werden, die klar und deutlich ist und nachweisbare Vorteile für das Geschäft mit sich bringt. Ein verlockender Preis ist in Aussicht zu stellen. Der Nutzen muss groß genug sein, um die mit der Veränderung verbundenen Kosten zu rechtfertigen. Geben Sie

sich nicht mit kleinen Preisen ab. Ohne eine gemeinsame Vision sind die Veränderungsbemühungen des Managements vergleichbar mit kopflosen Hühnern, die in alle Richtungen rennen. Zeit, Moral und Anstrengung werden sich in Luft auflösen.

- F steht für die Fähigkeit des Unternehmens, sich zu verändern. Hierbei geht es zum Teil um Prioritäten: Sie müssen entscheiden, was Sie nicht machen, damit Sie genug Mitarbeiter, Zeit und Geld zur Verfügung haben, um sich auf die notwendige Veränderung zu konzentrieren. Ebenfalls notwendig sind die richtigen Fertigkeiten, eine starke Unterstützung und ein glaubwürdiges Management, das in vergleichbaren Situationen bereits seine Fähigkeit unter Beweis gestellt hat. Fehlt dem Unternehmen die Fähigkeit zum Wandel, würden mit einer erneuten Veränderungsmaßnahme dem Zynismus Tür und Tor geöffnet, da die Mitarbeiter nur darauf warten, dass eine weitere Initiative des Managements scheitert.
- E steht für erste praktische Schritte. Die Mitarbeiter wollen sofort erste zufriedenstellende Ergebnisse sehen. Zumindest möchten sie wissen, ob sie bei der Sache etwas gewinnen können, und sie wollen eine gewisse Dynamik verspüren. Sorgen Sie deshalb dafür, dass bei dem Veränderungsprogramm bereits früh einfache, kleine Verbesserungen deutlich werden. Das schafft Vertrauen. Ohne dieses werden Begeisterung und Dynamik verpuffen.
- R steht für Risiken und Veränderungskosten. Diese fallen hoch aus, wobei Finanzierungskosten relativ niedrig sind im Vergleich zu den Opportunitätskosten, die dadurch entstehen, dass man seine Aktivitäten schwerpunktmäßig auf die Veränderungsinitiative konzentriert und dadurch andere Dinge vernachlässigt. Je besser es gelingt, Risiken und Kosten zu reduzieren, desto bereitwilliger wird Veränderung akzeptiert. Sind die Risiken hoch, ist auch der Widerstand gegenüber der Veränderung groß – sowohl aus rationalen als auch aus politischen Gründen.

Änderungsgleichung für Mitarbeiter

Letztlich kann sich das Unternehmen nicht verändern, wenn sich nicht auch die Mitarbeiter ändern. Bei den Menschen ist jedoch der emotionale Widerstand gegen Veränderung hoch. Die Angst vor dem Unbekannten ist in der Tendenz größer als die Angst, eine Chance zu verpassen. Die Menschen haben eine Abneigung gegen Risiko und Verlust.

Die Änderungsgleichung trifft sowohl auf Individuen als auch auf ganze Unternehmen zu. Menschen ändern sich, wenn $(S \times V \times F \times E) > R$ zutrifft.

- S steht für Schmerz. Wenn Menschen vom Schmerz betroffen sind, sind sie zum Wandel bereit. Hierbei kann es sich um ein Risiko handeln (drohende Übernahme, Entlassung) oder einfach um derzeit nicht zufriedenstellende Bedingungen. Wenn jeder wohl genährt und glücklich ist, sind alle zufrieden und es findet keine Veränderung statt. Gelegentlich müssen Sie selbst die Krise herbeiführen, um eine Veränderung in Gang zu bringen.
- V steht für Vision. Die Menschen möchten wissen, wohin sie gehen und welche Folgen dies für sie persönlich hat. Sie mögen sich all das kluge Gerede über Transformation des Unternehmens durch Wandel anhören. Aber sie sind nicht engagiert dabei. Sagen Sie ihnen, welche Auswirkungen eine geplante Veränderung potenziell auf die Entwicklung ihrer Karriere hat und wie sie selbst davon profitieren können, und Sie werden ihre volle Aufmerksamkeit erhalten. Werden Sie persönlich.
- F steht für Fähigkeit zum Wandel. Die Mitarbeiter wissen nicht, ob sie mit der Veränderung fertig werden. Sie wissen nicht, welche neuen Fertigkeiten und welche Leistungen künftig von ihnen erwartet werden. Der Arbeitgeber nimmt etwas weg, das sie beherrschen, und ersetzt es durch etwas, das sie nicht kennen. Sie benötigen die Bestätigung, dass sie entweder die notwendigen Voraussetzungen, um in der neuen Welt zurechtzukommen, bereits besitzen oder dass sie sich diese aneignen können.
- E steht für erste Schritte. Die Mitarbeiter wollen erkennen können, dass sie auf das richtige Pferd gesetzt haben, sie möchten bereits früh erste Ergebnisse sowie eine frühe Anerkennung ihres persönlichen Beitrags sehen. Geben Sie ihnen dies. Sonst gehen Moral und Dynamik verloren.
- R steht für Risiko. Veränderung ist für den Einzelnen riskant. Er weiß nicht, wie und ob er in der neuen Welt zurechtkommt. Je mehr Sie die Risiken eines Veränderungsprogramms minimieren, desto leichter wird es akzeptiert. Dies kann natürlich hinderlich sein, wenn Sie im Unternehmen alle Register ziehen müssen, um neue Arbeitsweisen durchzusetzen. Für Veränderung ist ein Balanceakt zwischen Risiko und äußerstem Einsatz notwendig.

Verantwortungsbewusstsein und Werte

Verantwortungsbewusstsein steht für Erfolg und Misserfolg. Verantwortungsbewusstsein sollte bedeuten, dass Sie etwas in besserem Zustand zurücklassen, als Sie es vorgefunden haben. Es bezieht sich sowohl auf die zwei oder drei Jahre, die Manager an einem bestimmten Arbeitsplatz verbringen, als auch auf die zwei oder drei Stunden, die sie jeden Tag damit zubringen, Mitarbeitern zu helfen, in Meetings zu gehen oder andere tägliche Managementaktivitäten auszuführen. Als Wert ist Verantwortungsbewusstsein sehr machtvoll.

In einigen Unternehmen hat der Gedanke des Verantwortungsbewusstseins Schaden erlitten. Hier soll lediglich der Eindruck vermittelt werden, dass die Dinge in einem besseren Zustand zurückgelassen werden, als man sie vorfand. Dies ist der Ansatz des Überlebenskünstlers in Bezug auf Verantwortungsbewusstsein. Hier liegt der Schwerpunkt nicht auf der Leistung, sondern darauf, sich sorgfältig in Position zu rücken und bestimmte Erwartungen zu wecken. Beispiele für den Überlebenskünstleransatz:

- Wenn Sie eine neue Aufgabe übernehmen, zeigen Sie, dass Sie eine Katastrophe geerbt haben. Wenn Sie wieder gehen, können die Dinge zwangsläufig nur besser aussehen.
- Wenn Sie einen Arbeitsplatz verlassen, zeichnen Sie das Bild eines kurz bevorstehenden Sieges. Wenn Ihr Nachfolger Erfolg hat, beanspruchen Sie den Ruhm für sich. Sollte er scheitern, war er es, der es vermasselt hat.
- Bieten Sie bei neuen Initiativen viele gute Ratschläge, übernehmen Sie aber keine Verantwortung. Wenn die Initiative ein Erfolg wird, springen Sie auf den fahrenden Zug und beanspruchen den Ruhm für sich. Wird sie ein Misserfolg, lassen Sie die Niete dafür geradestehen.

Die Unternehmensversion von Verantwortungsbewusstsein kann die Leistung des Unternehmens und die Zusammenarbeit stark fördern. Die Version des Überlebenskünstlers ist das Rezept für politische Intrigen, internen Unfrieden und schlechte Leistungen. Die Werte des Unternehmens befinden sich nicht im Wertverzeichnis. Sie manifestieren sich in den täglich angewandten Überlebensregeln und dem Verhalten des Managements, angefangen bei der Unternehmensführung.

Verbrechen ohne Opfer

Die besten Verbrechen sind diejenigen, bei denen die Opfer nicht wissen, dass sie Opfer sind. Wenn keiner weiß, dass es ein Verbrechen gab, können die Verbrecher auch nie gefasst werden.

Verbrechen ohne Opfer

Im Geschäftsleben gibt es unzählige Verbrecher, die trotz schrecklicher Taten davongekommen sind. Die schlimmste Tat besteht darin, Chancen im Markt nicht wahrzunehmen. Keiner kann dafür zur Verantwortung gezogen werden. Der einzige Beweis dafür, dass Chancen verpasst wurden, besteht darin, dass neue Wettbewerber plötzlich aus dem Nichts auftauchen und die traditionellen Marktteilnehmer herausfordern.

Canon trat mit einem Kopierer in den Markt von Xerox ein, der nicht länger geleast, sondern gekauft wurde. Apple schuf den PC-Markt, nicht IBM. CNN, nicht das etablierte Netz von BBC, richtete den ersten 24-Stunden-Nachrichtensender ein. Microsoft kreierte und okkupierte den Markt für Betriebssysteme. Die Japaner definierten in den USA den Markt für Motorräder und Kleinwagen neu und entthronten dabei die etablierten amerikanischen Firmen. FedEx, nicht das lang etablierte Unternehmen UPS, startete das Geschäft mit der Lieferung über Nacht. Die Liste ist endlos.

Innerhalb eines bereits etablierten Unternehmens ist Innovation riskant. Wenn Sie es falsch machen, werden Sie auf die Straße gesetzt. Natürlich schrecken Manager vor einem großen Risiko zurück und halten sich stattdessen lieber an das Prozentspiel. Die inkrementalistische Verbesserung für bereits bestehende Produkte bringt sichtbare Ergebnisse und Anerkennung bei einem nur geringen Risiko. Keiner bei Xerox wurde auf die Straße gesetzt, weil er die Chance verpasst hatte, Kopiergeräte zum Verkauf anzubieten; bei IBM wurde keiner entlassen, weil er es versäumt hatte, rechtzeitig den PC-Markt zu erschließen.

Diese Logik lässt sich umkehren. Wenn Unternehmen den Mut zu Risiko und Innovation haben, können sie das perfekte Verbrechen begehen – sie können einen Markt erobern, bevor dieser überhaupt umkämpft ist. Hierzu muss ein Strategie-, Risiko- und Organisationsgedanke vorherrschen, der den meisten Unternehmen vollkommen fremd ist. Hier kommt die traditionelle Lösung in Form ausgeklügelter Unternehmensarbeit zum Tragen: Sie benötigen Geld, einen machtvollen politischen Sponsor, Spitzenmitarbeiter und ein Büro, das weit entfernt ist von der Zentrale und außer Reichweite aller Unternehmensfunktionäre, die der Geschäftsidee zum Tode verhelfen können.

Verfallsdatum: Wann man weiterkommen sollte

Wir alle haben ein Verfallsdatum; das ist der Zeitpunkt, an dem wir weiterkommen sollten. Es gibt ein ultimatives Verfallsdatum, das außerhalb unserer Kontrolle liegt. Das ist das Datum, das gleich nach „mindestens haltbar bis ..." kommt und auf unserem Grabstein steht.

Es ist gut zu wissen, wann Sie Ihr berufliches Verfallsdatum erreichen. Es gibt fünf Warnsignale:

- Die Arbeit ist langweilig oder macht keinen Spaß. Sie erkennen dies daran, dass Sie sich jeden Tag zur Arbeit aufraffen müssen. Hören Sie auf Ihr Gefühl.
- Sie lernen nichts mehr oder entwickeln sich nicht mehr weiter. Im Idealfall stellt die Arbeit stets hohe Anforderungen an Sie. Es sollte Augenblicke geben, in denen Sie das Gefühl haben, sich außerhalb Ihrer Wohlfühlzone zu bewegen. Wenn sich die gesamte Arbeit immer innerhalb Ihrer Wohlfühlzone abspielt, gelangen Sie nirgendwohin. Dieses Treibenlassen kann eine ganze Weile weitergehen, bis Sie eines Tages aufwachen und feststellen, dass die Welt an Ihnen vorübergezogen ist.
- Sie können für Ihre Zukunft nicht mehr eine klare Steigerung erkennen. Ich benutze einen einfachen Maßstab: Sehe ich noch die Möglichkeit, in zehn Jahren das Zehnfache zu verdienen? Wenn ja, dann weiß ich, dass es noch Möglichkeiten gibt, die mich fordern und für Weiterentwicklung sorgen. Am Ende der zehn Jahre werde ich etwas vollkommen anderes machen, was mich auch ganz anders herausfordert. Ich begann mit 50 Pence pro Stunde. Seitdem ist dieser Betrag kontinuierlich gestiegen. Jeder definiert Fortschritt für sich anders.
- Wie werde ich, wenn ich in den Ruhestand gehe, die kommenden ein oder zwei Jahre in Erinnerung behalten? Mit diesem Test stellen Sie fest, ob Sie etwas machen, das später wirklich erinnerungswürdig und heute aufregend ist. Wenn Sie das Gefühl haben, dass Sie nicht nur die nächsten zwei Jahre in Erinnerung behalten, sondern dass auch andere einen Nutzen haben, wenn Sie mit ihnen darüber reden, ist das auch hilfreich. Nicht bestanden ist der Test, wenn Sie nur ins Büro gehen und Meetings abhalten.
- Die Leistung lässt nach und das politische Klima verschlechtert sich für Sie. Das kann durchaus Hand in Hand gehen und ist vermutlich ein Zeichen für ein Burnout-Syndrom und Demotivation. Erkennen Sie die

Signale frühzeitig und handeln Sie danach, ehe Sie in Ihrem jetzigen Job in eine Todesspirale geraten. Sie wollen kein beschädigtes Gut auf dem Markt werden. Der Stress und die Aufregung eines Neustarts in einer neuen Umgebung werden Ihnen neue Energie verleihen.

Verhandeln, um zu gewinnen

Der beste Weg, in einer Verhandlung zu gewinnen, besteht darin, auf eine Win/Win-Situation hinzuarbeiten. Sorgen Sie bei der Verhandlung dafür, dass die andere Partei etwas dazugewinnen kann, und geben Sie ihr dies dann auch.

Die traditionelle Win/Lose-Verhandlung sorgt für Konflikte. Ein Verkaufsgespräch endet in diesem Fall normalerweise mit der Diskussion über den Preis, wobei andere Dinge ignoriert werden, die für beide Seiten von Wert sein könnten.

Für die Win/Win-Verhandlung muss bekannt sein, worauf die andere Seite Wert legt. Das könnte etwas sein, das Sie nicht viel kostet. Geben Sie es ihnen. Im Gegenzug können Sie vermutlich etwas erhalten, was Sie benötigen.

Diese Verhandlungen finden täglich im Büro statt. Ein Mitarbeiter aus der Technologie fragt um Rat bei einem Geschäftsplan: null Problem. Benötige ich dann technische Hilfe, erhalte ich sie postwendend. Diese Art von Verhandlungsführung ist so natürlich wie das Atmen. Wir handeln so, weil wir erkennen, dass es in unserem eigenen Interesse ist, sich gegenseitig zu helfen.

Das Gleiche gilt auch für formellere Allianzen. Bei Bündnissen sollte man wissen, was der Bündnispartner für sich zu gewinnen erhofft. Wenn er keinen Gewinn für sich sieht, wird er sich auch keine Mühe geben. Bei einer Allianz in Japan verfügten wir über eine starke Technologieposition; die anderen besaßen eine ausgezeichnete Distribution in einem Markt mit normalerweise hohen Eintrittsbarrieren. Beide Parteien hatten etwas, das sie dem anderen leicht aus der Portokasse finanzieren konnten, und erhielten dafür etwas, das für sie sehr wertvoll zu sein schien. In vielen Punkten herrschte Uneinigkeit, zum Beispiel bei Fragen der Zuständigkeit, Wirtschaftsfragen sowie Faktoren wie Fokus, Timing, Personaleinsatz und Erfolgsmessung. Sprachbarrieren, kulturelle Unterschiede, Zeitzonen und interne Organisationsbarrieren waren auch nicht gerade hilfreich. Da aber beide Seiten eine klare Vorstellung von dem hatten, was sie durch die Allianz hinzugewinnen wollten, war auch die Bereitschaft vorhanden, die Verhandlungen zur beiderseitigen Zufriedenheit zu beenden.

Verkauf

Eins-zu-eins-Taktik

Manager mögen es nicht, Verkäufer genannt zu werden. Aber gute Manager verkaufen immer etwas. Sie agieren als Verkäufer von Ideen an Vorgesetzte, Kollegen und Mitarbeiter. Sie versuchen zu motivieren, Unterstützung zu gewinnen und Handlungen zu initiieren.

Schlechte Manager erkennen nicht die Notwendigkeit des Verkaufens. Sie hoffen, dass sie wie in der Vergangenheit durch Kontrolle und Befehle den Mitarbeitern klar machen können, was diese zu tun haben. Befehle und Kontrolle eignen sich für Verwalter, die sich nur reine Pflichterfüllung wünschen, nicht für Manager, die Engagement wollen.

Das Wichtigste, woran Verkäufer vielleicht denken sollten, ist die Tatsache, dass wir mit zwei Ohren, aber nur einem Mund geboren wurden und in diesem Verhältnis auch davon Gebrauch machen sollten. Bei effektivem Verkauf geht es nicht darum, nur einen Verkaufsvortrag zu halten. Es bedeutet, eifrig zuzuhören und die Erwartungen, Vorurteile und Bedenken der anderen Seite zu verstehen. Wenn Sie dies erst einmal erkannt haben, eröffnet sich Ihnen die Chance, so zu kommunizieren, dass es bei anderen gut ankommt. Das blinde Verkaufsgespräch öffnet nur der Katastrophe Tür und Tor.

Dabei ist es sinnvoll, ein Verkaufsmodell zu besitzen. Mir wurde eine Methode beigebracht, mit der ich Seife in Nordschottland verkauft habe. Ich habe sie auch angewandt, um Windeln an Drogerien in Birmingham zu vertreiben. Außerdem habe ich sie genutzt, um Multimillionen-Dollar-Projekte an CEOs in Amerika, Japan und Europa zu verkaufen. Und ich habe sie verwendet, um meinen Vorgesetzten und Mitarbeitern Geschäftsideen zu verkaufen. Die Prinzipien sind überall auf der Welt gleich. Die wichtigsten Schritte im 7-Stufen-Modell sind der erste und der letzte Schritt. Hier das gesamte Modell:

1. Erreichen Sie Übereinstimmung bei der Einschätzung des Problems oder der Situation. Das gelingt Ihnen erst dann, wenn Sie das Problem aus der Sicht des Käufers verstehen. Hierzu muss man sich vorbereiten und zuhören. Wenn Sie und die Gegenseite bei der Wahrnehmung des Problems vollkommen übereinstimmen, stehen die Chancen gut, dass Sie eine leichte Lösung finden. Der Rest des Verkaufs ist dann einfach. Sie können aber keine Lösung für ein Problem verkaufen, das überhaupt nicht existiert.
2. Erreichen Sie eine Übereinstimmung in Bezug auf die Vorteile, die sich aus der Lösung des Problems ergeben. Sie sollten greifbar, relevant und glaubwürdig sein. Sie sind nicht nur finanzieller Natur oder rein unternehmensbezogen. Manchmal sind sie nicht greifbar, nicht messbar und persönlich. Für ein Individuum kann ein großer Nutzen darin bestehen, dass ein Risiko beseitigt wird. Halten Sie von Anfang an eine gewisse Spannung aufrecht, die daraus entsteht, dass sich der Käufer einen Nutzen vom Resultat verspricht. Damit werden Bedenken, die er haben könnte, in die richtige Perspektive gerückt.
3. Schlagen Sie die Lösung vor. Diese sollte knapp, präzise und einfach sein.
4. Erklären Sie, wie es funktioniert. Zeigen Sie, dass der Vorschlag praktisch ist. Damit sollten die Fragen beantwortet werden, die Ihrer Erfahrung nach gestellt werden. Vermeiden Sie unnötige Details. Je mehr Details Sie geben, desto wahrscheinlicher werden Sie sich in einer Diskussion über die Einzelheiten festfahren, statt über die große Lösung zu sprechen. In der Kürze liegt die Würze.
5. Räumen Sie alle großen Bedenken im Voraus aus dem Weg. Sie sollten sie kennen, vor allem, wenn Sie gut zugehört haben. Indem Sie die Bedenken aus dem Weg räumen, zeigen Sie, dass Sie aktiv sind, Sie verstehen die Situation des Kunden und reagieren auf seine Bedürfnisse. Reaktive Einwandbehandlung wirkt immer defensiv und kann in einen unnötigen Konflikt ausarten.
6. Verstärken Sie die Vorteile, die aus dem Vorschlag entstehen. Das ist der rechte Augenblick, um die Aufmerksamkeit des Käufers konzentriert auf den gewonnenen Nutzen zu lenken.
7. Schließen Sie ab. Das ist entscheidend. Es ist der Zeitpunkt, zu dem Sie die Zustimmung des Käufers erhalten. Ein guter Abschluss endet nicht mit einer offenen Frage wie „Was halten Sie davon?". Offene Fragen machen den Käufer zu einer Art Richter und dabei könnte er zum falschen Urteil gelangen. Sie wollen, dass der Käufer in Einklang mit Ihnen handelt. Ein guter Abschluss konzentriert sich auf eine Handlung. Typische Beispiele hierfür sind unter anderem:

- der alternative Abschluss: „Sollen wir diese Woche anfangen oder ist es Ihnen lieber, wenn wir nächste Woche beginnen?"
- oder der Handlungsabschluss: „Möchten Sie, dass ich die Aktennotiz mit der entsprechenden Ankündigung erstelle?"

Der Abschluss kann vorangetrieben werden. Wenn der Kunde zum Kauf bereit ist, machen Sie den Abschluss und hören Sie auf, weiter zu verkaufen. Damit frustrieren Sie den Kunden nur und gehen das Risiko ein, ihm den Kauf wieder auszureden.

Dieser Verkaufsvorgang kann sich bei komplizierteren oder riskanteren Produkten, bei denen Sie Vertrauen und Vertraulichkeit aufbauen müssen, über Wochen erstrecken. Je länger er dauert, desto mehr müssen Sie vermutlich zuhören. Im Fall eines einfachen Produkts kann der Verkauf bei Kunden, die Sie kennen, auch in wenigen Sekunden abgeschlossen werden. Wenn es zum Beispiel darum geht, mit Ihrem Team am Ende eines langen Tages einen Gasthof aufzusuchen:

- Darstellung des Problems: „Harter Tag heute."
- Vorschau auf den Nutzen: „Wir sollten uns etwas entspannen."
- Vorschlag: „Gehen wir runter in die Wirtschaft."
- Funktionsweise: „Sie ist gleich um die Ecke, wir können dort noch einmal über alles reden."
- Einwände beseitigen: „Nur auf ein Bier, dann erwischen wir noch den letzten Zug, ich geb' einen aus."
- Nutzen verstärken: „Es ist besser, als hier weiter herumzuhängen und immer frustrierter zu werden."
- Abschluss: „Der Letzte löscht das Licht." (Handlungsende)

Wenn Sie mit dem Abschluss feststecken, gehen Sie direkt zurück zu Schritt eins. Hat der Käufer Einwände, hören Sie zu, immer wieder. Zeigen Sie, dass Sie die Einwände verstehen, indem Sie diese paraphrasieren. Wenn der Einwand einfach ist, wird er verschwinden. Beschwören Sie keinen Konflikt herauf, indem Sie versuchen, die Einwände zu entkräften. Durch einen Konflikt wird nur das Vertrauen zerstört und der Verkauf erschwert.

Die Ursache der Schwierigkeiten liegt wahrscheinlich darin, dass es nicht genug Übereinstimmung gibt in Bezug auf das Problem oder die Situation. Das Problem kann durchaus persönlicher Natur sein und die Frage tangieren, wie der Käufer von dem Ergebnis Ihres Vorschlags betroffen ist. Es spielt keine Rolle, dass seine Ängste irrational zu sein scheinen, sie müssen auf jeden Fall überwunden werden. Nur wenn Sie gezeigt haben, dass Sie die Situation des anderen verstehen und respektieren, haben Sie genug Vertrauen aufgebaut, um mit dem Verkaufsvorgang noch einmal von vorn zu beginnen. Außerdem verfügen Sie über das Wissen, wie Sie die Bedenken aus dem Weg räumen können. Wenn Sie diese Methode zum ersten Mal anwenden, werden Sie sich dabei unwohl und ungeschickt fühlen. Später ist es so einfach wie das Atmen.

Der komplexe Verkauf

Als Junior Manager kann Verkaufen einfach sein. Sie müssen nur Ihren Vorgesetzten und vielleicht ein oder zwei andere Mitarbeiter von Ihrer Idee überzeugen, schon haben Sie gewonnen. Wenn die Manager auf der Karriereleiter weiter nach oben klettern, gestaltet sich die Verkaufsaufgabe sehr viel komplizierter. Es gibt eine Vielzahl an Gruppen mit unterschiedlichen eigenen Zielen, die Ihrem Plan zustimmen müssen. Diese Verkaufsprozesse dauern grundsätzlich länger und sind sehr viel schwieriger.

Aber im Wesentlichen gelten die gleichen Prinzipien wie im Eins-zu-eins-Verkauf. Sie wenden die gleichen Verkaufsfertigkeiten an, nicht gegenüber einer Einzelperson, sondern gegenüber einem ganzen Netzwerk an Beteiligten in Eins-zu-eins-Situationen. Das große Verkaufsmeeting findet dann vielleicht gegen Ende statt, aber dabei wird nur das Ergebnis aller bereits durchgeführten Einzelgespräche bekräftigt. Um das Netzwerk, an das Sie verkaufen müssen, zu identifizieren, suchen Sie nach folgenden Personen:

- Dem offiziellen Auftraggeber der Initiative. Vermutlich ein Mitglied des führenden Managements, das über all den Gruppierungen steht, die Sie zunächst auf eine Linie bringen müssen. Der Auftraggeber wird sich auf die Meinungen der unterschiedlichen Gruppen verlassen und ist unter Umständen selbst nicht stark involviert. Opposition gegenüber dem Auftraggeber ist fatal. Der Zugang zu ihm kann schwierig und einschüchternd sein. Verschaffen Sie sich frühzeitig diesen Zugang, damit Sie auch die Ziele des Auftraggebers verstehen. Passen Sie Ihren Vorschlag an seine Ziele an, dann verändert sich auch Ihr Gespräch mit dem übrigen Netzwerk.
- Dem direkten Anwender. Dies ist die Person, die täglich mit den Konsequenzen Ihres Vorschlags leben und diesen unter Umständen auch implementieren muss. Das könnten Sie sein. Der Anwender sollte zu einem Vorkämpfer für den Vorschlag gemacht werden. Für ihn hat der Vorschlag nicht nur einen Nutzen in Form eines rational zu erkennenden Unternehmensvorteils. Er sollte auch einen persönlichen Vorteil haben wie zum Beispiel eine Verbesserung der Aufstiegsmöglichkeiten

oder eine Neutralisierung des mit dem Vorschlag verbundenen Risikos. Für den Anwender beinhaltet der Kauf nicht nur rationale, sondern auch emotionale und politische Elemente.
- Dem Einkäufer. Hierbei handelt es sich weitgehend um eine rationale Form des Verkaufens an einen Erbsenzähler aus der Finanz- oder Buchhaltungsabteilung. Er tritt mit Vorliebe als der große Richter auf, wenn man ihm dazu die Möglichkeit gibt. Lassen Sie es nicht dazu kommen – es ist ein Spiel, in dem Sie so lange schuldig sind, bis Ihre Unschuld erwiesen ist. Arbeiten Sie früh mit ihm zusammen. Versuchen Sie, Input von ihm zu erhalten, und veranlassen Sie ihn dazu, gemeinsam mit Ihnen die Voraussetzungen für die Initiative zu prüfen. Wenn dann der Anwender oder Auftraggeber die obligatorische, unangenehme Frage nach den Kosten stellt, lassen Sie den ökonomischen Käufer antworten. Die finanzielle Glaubwürdigkeit Ihres Vorschlags wird anschließend nicht mehr angezweifelt.
- Dem fachlich orientierten Käufer. Hierbei handelt es sich um Leute, die in irgendeinem Fachbereich über eine gewisse Kompetenz verfügen und die Sie überzeugen müssen, dass es sich um einen übergreifenden Vorschlag handelt. Das kann auch ein (Ein)Käufer sein, dessen verzweifelte Bemühungen darin gipfeln, dass viele kleine Formulare ordentlich ausgefüllt werden. Es ist ein Kreuz, das Sie tragen müssen, sofern Sie nicht eine gute Beziehung zum CEO haben. In letzterem Fall kehrt der Funktionsträger in sein kleines Revier zurück und macht, was ihm gesagt wird. Lassen Sie nicht den fachlich orientierten Käufer die Zügel in die Hand nehmen – er kann bewirken, dass sich jedes Geschäft aufgrund zu vieler Details so lange im Kreise dreht, bis es stirbt. Sorgen Sie dafür, dass die Angelegenheit eine Managemententscheidung bleibt und nicht zur bürokratischen Entscheidung ausartet.
- Dritte Personen mit bedeutendem Einfluss. Diese Leute lassen sich nur schwer identifizieren. Formell spielen sie bei der Entscheidung keine Rolle. Oftmals werden sie jedoch vom Vorstand um informellen Rat gebeten. Sie können aus dem Bereich Planung kommen, Stabsmitarbeiter sein, aus dem Aufsichtsrat stammen oder es sind alte Freunde aus dem vorherigen Job. Finden Sie diese einflussreichen Leute. An sie können Sie wunderbar informell verkaufen und normalerweise sind sie erfreut, dass auch jemand anders sich die Zeit und Mühe nimmt, mit ihnen zu sprechen.
- Betreuer. Innerhalb dieses Netzwerks sollten Sie Betreuer finden. Idealerweise setzen Sie all diese für sich als Fürsprecher ein. Mit anderen Worten: Gehen Sie nicht zu ihnen, um ihnen etwas zu verkaufen, gehen Sie zu ihnen, um sie um einen Rat zu Ihrer Idee zu

bitten. Suchen Sie ihre Hilfe. Dadurch werden potenzielle Gegner (Finanzabteilung) zu Förderern. Im Allgemeinen agieren die Menschen sehr gern als Betreuer. Wenn sie um Rat gefragt werden, steigt ihr Selbstwertgefühl und der Eindruck, wichtig zu sein. Dadurch wird auch eine Beziehung aufgebaut, die auf gegenseitiger Unterstützung beruht und bei der Sie verkaufen, indem Sie zuhören, nicht sprechen. Gute Betreuer werden technische Schwierigkeiten für Sie aus dem Weg räumen, hilfreiche Ratschläge erteilen und Ihnen Zugang zu Kreisen verschaffen, in die Sie ansonsten nur schwer hineinkommen.
- Torwächter. Diese Menschen sind gefährlich. Einige Leute scheinen Sie zu unterstützen und versprechen Ihnen den Zugang zu den wichtigen Personen. Anschließend stellen Sie fest, dass sie als Torwächter fungieren, die Ihnen den Zugang nur zu ihren Bedingungen erlauben. Das ist ihre Art, Macht über die Initiative zu erhalten. Umgehen Sie diese Menschen so höflich wie möglich.

Überwachen Sie Ihr Netzwerk während des Aufbaus. Machen Sie sich zu jeder einzelnen Person Notizen. Die wichtigsten Dinge, die Sie notieren sollten, sind:

- Allgemeines. Name, Titel, Ort, Telefon und Fax, Name und Telefonnummer der Sekretärin.
- Rolle im Kaufprozess.
- Günstige Ansatzpunkte. Was findet diese Person toll? Was gefällt und was missfällt ihr an Ihrem Vorschlag? Hierbei sind nicht nur die rationalen, sondern auch die persönlichen Ansatzpunkte gemeint. Erkennen Sie, welche Ziele und Befürchtungen Ihr Gesprächspartner hat und inwieweit er von Ihrem Vorschlag betroffen ist.
- Schlüsselpersonen. Auf wen scheinen diese Menschen Einfluss zu haben, ist das als Risiko oder als Chance zu sehen?
- Kontaktverlauf. Was geschah wann?
- Persönlicher Stil. Liebt diese Person Menschen oder Zahlen, spricht sie gern oder handelt es sich eher um einen Denker und Zuhörer? Passen Sie den Ton Ihres Ansatzes dem Stil des Gegenübers an.
- Nächste Schritte. Versprechen, die gemacht wurden; nächstes Meeting.

Die meisten versuchen, all dies im Kopf zu behalten. Bei einem kurzen, einfachen Verkaufsprozess ist das machbar. Für einen komplexen Verkauf mit vielen sich ändernden Elementen ist es nicht möglich. Wenn Sie ein kleines Team besitzen, das Sie beim Aufbau dieses Netzwerks unterstützt, ist es von entscheidender Bedeutung, sich Notizen zu machen, was jeder Einzelne innerhalb des Netzwerks wo bereits erreicht hat.

Verstehen und Paraphrasieren

Wie oft hören Sie Leute etwas sagen wie „Ich höre"? Sie wissen, dass das die Kurzform ist für: „Ich höre, dass Sie nur plappern, und ich wünschte, Sie würden einfach den Mund halten, aber das kann ich nicht sagen, da ich beweisen muss, dass ich höflich und rücksichtsvoll bin und Ihren Standpunkt verstehe." Sie hören es, aber sie verstehen es nicht.

Wenn Sie die andere Person allerdings wirklich verstehen, die Welt mit ihren Augen sehen, sind Sie in einer starken Position. Sie können dazu übergehen, in einer Sprache zu reden, die der andere versteht und respektiert, Sie bauen Vertrauen auf, eine Zusammenarbeit. Etwas richtig zu verstehen ist wichtiger, als zu sagen: „Ich höre." Damit sind allerdings Mühen verbunden. Die beste Möglichkeit, zu verstehen und zu zeigen, dass man versteht, besteht darin, zu paraphrasieren. Wenn jemand etwas sagt, von dem Sie glauben, es sei wichtig, wiederholen Sie es mit Ihren eigenen Worten. Damit sind einige Vorteile verbunden:

- Es zeigt dem Gesprächspartner, dass Sie wirklich zuhören. Das ermutigt ihn, sich weiter zu öffnen.
- Falls Sie etwas falsch verstehen, erhalten Sie gleich ein Feedback. Sie erfahren anschließend die richtige Botschaft, womit künftige Missverständnisse ausgeschlossen werden.
- Wenn Sie es richtig verstehen, ist der Gesprächspartner erfreut. Sie bauen Vertrauen und die Basis für eine Zusammenarbeit auf.
- Wenn Sie paraphrasieren, sind Sie zu aktivem Zuhören gezwungen. Sie werden zu einem sehr viel aufmerksameren, besseren Zuhörer. Sie nehmen sehr viel mehr Informationen auf als beim passiven Zuhören.
- Paraphrasieren hilft Ihnen, sich besser zu merken, was in der Konversation gesagt wurde. Bei passivem Zuhören dagegen wird der Inhalt jeder Konversation leicht und schnell wieder vergessen.

Paraphrasieren ist einfach, mit wenig Kosten und Mühen verbunden und hat eine große Wirkung.

Verträge

Verträge sind furchteinflößend. Oftmals lieben es die Rechtsanwälte, sie so zu gestalten, dass sie diesen Effekt noch verstärken. Sie weisen auf alle Gefahren hin und verfassen den Vertrag in unverständlichem Kauderwelsch. Da die Welt immer mehr durch Gesetze bestimmt wird, gewinnen Verträge zunehmend an Bedeutung. Sie sind für das Management ein Stück Realität.

Aus Managementsicht sollte eine Führungskraft bei Verträgen vier Dinge beachten. Alle vier beruhen auf gesundem Menschenverstand. Irgendwann einmal stehen die meisten Manager persönlich oder beruflich vor einer vertragsbedingten Katastrophe, weil eine der vier Regeln nicht befolgt wurde:

- Sie sollten genau wissen, wann ein Vertrag vorliegt. Nur weil Sie nichts Schriftliches in den Händen halten, bedeutet dies noch lange nicht, dass es keinen Vertrag gibt. Vielleicht besteht eine Sorgfaltspflicht. Sobald Geld gegen eine Dienstleistung ausgetauscht wird, besteht ebenfalls ein Vertrag.
- Unterzeichnen Sie nie einen Vertrag, ehe Sie nicht dazu bereit sind. Vom Augenblick der Unterzeichnung an besitzen Sie keine Verhandlungsposition mehr und die Pflichten beginnen. Neue Arbeitnehmer entdecken dies oft erst zu spät.
- Unterzeichnen Sie niemals einen Vertrag, den Sie nicht verstehen. Gute Rechtsanwälte, die in der Lage sind, Juristendeutsch in eine verständliche Sprache zu übersetzen und sowohl praktischen als auch juristischen Beistand zu leisten, sind es wert, in Gold aufgewogen zu werden. Was auch ungefähr dem entspricht, was sie an Honorar verlangen. Aber nehmen Sie ihre Hilfe in Anspruch.
- Standardverträge sind nie zu Ihren Gunsten. Sie sind zum Vorteil desjenigen, der den Standardvertrag erstellt. Da es sich um ein Standardwerk handelt, glauben die Menschen, dass sie den Vertragsvorschlag nur annehmen oder ablehnen können. Ich gehe stets das Schriftstück durch und streiche Klauseln, die mir nicht gefallen, oder füge bei Bedarf neue hinzu. Wenn der Vertragssteller den Vertrag verteidigt auf der Basis „Andere unterzeichnen das so", ist das keine Rechtfertigung. Ein Vertrag ist nur dann gut, wenn auch Sie damit glücklich sind.

Die Vertrauensgleichung

Vertrauen ist das A und O für all unsere Entscheidungen. Budget- und Geschäftspläne sind nur so viel wert, wie es die Leute sind, die dahinterstecken; wenn wir den Verfassern vertrauen, vertrauen wir dem Plan. Wir gehen nur dann in neue Abteilungen oder neue Unternehmen, wenn wir den Managern vertrauen, von denen diese geführt werden. Wir akzeptieren Veränderung, wenn die Initiative von jemandem geleitet wird, dem wir vertrauen. Das zwischen zwei Menschen bestehende Maß an Vertrauen kann mithilfe der Vertrauensgleichung gemessen werden, die lautet:

$$V = (GZ \times GL)/R$$

Dabei gilt:

- V = Vertrauen.
- GZ = Gemeinsame Ziele. Wenn wir beide gemeinsame Ziele haben, gemeinsame Interessen, wird die Wahrscheinlichkeit sehr viel größer, dass wir zusammenarbeiten möchten und damit auch Erfolg haben. Wenn wir unterschiedliche Interessen haben, besteht die Kunst der Vertrauensbildung darin, jene Bereiche gemeinsamer Interessen zu finden, in denen wir zusammenarbeiten können.
- GL = Glaubwürdigkeit. Es macht keinen Sinn, gemeinsame Ziele zu haben, wenn eine der Parteien das Versprechen nie einhält und nicht die komplizierten Entscheidungen treffen und Kompromisse eingehen kann, die zum Erfolg notwendig sind. Die Beteiligten müssen auf Worte Taten folgen lassen.
- R = Risiko. Dies ist der große Vertrauenstest. Sie trauen mir vielleicht, einen Brief einzuwerfen, aber vertrauen Sie mir auch ein Millionen Dollar schweres Budget zur freien Verfügung an?

Das größte Risiko, das für uns im Unternehmen besteht, ist das Karriererisiko. Dies ist von entscheidender Bedeutung für die Beziehung zwischen einem Individuum und dem Manager. Das Risiko, dass das Individuum einen schlechten oder unsympathischen Chef erhält, ist groß. Beide Seiten stehen vor der Herausforderung, Vertrauen aufzubauen. Hierbei geht es nicht nur um Ergebnisse (Glaubwürdigkeit), sondern auch darum, zuzuhören, zu verstehen und tatsächlich gemeinsame Ziele aufzubauen.

Gemeinsame Ziele werden nicht in einem formellen Dokument festgehalten. Vielmehr handelt es sich um einen psychologischen Vertrag mit impliziten Erwartungen auf beiden Seiten. Dieser Vertrag besteht in jeder Beziehung vom allerersten Tag an. Problematisch ist, dass beide Seiten unter Umständen ein vollkommen unterschiedliches Verständnis davon haben, was in diesem Vertrag steht. Finden Sie heraus, was die andere Person in dem Vertrag zu finden glaubt.

Vielfalt

Vielfalt am Arbeitsplatz ist für die meisten Organisationen ein unanständiges Wort. Aus rechtlichen Gründen sowie Gründen der Political Correctness versuchen die Organisationen natürlich, einige wenige Vertreter jeder Minderheitsgruppe im Unternehmen unterzubringen. Auch wenn solche Gruppen bis zu einem gewissen Grad toleriert werden, wird echte Vielfalt vermieden. Tatsächlich rühmen sich Organisationen mit ihrem Ansatz „Wir sind alle eine Firma". Dies bedeutet, dass Sie rund um den Globus überall die gleiche Vorgehensweise, die gleichen Fertigkeiten und die gleiche Philosophie vorfinden, was durch globale Standards und Managementsysteme gefördert wird. Unabhängig von Ihrem Geschlecht, Ihrer Rasse oder Religion passen Sie sich entweder diesem firmeneinheitlichen Ansatz an oder Sie gehen. Das ist keine Vielfalt am Arbeitsplatz.

In den USA beispielsweise steht der Alle-eine-Firma-Ansatz in direkter Beziehung zu der Tatsache, dass in allen Positionen des Topmanagements ein übermäßig hoher Anteil weißer Männer mittleren Alters in Anzügen vorzufinden ist. Sie bestimmen, wie die Unternehmensphilosophie, die Standards und Systeme aussehen. Die Philosophie und die Werte spiegeln auch zufällig die Kultur und die Werte der weißen Männer mittleren Alters wider. Dies ist keine Verschwörung weißer Männer. Japanische Unternehmen sind noch viel eifriger bemüht, in ihren weltweiten Geschäften rund um den Erdball eine einzige homogene Philosophie zu fördern. Nichtjapaner in führenden Managementpositionen findet man in Japan nur in Unternehmen wie Mazda und Nissan, die von Ausländern übernommen wurden.

Mangelnde Toleranz von Vielfalt ist ganz natürlich und unvermeidbar. Wenn das Management auf globaler Basis arbeitet, benötigt es eine Reihe gemeinsamer Annahmen und Glaubenssätze, um effektiv zu arbeiten, gute

Entscheidungen im angemessenen Zeitrahmen zu treffen, vernünftig miteinander zu kommunizieren und einander zu verstehen. Der Turm zu Babel ist kein guter Ausgangspunkt für ein globales Unternehmen. Ein Angestellter kann das Thema nur insofern effektiv managen, als er bereits während der Bewerbungszeit die Augen offen hält. Finden Sie heraus, wie die Spielregeln lauten; sollten Sie nicht ins Spiel passen, treten Sie nicht in die Firma ein.

Warren Buffet schrieb: „Wenn ein Manager mit einem guten Ruf in ein Unternehmen mit einem miserablen Ruf eintritt, ist es meiner Erfahrung nach normalerweise der Ruf des Unternehmens, der unversehrt bleibt." Das Gleiche gilt für die Unternehmensphilosophie. Wenn Sie eine andere Philosophie vertreten als die Firma, in die Sie eintreten, können Sie davon ausgehen, dass sich die Philosophie des Unternehmens nicht ändert. Entweder Sie ändern sich oder Sie gehen wieder.

Vielflieger

Vielfliegerei ist eine Katastrophe für das Unternehmen. Nur weil es möglich ist, viel zu fliegen, heißt das noch lange nicht, dass Manager viel fliegen sollten. Fliegen kann langwierig, unbequem und ermüdend sein, Jet Lag verursachen und die Produktivität zerstören, aber es ist ein mächtiges Statussymbol. Je häufiger Sie fliegen, desto wichtiger müssen Sie sein. Und wenn Sie Business Class oder First Class reisen, müssen Sie sogar noch viel wichtiger für das Unternehmen sein. Wenn Sie sich über Jet Lag, einen schlechten Service und verspätete Flüge beschweren, ist dies einfach nur eine Möglichkeit, Menschen gegenüber Ihren Status zum Ausdruck zu bringen, die nicht erkennen, dass Sie reisen und welchen Status das mit sich bringt.

Da Fliegen nach wie vor ein Statussymbol ist, fängt der Ärger ganz oben in der Hierarchie an. Am häufigsten und teuersten reisen meistens die Senior Manager. Fliegen stärkt ihren Status. Während sie an der Flugzeugtür nach links abbiegen in Richtung Business Class oder First Class, freuen sich die Untertanen über die Erniedrigung, nach rechts abzubiegen hin zu den zusammengepferchten Sitzen im hinteren Teil. Die mit dem Status einhergehende Apartheidpolitik des Unternehmens wird beim Reisen rigoros ans Licht gezerrt und von den Fluglinien noch verstärkt, sobald Sie den Fuß ins Flugzeug setzen.

Senior Manager drücken sich klar aus, wenn sie Gründe dafür anführen, warum sie während eines sechsstündigen Flugs über den Atlantik ein Bett für 10.000 Dollar mieten müssen. Es geht dabei nur um ihre Produktivität. Was anders ausgedrückt heißt, dass die Produktivität ihrer Mitarbeiter, die Economy reisen, keine so große Rolle spielt. Die Fluglinien unterstützen den Missbrauch der Vielfliegerei durch ihre Treueprogramme. Diese bringen Folgendes mit sich:

- Die Menschen machen häufiger Geschäftsreisen als nötig.
- Sie zahlen den Standardpreis, wenn sie bei einer günstigeren Fluglinie einen Sonderpreis erhalten könnten.
- Sie fliegen zu seltsamen Zeiten, um bei der von ihnen gewählten Fluggesellschaft Treuepunkte zu sammeln.

Reisepolitik und -verfahren des Unternehmens beugen diesem Missbrauch nicht vor. Die Reisepolitik mag zwar die Reiseklasse vorschreiben, sie beeinflusst jedoch in keiner Weise die Häufigkeit der Reisen und die Wahl der Fluglinie. Der Versuch, diesen Missbrauch zu beenden, indem das Unternehmen Anspruch erhebt auf die auf Firmenkosten erworbenen Bonusmeilen, führt zu einem langen emotionalen Kampf mit dem Personal, der sich nicht lohnt. Eine Lösung wäre, die schlimmsten Übeltäter an den Pranger zu stellen. Veröffentlichen Sie eine Rangliste mit der Anzahl an Kilometern, die ein Manager geflogen ist, den Kosten pro Kilometer und den Gesamtkosten. Wenn das Senior Management ein gutes Beispiel geben wollte, wäre es den Junior Managern gewiss unangenehm, in dem Ruf zu stehen, dass sie häufiger und teurer fliegen als die Vorgesetzen.

Leider ist das eine Liste, die die meisten Senior Manager lieber im Stillen führen würden, und die Junior Manager würden versuchen, es ihnen gleichzutun. Beratungsunternehmen haben eine einfache, wenn auch unehrliche Antwort. Sie behandeln Reisen zum Kunden ausdrücklich als ihr persönliches Vorrecht und stellen dem Kunden die Kosten in Rechnung. Dies ist ein Vorrecht, das den Berater nichts kostet, den Kunden aber teuer kommt.

Vision Statements

Diese eignen sich ausgezeichnet für ein Management mit Funktionsstörungen. Stellen Sie die Manager vor die Herausforderung, ein Vision Statement zu schreiben, und sie sind monatelang glücklich beschäftigt und richten keinen Schaden an. Das Endprodukt wird etwas Raum im Geschäftsbericht beanspruchen und ansonsten relativ harmlos sein.

Vision Statements lassen sich mit der Originalvisionsmaschine kreieren. Sie müssen nichts anderes tun, als die folgenden Statements in einen Zufallsgenerator einzugeben und dann das Vision Statement in der Reihenfolge zusammenzusetzen, die dabei herauskommt. Hier sind die von Ihnen benötigten Statements:

1. Wir werden bei dem, was wir machen, die Besten sein.
2. Wir werden in allen von uns bedienten Märkten die Marktführer sein.
3. Menschen sind unser wertvollstes Gut.
4. Unser Geschäft baut sich auf Respekt vor dem Individuum auf.
5. Unser Streben geht dahin, die Erwartungen aller von uns bedienten Parteien zu erfüllen: die unserer Kunden, Aktionäre, Mitarbeiter und ihrer Familien, die von Regierung und Lokalgemeinde.
6. Wir werden niemals unsere ethischen Standards aufs Spiel setzen.
7. Diversifizierung findet statt, wo sie stattfinden sollte: beim Menschen.
8. Wir setzen uns engagiert für engagierten Einsatz ein.
9. Wir setzen uns besonders engagiert für die Umwelt ein.
10. Wir sind bestrebt, unseren Aktionären im Laufe der Zeit überdurchschnittliche Erträge zu bescheren.

Beachten Sie, dass es sich hierbei um ein Vision Statement handelt, das nicht diskriminierend ist. Sie können es für jede Branche in jedem Land in beliebiger Reihenfolge einsetzen. Sollten Ihre unter Funktionsstörung leidenden Manager das Vision Statement zu schnell produzieren, verwirren Sie diese mit der Aufforderung, zusammen mit dem Vision Statement auch ein Value Statement zu entwickeln. Dann wird es lange Diskussionen darüber geben, wie sich Visionen von Werten abgrenzen lassen, was Werte eigentlich sind und ob es kulturell zu rechtfertigen ist, weltweit die gleichen Werte zu haben. Machen Sie sich keine Sorgen. Dieselben Statements, die Sie in die Originalvisionsmaschine eingegeben haben, lassen sich auch für das Value Statement einsetzen.

Bei Visionen und Werten geht es nicht darum, elegante Aussagen für den Geschäftsbericht zu entwerfen. Vielmehr geht es darum, eine Richtlinie für das Alltagsgeschäft und das Firmenverhalten zu schaffen. Es geht um das, was die Menschen machen, nicht, was sie sagen. Es geht darum, dass den Worten Taten folgen.

Vorstand und Verwaltungsrat

In angelsächsischen Unternehmen haben Vorstand und Verwaltung beide mit dem Übel der Einigkeit zu kämpfen, wenn auch aus unterschiedlichen Gründen. Die gleichen Phänomene gibt es in anderen Ländern wo Vorstände und Aufsichtsräte existieren. Im Gegensatz zur Vorstands-/Aufsichtsratsbenennung befinden sich im angelsächsischen Unternehmen sogar in der Unternehmensleitung zu viele leitende Mitarbeiter, die nicht hauptberuflich im Unternehmen tätig sind (Non-Executives) und ihre Position nur der Tatsache verdanken, dass sie einen hohen Prestigewert besitzen. Die Non-Executives mögen zwar gut für das Unternehmensimage sein, aber nicht für die Unternehmenslenkung.

Effektive Unternehmensleitung sollte besser von Geschäftspraktikern kommen: vom derzeitigen CEO oder leitenden Direktoren anderer Geschäftszweige, die über praktische Unternehmenserfahrung verfügen. Wer an der Spitze vieler öffentlicher anerkannter Ausschüsse gestanden hat, ist wahrscheinlich nicht unbedingt in einer idealen Position, um die Dynamik zu erfassen, die hinter der Führung einer sich schnell entwickelnden Investmentbank, eines Einzelhandelsunternehmens oder einer Internetfirma steht.

Bei Meetings auf Vorstandsebene fordern die Teilnehmer nur äußerst ungern andere heraus. Zum Teil liegt das daran, dass „es sich nicht gehört", für Unruhe zu sorgen. Zum Teil ist es aber auch darauf zurückzuführen, dass nicht qualifizierte Non-Executives keine Leistungsmaßstäbe besitzen, keine Leistungsanreize und keinen Chef, der ihre Leistung bewertet. In vielen Fällen verfügen sie nicht einmal über Erfahrung im Alltagsgeschäft, sodass sie sich aus diesem Grund auch nicht wirklich befähigt fühlen, etwas effektiv in Frage zu stellen. Allzu oft kommt die Kritik am Vorstand zu spät für ein Unternehmen und der CEO hört nur in einer – eventuell in der Presse auftauchenden – Flüsterkampagne davon.

Auch Aufsichtsräte leiden unter dem Übel der exzessiven Einigkeit. Es gibt für alle Aufsichtsräte eine ungeschriebene Regel: „Ich pinkele nicht in dein Revier, wenn du nicht in meins pinkelst." Dieser gegenseitige Pinkelvertrag wird noch dadurch verstärkt, dass ein bestimmtes Aufsichtsratsmitglied im Verantwortungsbereich eines anderen keine Erfahrung besitzt. In funktionellen Organisationen verstehen die Marketingexperten nichts von Technologie und umgekehrt. In regionalen Organisationen verstehen die Europäer den asiatischen Markt nicht, die Asiaten nicht den amerikanischen Markt.

In der Praxis werden dadurch die meisten Aufsichtsräte sinnlos. Sie setzen einfach ihren Stempel unter die Entscheidungen. Das ist nicht notwendigerweise schlecht, wenn der CEO für einen effektiven Entscheidungsfindungsprozess außerhalb des Aufsichtsrats gesorgt hat. Aber damit lastet ein enormer Druck auf dem CEO. Er ist der einzige Mensch in der Organisation, der im Unternehmen für den Interessensausgleich aller Gruppen sorgt. Darüber hinaus ist es für die Firma dadurch umso wichtiger, den richtigen CEO zu bekommen. Für die Entwicklung und Identifizierung eines entsprechenden Nachfolgers ist es nicht besonders hilfreich, wenn das Führungsteam in starren funktionellen Strukturen verharrt.

Warum arbeiten?

Wenn Arbeit so wundervoll wäre, hätten die Reichen einen Weg gefunden, ein Vorrecht darauf zu erheben. Für die meisten von uns ist Arbeit nicht so begeisternd. Es ist alles andere als erhebend, einer weiteren langweiligen Präsentation zuzuhören, einen weiteren Bericht zu schreiben, sich weiter der täglichen Plackerei des Managens zu widmen.

Die einfachste Antwort lautet, dass wir für unser täglich Brot arbeiten. Dies ist vielleicht auch der Grund dafür, dass junge berufstätige Menschen beim Aufbau ihrer Karriere Tag und Nacht schuften. Diese beeindruckende Darstellung von Leidenschaft und Engagement drückt in keiner Weise Leidenschaft und Engagement für den Arbeitgeber aus. Hohe Fluktuationsraten strafen eine solche Annahme Lügen.

Bei dieser Art von Leidenschaft und Engagement geht es eher um die direkte Belohnung. Wenn man hart arbeitet, entsteht dadurch auf zweifache Weise ein unmittelbarer Nutzen. Erstens ermöglicht dies kurzfristig den Lebensstil des hart arbeitenden, knallharten Mitarbeiters. Zweitens ist damit die Hoffnung verbunden, dass der Mitarbeiter in wenigen Jahren so viel Geld erwirbt, dass er nicht länger für sein tägliches Brot arbeiten muss. Er kann dann etwas anderes machen, ein eigenes Unternehmen aufbauen, Künstler werden, eine Familie gründen oder irgendeinen anderen Traum verwirklichen.

Leidenschaft und Engagement gelten ihm selbst, nicht dem Unternehmen. Die zugrunde liegende Prämisse der meisten Unternehmen ist die, dass die Arbeitnehmer hart arbeiten, um andere reicher zu machen. Die engagiertesten Mitarbeiter sind diejenigen, für die ein starker Anreiz in Form einer Belohnung besteht. Es gibt Ausnahmen in der Freiwilligenarbeit und im künstlerischen Bereich, wo die Menschen nicht für ihr täglich Brot arbeiten. Aber für die meisten Manager in den meisten Unternehmen steckt hinter der Arbeit der starke Beweggrund, sich sein Brot zu verdienen. Das mag zynisch klingen, ist aber für den Einzelnen und das Unternehmen eine gesunde Sache. Der Einzelne weiß genau, worauf er sich konzentrieren muss. Das Unternehmen erhält einen schwer arbeitenden Mitarbeiter. Eine hohe natürliche Fluktuation sorgt für Flexibilität.

Was machen Sie?

Antworten auf diese Frage sind in der Regel inkorrekt und gleichermaßen vielsagend. Die tumbe, aber wahre Antwort vieler Manager sollte lauten: „Ich sitze in Meetings, spreche mit Leuten, schreibe E-Mails und beantworte den ganzen Tag lang das Telefon." Diese Lebensvision ruft keine Begeisterung hervor. Die Antwort weckt am ehesten Begeisterung und ist am ehesten korrekt, wenn die Menschen etwas sagen wie: „Ich baue gerade die neue Xyz AG auf." Selbst wenn Sie sagen „Ich verkaufe Windeln an Drogerien in Birmingham", ist das zumindest korrekt und aussagekräftig. Die meisten Menschen beantworten die Was-machen-Sie-Frage auf eine von drei Weisen:

- Der Statussucher antwortet: „Ich bin Partner, Vice President, ein hohes Tier bei Megacorp." Das mag Untertanen beeindrucken, nicht jedoch Außenstehende. Es sagt nichts darüber aus, was diese Person wirklich macht – es zeigt nur, dass sie Wert auf Status legt.
- Die Antwort des Fachmanns lautet: „Ich bin Buchhalter, Rechtsanwalt, Arzt, Berater etc." Auch dies sagt nichts darüber aus, was der Betroffene tut. Was machen Berater denn nun wirklich? Es zeigt jedoch, dass die Loyalität dieser Person in erster Linie dem Beruf gilt, nicht dem Unternehmen.
- Die Antwort des Mitarbeiters lautet: „Ich arbeite für Megacorp." Dies ist in der westlichen Welt heutzutage selten, in Japan jedoch noch an der Tagesordnung. Es zeigt, dass es der Person nicht so sehr darum geht, was sie gerade macht. Ihre Loyalität gilt dem Unternehmen.

Wettbewerbsvorteil für das 21. Jahrhundert

Vergessen Sie den nachhaltigen Wettbewerbsvorteil. Die Frage lautet vielmehr: Wie lange kann ein Vorteil tatsächlich bestehen? Vielleicht bis zum Auslaufen der Patente. Oder bis es der Konkurrenz gelingt, das Produkt zu kopieren. Im Investment Banking besteht er vermutlich bis zu dem Augenblick, in dem es dem Wettbewerber gelingt, durch die Tür des Kunden zu marschieren.

Es wird immer schwieriger, sich einen Wettbewerbsvorteil zu verschaffen und zu wahren. Der Wettbewerbsvorteil im 21. Jahrhundert unterscheidet sich vom herkömmlichen Wettbewerbsvorteil des 20. Jahrhunderts in fünf Bereichen. Dies sind die Gebiete, auf die Sie sich konzentrieren und auf deren Basis Sie Ihre eigene Position überprüfen sollten:

Von den materiellen zu den immateriellen Kundenvorteilen

Das traditionelle Produktmarketing basiert auf vorzeigbaren Produktvorteilen: Dash wäscht weißer. Heute müssen Markenprodukte mehr bieten als die Zusicherung von Leistung und Qualität. Coca-Cola liegt in Geschmackstests hinter Pepsi zurück, gewinnt jedoch an Marktanteilen hinzu. Das Unternehmen verkauft nicht nur eine dunkle, sprudelnde Flüssigkeit, es verkauft Jugend und amerikanische Werte an den Rest der Welt. Coca-Cola ist eine reiche Marke. Nike-Bekleidung ist nicht unbedingt besser als andere Sport- und Freizeitkleidung. Die Menschen kaufen mit der Marke aber nicht einfach nur Kleidung, sondern auch einen Lebensstil.

Immaterielle Werte sind mehr als ein Markenartikel. Die Dienstleistungsindustrie verspricht und offeriert immaterielle Vorteile, die unter Umständen gemeinsam mit einem greifbaren Produkt angeboten werden. Restaurants offerieren Nahrung und Ambiente, bei Lieferung am nächsten Tag handelt es sich um ein Zeitversprechen, Beratung verspricht Einsichten, Flugzeugmotoren sind einerseits ein verlustträchtiges Produkt und bringen andererseits einen profitbringenden Service mit sich. Entscheidend ist, dass Sie den Kunden diesen immateriellen Produktwert verdeutlichen.

Von Einzel- zu Mehrfachvorteilen

In der Vergangenheit bestand die Unternehmensolympiade aus drei Disziplinen: besser, schneller, billiger. Jetzt gibt es nur noch eine Disziplin: besserschnellerbilliger. Der Markt will alles, und zwar jetzt gleich.

Die Aufgabe besteht darin, im Laufe der Zeit verschiedene Vorteilsebenen aufeinander aufzubauen. Die japanischen Automobilhersteller traten mit preiswerten und gleichzeitig verlässlichen Autos in den Markt ein. Bei dieser Initiative, die auf innovativen Produktionsmethoden beruhte, standen der Preis und Qualität erstmals gleichermaßen im Mittelpunkt. Im Laufe der Zeit wurden noch weitere Vorteilsebenen hinzugefügt. Als Erstes erhöhten die Japaner das Ausstattungsniveau; dann bewegten sie sich nach oben in profitablere Marktsegmente; als Nächstes waren sie bei der

Einführung neuer Modelle dreimal so schnell wie die Konkurrenz. Die Wettbewerber konnten mit all den verschiedenen, von den Japanern eingeführten Vorteilsebenen nicht Schritt halten.

Von standardisierten Vorteilen zu kreativen und kundenspezifischen Vorteilen

Die standardisierten Vorteile des 20. Jahrhunderts genügen heutzutage nicht mehr. Bei diesen Vorteilen konnte man typischerweise entweder von Größenvorteil oder Differenzierung, entweder von einem guten Preis oder guter Qualität sprechen. Heutzutage dürfte die Antwort heißen: Preis und Qualität und Größenvorteil und Differenzierung. Für Internetunternehmen scheint es möglich zu sein, all diese Ziele gleichzeitig zu realisieren. Amazon.com begann mit einem äußerst differenzierten Angebot, das in hohem Maß kundenspezifische Lösungen ermöglichte. Das Unternehmen profitiert von Größenvorteilen und kann den Preis bestimmen, wodurch der Konkurrenz ein Markteintritt erschwert wird. Amazon.com hat die standardisierten Entweder-oder-Lösungen aus dem Fenster geworfen.

Für andere Wettbewerbsvorteile ist unter Umständen mehr Kreativität erforderlich. Honda trat in den US-Markt für Motorräder ein in der Annahme, man müsse massiv gegen traditionelle Marken vom Typ Harley kämpfen. Das Unternehmen stieß zufällig auf das Geschäft mit Familien- und Freizeitmotorrädern und entwickelte es weiter; so konnte man den Mengenabsatz erhöhen und schließlich die herkömmlichen Konkurrenten strategisch umgehen.

Durch kreatives Denken ist es möglich, dass verschiedene Wettbewerber in ein und demselben Markt erfolgreich sein können. Im PC-Markt erfand Apple einen komplett neuen Markt für Computer. Das Unternehmen peilte den Erziehungssektor und das Verlagswesen an und konnte sich hier mit den Merkmalen Design und leichte Handhabung eine nachhaltige Position verschaffen. IBM kam in den Markt und versuchte, im Bereich der Firmenkunden mit dem Merkmal der uneingeschränkten Qualitätsgarantie stark zu werden. Dell trat, ohne die beiden anderen zu stören, mit einem PC als maßgeschneidertem Massenprodukt in den Markt ein, ein Ansatz, bei dem das Unternehmen fast ganz auf Vorratslager und Prognosen verzichten konnte. Dies sind drei ganz unterschiedliche Ansätze in ein und demselben Markt.

Vom nachhaltigen zum temporären Vorteil

Nach dem herkömmlichen Denken war ein Wettbewerbsvorteil nachhaltig. Das gilt heutzutage nicht mehr. In der Vergangenheit war es unter Umständen möglich, dass Sie eine Zugstrecke bauten, ohne dabei ernsthafte Konkurrenz zu haben, oder Sie errichteten eine große Chemiefabrik und konnten jeden anderen abschrecken, Ihnen nachzueifern.

Um die Stärke Ihres Geschäfts zu testen, eignet sich der Innovationsindex gut. Dieser gibt an, wie viel Prozent des Umsatzes aus Produkten stammen, die jünger als drei Jahre alt sind. In den traditionellen Branchen dürfte er bei 25 Prozent liegen. In Branchen wie Computerindustrie, Mode, Beratung und Investment sollten die Unternehmen beinahe 100 Prozent erreichen und zur Messung von Innovation einen engeren Zeitrahmen setzen. Auch der Anteil von Neukunden am Umsatz sollte hoch sein, vor allem in Wachstumsbereichen.

Von externen zu internen und externen Vorteilsfaktoren

Heutzutage ist ein strategisch bedingter Vorteil nicht mehr nachhaltig. Vorteile sind temporärer Natur. Wenn sich das Geschäft nicht mindestens so schnell weiterentwickelt wie das der Konkurrenz, ist es relativ gesehen rückläufig. Die Konkurrenz kann die Kosten reduzieren und die Qualität in drei Jahren jeweils um 25 Prozent verbessern. Unsere Verbesserung um 20 Prozent bedeutet dann, dass wir zurückliegen.

In unserer heutigen Welt kann sich ein Wettbewerbsvorteil in Form von Marktleistung ausdrücken, entscheidend ist jedoch, welche Stärken das Business intern aufweist. Hierbei geht es nicht um eine statische Kernkompetenz („Wir sind gute Hersteller von kleinen Motoren."). Es geht vielmehr um dynamische Stärken, die es dem Business ermöglichen, innovativ zu sein und sich vorwärts zu entwickeln.

Dies wird am deutlichsten in den Bereichen, deren Erfolg davon abhängt, dass sie nur die besten Mitarbeiter haben. Für Investmentbanken und Beratungsunternehmen ist es leicht, die Produkte der Konkurrenz zu kopieren. Hier besteht kein Wettbewerbsvorteil. Der Vorteil entsteht dadurch, dass man über die richtigen Spitzenkräfte verfügt, die kontinuierlich für Innovation sorgen und diese Innovationen auf den Markt bringen.

Wissensmanagement

Wissensmanagement – oder Knowledge Management – sollte ein wichtiges Thema sein. Stattdessen hat es sich zum Spleen entwickelt, das falsche Ziel auf die falsche Weise anzustreben.

Der Wissensmanagement-Spleen

Ein Management-Spleen ist immer zu erkennen. Wenn jemand mit einem ungewöhnlichen Titel im Vorstand auftaucht, ist dieser Titel normalerweise ein Hinweis auf einen Spleen. Es begann mit der Ernennung des Chief Quality Officer und ging über den Leiter für Reengineering weiter bis zum Experten für Innovation und schließlich Wissensmanagement. Mit der Ernennung eines Chief Spleen Officer werden verschiedene Ziele erreicht:

- Den Investoren wird demonstriert, dass das Unternehmen stets mit den neuesten Managementideen und -praktiken vertraut ist.
- Führungskräfte, die einer Aufgabe enthoben wurden, erhalten eine neue sinnvolle und harmlose Funktion; wenn die Firma später mit einem anderen Spleen schwanger geht, können sie sanft aus dem Unternehmen herausgedrängt werden.
- Das Unternehmen vermittelt den Eindruck, dass ohne direkten Eingriff in die Organisation dennoch etwas getan wird: Da wir einen Knowledge Officer im Vorstand haben, müssen wir ein wissensbasiertes Unternehmen sein. Damit wird der Spleen hübsch und sicher in eine Schublade gepackt, weit weg vom Unternehmen.

Wissensmanagement nimmt das falsche Ziel in Angriff

In den westlichen Ländern geht Knowledge Management davon aus, dass es nur explizites Wissen gibt. Man nimmt an, dass jede Art von hilfreichem Wissen dokumentiert und auf dieser Grundlage stets abrufbar ist. Damit ist ein potenziell riesiger Schwall an Bürokratie verbunden, was wenig bringt.

Japan und andere asiatische Länder haben dagegen erkannt, dass ein Großteil des hilfreichsten Wissens verborgenes Wissen ist. Es geht mehr darum, wie die Menschen bestimmte Dinge machen, als darum, was sie generell machen. Das lässt sich sehr viel schlechter dokumentieren und ist durch einfaches Lesen eines Handbuchs nicht einmal annäherungsweise nachvollziehbar. Dieser Ansatz geht davon aus, dass Lernen eher aus dem Lehrlingsmodell entsteht als aus formaler akademischer Wissensaneignung.

Intuitiv verstehen auch westliche Manager den Wert des stillen Wissens. Wenn wir einen neuen Computer benutzen möchten oder lernen wollen, wieso ein anderer Verkäufer so erfolgreich ist, ziehen auch wir kein Lehrbuch hervor. Wir fragen jemanden.

Das falsche Ziel wird auf falsche Weise erreicht

Da der Schwerpunkt zu stark auf dem expliziten Wissen beruht, wird viel zu viel dokumentiert. Knowledge Teams produzieren Disketten und Handbücher für selbstgesteuertes Lernen. Mit dem selbstgesteuerten Lernen ist aber oftmals ein Motivationsproblem verbunden: Die Mitarbeiter fangen erst gar nicht an zu lernen oder sie überspringen Kapitel und mogeln. Und sie tun bei Letzterem gut daran, denn sie wollen keine Belehrungen, sondern stilles Wissen.

Der Nullpunkt im Knowledge Management wird erreicht, wenn das Wissensmanagement darauf reduziert wird, Berater unter Vertrag zu nehmen, um eine umfangreiche Knowledge-Management-Software zu enorm hohen Kosten – sowohl finanziell als auch in Form kostbarer Managementzeit – zu entwickeln.

Die Alternative besteht darin, interne Netzwerke auszubauen und zu stärken, die entstehen, wenn die Mitarbeiter miteinander reden. Personal und Management lernen am liebsten von erfolgreichen Kollegen. Dieses Wissen hat einen eindeutig praktischen Wert und ist auf die Bedürfnisse des Unternehmens zugeschnitten. Normalerweise sind erfolgreiche Kollegen auch eitel genug, um ihr Wissen mit anderen zu teilen und sich so in ihrem Ruf als Fachmann zu sonnen. Jeder gewinnt in dieser Situation; der Einsatz ist relativ gering und das Ergebnis direkt spürbar.

Wohlfühlzonen und Unwohlfühlzonen

Jeder besitzt eine Wohlfühlzone. Und keiner sollte nur innerhalb dieses Bereichs agieren. Sie wissen, dass Sie innerhalb Ihrer Wohlfühlzone in der Lage sind, alle Aufgaben auszuführen, für die Sie verantwortlich sind. Dies ist effizient und bringt ein sicheres und einfaches Leben mit sich. Es ist bequem. Es bedeutet auch, dass Sie sich nicht gerade überanstrengen, sich keine neuen Fertigkeiten und neues Wissen aneignen, dass Sie weder für sich noch für das Unternehmen all das erreichen, was Sie erreichen könnten. Langfristig erhalten Sie keine nachhaltigen Ergebnisse, wenn Sie nur innerhalb Ihrer Wohlfühlzone agieren.

Was dabei herauskommt, wenn man nur innerhalb dieser Zone bleibt, ist in jeder Organisation zu erkennen: Es sind jene grauen Mitarbeiter, die in irgendwelchen Ecken sitzen und ohne jegliche Aufstiegsaussichten die gleichen Tätigkeiten verrichten wie vor 10 oder 20 Jahren. Wenn eine neue Technologie aufkommt oder neue Fertigkeiten gefragt sind, sind sie verloren.

Langfristig ist es weniger riskant, durch Erlernen neuer Fertigkeiten und durch neue Herausforderungen ein kontrolliertes Risiko einzugehen, als auf den eigenen Händen zu sitzen und zu hoffen, dass es beim Status quo bleibt. Für Kompetenzzuwachs gibt es typischerweise vier Stadien:

1. Unbewusste Inkompetenz. Die meisten von uns beherrschen die meisten Dinge extrem schlecht: Erst wenn wir es ausprobieren, entdecken wir, wie wenig wir können. Versuchen Sie es einmal mit einer einfachen Aufgabe wie Jonglieren. Zum Glück müssen wir bei vielen Dingen wie zum Beispiel Jonglieren nicht gut sein.
2. Bewusste Inkompetenz. Sie kommt vor, wenn wir uns an eine neue Aufgabe wie Jonglieren tatsächlich heranwagen. Es ist sehr viel besser, wenn man sich der Tatsache bewusst ist, wie schlecht man ist. Zumindest können wir dann eine Entscheidung treffen, ob wir diese bestimmte Fertigkeit erlernen wollen.
3. Bewusste Kompetenz. Dies ist die Phase, in der wir lernen und in der die meisten Menschen oft am stärksten frustriert sind und aufgeben. Es ist so, als ob man eine Fremdsprache spricht: Über jedes Wort und jeden Satz muss man nachdenken und dies durchzuhalten ist sehr ermüdend. Zu dem Zeitpunkt ist es eine große Hilfe, einen guten Coach zu haben.
4. Unbewusste Kompetenz. In diesem Stadium haben wir die neue Fertigkeit im Griff und müssen nicht länger darüber nachdenken. Zu diesem Zeitpunkt denken wir nicht länger über die Fremdsprache nach, wir sprechen sie – das ist für uns ganz natürlich geworden.

Sie sollten sich die Aufgabe stellen, alle Fähigkeiten zu identifizieren, die Sie benötigen oder beherrschen möchten. Dann sollten Sie vergleichen, in welche der vier zuvor genannten Kategorien Ihre Fertigkeiten fallen. Sollte Ihr Portfolio nur aus Fähigkeiten bestehen, bei denen Sie bewusst inkompetent sind, haben Sie ernsthafte Probleme. Sie werden wahrscheinlich in Ihrer aktuellen Position untergehen. Wenn all Ihre Fähigkeiten im Bereich der unbewussten Kompetenz liegen, sind Sie selbstzufrieden und gehen in Ihrer Karriere rückwärts. Es ist Zeit aufzuwachen. Im Idealfall verfügen Sie über ein Mischportfolio – Sie sollten einige starke Fähigkeiten besitzen, die es Ihnen ermöglichen, in Ihrer aktuellen Rolle Großes zu leisten, sowie andere Fähigkeiten im Embryostadium, die dafür sorgen, dass Sie auch in Zukunft noch wachsen können.

Wunschdenken

Je klüger die Menschen sind, desto größer ist die Wahrscheinlichkeit, dass sie auf immer katastrophalere Weise Opfer ihres Wunschdenkens werden. Da sie klug sind, vertrauen sie auf ihr Urteil und gehen davon aus, dass sie gewinnen werden. Wir alle glauben gern, dass wir zu den Gewinnern gehören; wir wollen nicht als Verlierer gesehen werden oder als solche enden.

Nirgendwo ist Wunschdenken so gefährlich wie bei Karriereentscheidungen und der Verwaltung von Geld – in finanzieller Hinsicht sind beide die gefährlichsten Entscheidungen, die Menschen treffen können.

Wunschdenken bei Karriereentscheidungen

Die meisten Spitzentalente unter den Universitätsabsolventen werden von professionellen Serviceanbietern und Banken absorbiert. Rekrutierte Mitarbeiter sind clevere Menschen. Weil sie clever sind, glauben sie zu gewinnen. Sie sind davon überzeugt, an die Spitze zu gelangen und Partner zu werden. Im Normalfall schaffen das 10 Prozent von ihnen. Die Chance zu verlieren, beträgt also 90 Prozent. Und doch glauben sie immer, dass diese 90 Prozent die anderen sind. Ein objektiver Blick in die Runde würde ihnen zeigen, dass ihre Peer Group genau das ist, was der Name impliziert – die Peers sind Gleichrangige und man selbst gehört mit größerer Wahrscheinlichkeit eher zu den 90 Prozent als zu den 10 Prozent. Vermutlich ist es diese Denkweise, die junge Menschen dazu ermutigt, in den Krieg zu ziehen oder zu schnell zu fahren – man glaubt, dass es der andere ist, der dabei umkommt.

Wenn dann der Tag kommt, an dem die 90 Prozent das Unternehmen wieder verlassen, haben sie sich normalerweise rationale Argumente zurechtgelegt, warum sie sowieso nicht der Firma angehören wollen und lieber darum kämpfen, woanders zu gewinnen. Aber die Enttäuschung steht ihnen immer ins Gesicht geschrieben, wenn sie nach Monaten oder Jahren zu dieser Entscheidung gelangen.

Investoren mit Wunschgedanken

Als clevere Menschen nehmen wir gern an, wir würden auch clever mit unserem Geld umgehen. Wir sind alle kluge Investoren. Wir glauben allzu gern, wir könnten den Markt schlagen. Per Definition kann dies nicht jeder, vor allem nicht nach Abzug der Transaktionskosten.

Eine Privatbank bot den Kunden eine Möglichkeit, in Optionen und Futures zu investieren. Der Mindestanlagebetrag betrug eine Million Dollar, das heißt, die Kunden mussten reich und einigermaßen gelassen im Umgang mit Geld sein. Deswegen glaubten sie auch, clever zu sein. Optionen und Futures eignen sich großartig dazu, durch eine richtige Einschätzung der künftigen Marktentwicklung schnell Geld zu verdienen oder durch eine falsche Einschätzung schnell Geld zu verlieren.

86 Kunden nahmen diesen Service in Anspruch. Wir entschlossen uns zu beobachten, wie viele von ihnen dabei Geld gewannen und wie viele verloren. Wir stellten fest, dass alle Verluste machten. Und je mehr sie handelten, umso mehr verloren sie. Sie waren nicht dämlich, aber die Spreads und Maklergebühren begünstigen nur in seltenen Fällen den privaten Anleger, ebenso wie beim Roulette die Kugel meistens zu Gunsten der Spielbank rollt, nicht zu Gunsten des Spielers. Je mehr Sie spielen, umso mehr gewinnt das Haus. Die Bank war klug genug, diesen Service nicht länger anzubieten. Damit machte sie zwar Geld, verlor aber Kunden.

Letztlich muss jeder Risiken eingehen. Aber wenn Wunschdenken kluge Menschen so sehr verblendet, dass sie das Schicksal kühn herausfordern, folgt Enttäuschung auf dem Fuße.

Theorien X, Y und Z

Theorie X liegen drei Annahmen zugrunde, die zu einem Unternehmen mit einem ausgeprägten Befehl- und Kontrollsystem führen:

- Die Menschen mögen keine Arbeit.
- Es sind formelle Belohnungen (Bonus, Beförderung) und Sanktionen (Entlassung, keine Bonuszahlung) notwendig, damit die Mitarbeiter etwas leisten.
- Die Menschen mögen kein Risiko und lieben die Sicherheit. Dies impliziert, dass sie gern geführt und dirigiert werden, auch wenn sie sich darüber beschweren.

Theorie Y vertritt eine gegenteilige Meinung. Sie legt den Schwerpunkt darauf, einen durch hohes Engagement gekennzeichneten Arbeitsplatz zu schaffen:

- Die Menschen lieben Arbeit: Sie gibt ihrem Leben eine Struktur und einen Sinn.
- Die Menschen benötigen mehr als nur Geld: Sie brauchen Anerkennung. Sie haben ein Ego, das ebenso Nahrung verlangt wie der Magen. Sie arbeiten für ein höheres Ziel.
- Die Menschen sind flexibel und gehen Risiken ein, wenn ihnen das Ergebnis das wert zu sein scheint (für Geld, für ihre Ego-Vision).

Die meisten Organisationen verhalten sich extrem schizophren in Bezug auf die Frage, an welches Modell der menschlichen Motivation und des Managens sie nun glauben. Sie möchten gern glauben, dass Theorie Y richtig ist, und dies ist auch das, was all die Gurus propagieren, wenn sie von hohem Engagement und passionierten Organisationen sprechen. Im 21. Jahrhundert sollte die Theorie Y vorherrschen. Aber was wir finden, ist Theorie X. Zum Schluss läuft es für uns vermutlich auf eine Mischung aus beiden Theorien hinaus, sagen wir einmal Theorie Z:

- Die Menschen benötigen Geld, und zwar sowohl für den Augenblick (Essen) als auch für ihr Ego. (Gute Bezahlung bedeutet großes Auto bedeutet großes Ego; gute Bezahlung heißt, früh in den Ruhestand zu gehen und zu machen, was man will.) Formelle Belohnungen und Sanktionen sind starke Motivations- und Demotiviationsfaktoren.
- Die Menschen streben nach Anerkennung und Status. Sie möchten als Individuum anerkannt werden, sowohl formell (Titel) als auch informell. (mein Chef zeigt, dass er an mir persönlich interessiert ist.)
- Die Menschen verhalten sich in Bezug auf Verantwortung schizophren – sie wollen Freiheit und Macht, lieben aber die Sicherheit. Zur Sicherheit gehört in der Tendenz, dass man geführt und dirigiert wird.

Interessanter wird die Angelegenheit dadurch, dass die jeweiligen Theorien unterschiedlich stark in den verschiedenen Unternehmen und Individuen ausgeprägt sind. Es ist hilfreich zu wissen, welche Art von Unternehmen mit welcher Art von Futtertrog Sie besitzen.

Ygwyd

Ygwyd ist ein walisisches Wort. Es ist wichtig, dass Manager dieses Wort verstehen. Das nächste Mal, wenn etwas schief geht, benutzen Sie dieses Wort. Auf Englisch heißt es: „You've Got What You Deserve".
Wenn Sie für ein mieses, demotivierendes Unternehmen mit schlechtem Management und ohne Erfolgsaussichten arbeiten: ygwyd. Sie können sich darüber beklagen. Sie können aber auch etwas dagegen tun: weggehen. Wenn Sie ein mieses Unternehmen leiten, ist auch das Personal mies, die Berater sind mies, das Informationssystem ist mies und die Ergebnisse sind mies: ygwyd. Sie können Entschuldigungen vorbringen oder aber Sie können etwas dagegen tun. Bei ygwyd geht es darum, Verantwortung im Management zu tragen und eine Sache in die Hand zu nehmen. Wenn wir keine Verantwortung akzeptieren, haben wir die Sache auch nicht im Griff, wir sind keine Manager.

Der Yogi und der Kommissar

Der fantastische Manager ist ein unmögliches Wesen – eine Kombination aus Yogi und Kommissar. Der Yogi verfügt über eine tiefe Einsicht. Der größte Yogi weiß alles über die menschliche Natur, er versteht die Welt, sieht die Zukunft und hält selbst für die schwierigsten Probleme Lösungen bereit. Seine Weisheit ist dergestalt, dass er Anhänger anzieht, die ihm voller Enthusiasmus bis ans Ende der Welt folgen. Der Yogi lebt vermutlich eher auf einem Berg in Shangri-La als im Büro nebenan.

Der Kommissar ist ein Musterknabe an Effizienz. Er kann eine ganze Armee über Nacht ausrüsten, beliefern und versetzen. Alles geschieht, wann, wie und wo es geplant ist. Nichts bleibt dem Zufall überlassen. Er trifft schnell gute Entscheidungen, die befolgt werden. Keiner wagt es, nicht zu gehorchen. Seine Truppen haben gelernt, ihm zu folgen, wohin er auch geht. Jedes Büro ist voll von aufstrebenden Kommissaren, denen – sofern die Befähigung vorhanden ist – zur Erreichung ihrer ehrgeizigen Ziele nur noch die Militäruniform fehlt.

Die meisten von uns kämpfen darum, so etwas wie ein Yogi oder Kommissar zu sein. Aber wir gehen davon aus, dass wir beides gleichzeitig sein können. So, als wollten wir Buddha und Dschingis Khan oder Plato und Alexander der Große in einem sein. Das ist nicht möglich.

Zum Glück ist jeder andere so wie wir unzulänglich, der eine mehr, der andere weniger. Der Trick besteht darin, dass Sie nicht versuchen, ein Yogi zu sein, wenn Sie ein Kommissar sind – und umgekehrt. Der Trick ist, dass Sie sich vergewissern, dass Yogis in Yogipositionen sind und Kommissare in Kommissarpositionen. Wenn Sie sich in einer Position befinden, in der die Eigenschaften beider erforderlich sind, holen Sie sich jemanden dazu, der Sie in der anderen Rolle unterstützt. Der Managementyogi benötigt einen Kommissar und umgekehrt. Wie Marx und Lenin.

Zeit: Aktivität, Effizienz und Effektivität

Die Zeit ist nicht auf unserer Seite. Wir wissen nicht einmal, wie viel Zeit wir hier auf Erden haben. Wir müssen das Beste machen aus dem, was wir haben. Im Grunde genommen gibt es dazu drei Möglichkeiten:

Immer schneller laufen in immer kleiner werdenden Kreisen

Dies ist die beliebteste Form des Zeitmanagements. Das Senior Management ist ihr verfallen. Senior Manager glauben, dass sie mit einem vollen Terminkalender, 200 E-Mails pro Tag und einer Dinnerverabredung für jeden Abend beweisen, dass sie wichtig sind und beschäftigt. Auch wenn sie zu jedem Termin zu spät kommen, verstärkt das den Eindruck von Geschäftig- und Wichtigkeit. Das ist jedoch nicht Zeitmanagement, sondern ein Egotrip, bei dem Aktivität als Ersatz für Effizienz oder Effektivität steht. Da es Senior Manager sind, die sich so verhalten, kopiert das Junior Management dieses Benehmen, und dann ist das Büro voll von Leuten, die sich selbst in den Schwanz beißen.

In einer Standardstudie wird untersucht, was die Manager im Laufe des Tages machen. Dies ist die altmodische Form der Zeitstudie. Es lohnt sich, diese einmal für sich selbst durchzuführen. In einem Fall begegnete ich einer Führungskraft im mittleren Management, die als ein Mitarbeiter angesehen war, der handelt und alles gut regelt. Im Laufe von acht Stunden zeigte sich folgendes Aktivitätenprofil:

- 82 Telefongespräche. 74 davon waren intern oder aber extern, um die Angelegenheiten zu regeln, die durch die internen Anrufe entstanden waren.
- 63 Interaktionen von Angesicht zu Angesicht. Bei 59 ging es darum, interne Fragen (Feuerbekämpfung) zu regeln, vier Aktionen dienten dazu, Reisevorkehrungen für die folgende Woche zu regeln.

- Drei offizielle Meetings, die nicht seine eigenen waren. Hier ging es um die Pläne anderer Leute. Er kam bei jedem Meeting zu spät.
- Er hatte zwischen den Anrufen, einer Interaktion von Angesicht zu Angesicht oder einem Meeting nie mehr als zwei Minuten Zeit. Diese Zeit wurde genutzt, um einige der 70 oder mehr E-Mails zu lesen, die er erhalten hatte, oder darauf zu antworten.

Am Ende des Tages waren die Räder vom Unternehmen nicht abgefallen, aber es hatte sich auch nicht nach vorn bewegt. Die entscheidende Frage, die sich Manager stellen sollten, lautet: „Verhindere ich nur, dass die Räder abfallen, oder sorge ich dafür, dass wir uns nach vorn bewegen?" Die Gefahrensignale sind:

- Aufsplitterung der Zeit: Mangel an Konzentration auf neue Dinge
- Reaktive, keine proaktive Agenda
- Konzentration auf das Unternehmen zu Lasten des Kunden
- Berichterstattung und Regelungen zu Lasten von Vorschlägen und Handlungen

Prüfen Sie selbst anhand der vier Kriterien, wie Sie Ihre Zeit verbringen.

Effizienz

Dies geht vom Banalen bis zum Sinnvollen. Jeder, der schon einmal ein Ein-Minuten-Management erfahren hat, weiß, wie ärgerlich das ist. Das triviale und unaufrichtige Morgenkompliment, als Ein-Minuten-Motivation für den Tag gedacht, ist hierfür nur ein kleines Beispiel. Der Gedanke der „Qualitätszeit" ist ein Ammenmärchen: Wenn Sie einem Dreijährigen 15 Minuten lang Flashcards zeigen, werden Sie damit nicht gleich zu guten Eltern. Einige Dinge benötigen Zeit, wenn sie gut gemacht werden sollen.

Es gibt jedoch Sparmaßnahmen zur Effizientzsteigerung, die Sinn machen. Für ein Individuum ist es nützlich, einige Grundregeln zu kennen. Zeit kann man sparen, wenn man jede Seite nur einmal bearbeitet und die Dinge gleich beim ersten Mal richtig macht. Aber noch so viel Effizienz hilft Ihnen gar nichts, wenn Sie das Verkehrte machen.

Effektivität

Ein alter Freund aus Kalifornien besuchte Präsident Reagan im Weißen Haus. Sie aßen gemächlich zu Mittag. Sie spielten Golf. Dann lud der

Präsident meinen Freund für den Abend ein. Der Besucher war erstaunt: „Müssen Sie nicht auf irgendwelche Meetings? Müssen Sie nicht die Nation regieren?", fragte er. Der Präsident sah ihn erstaunt an und sagte: „Nein, ich habe viele gute Leute, die all das für mich machen."
Erfolg hängt nicht allein davon ab, dass man Tag und Nacht arbeitet. Wir alle kennen jemanden, der offensichtlich bequem und gleichzeitig erfolgreich ist. Der bequeme Weg zum Erfolg hängt von drei Faktoren ab:

- Sie müssen in einer bestimmten Sache sehr gut sein (Reagan, der große Kommunikator). Dies erfordert wirklich konzentrierte Bemühungen und einen entsprechenden Einsatz.
- Sie müssen wie verrückt delegieren. Sie sollten wissen, worin Sie nicht gut sind, und dies von anderen erledigen lassen. Gönnen Sie ihnen den Ruhm. Das Geschäft wird dafür umso besser – und Sie auch.
- Konzentrieren Sie sich auf das Wichtige. Sie sollten klare persönliche Ziele besitzen, die Ihnen helfen, zu priorisieren, was Sie tun möchten.

Bei Zeitmanagement geht es zu 10 Prozent darum, die eigenen Handlungen effizient umzusetzen, und zu 90 Prozent darum, zu wissen, was Sie nicht machen sollten.

Das Unternehmen hat die Verpflichtung, den Mitarbeitern dabei zu helfen, ihre Zeit vernünftig zu managen. Auf einem einfachen Niveau kann es sich dabei um Serviceleistungen handeln wie ein Hausmeisterdienst, um die Mitarbeiter davon abzuhalten, von den kleinen Verwaltungsaufgaben des alltäglichen Lebens abgelenkt zu werden. Auf einer fundamentaleren Ebene geht es darum, die Arbeit gut zu organisieren.

Eine von mir durchgeführte Standardstudie über Verkäufer prüft, wie die Verkäufer ihre Zeit verwenden. Selten verbringen sie mehr als 10 Prozent ihrer Zeit direkt mit dem Kunden. Wenn die übrigen 90 Prozent der Zeit gut darauf verwandt würden, das Verkaufsgespräch vorzubereiten und nach potenziellen Neukunden Ausschau zu halten, wäre das zu rechtfertigen. Normalerweise werden jedoch die übrigen 90 Prozent der Zeit mit Aktivitäten zugebracht wie Meetings, Berichterstattung, Reisevorbereitungen und Kundenserviceleistungen. Die Verkäufer machen dabei oftmals nicht ungern mit. Es ist nicht so anstrengend wie die Kernarbeit, das Verkaufen. Die meisten nicht aus Verkauf bestehenden Aktivitäten können aber ausgesondert oder an den Innendienst weitergegeben werden.

Zentrale

Hilfe aus der Unternehmenszentrale

„Ich komme aus der Firmenzentrale und bin hier, um Ihnen zu helfen." Die Zentrale ist entweder eine außer Kontrolle geratene gefährliche Bestie oder ein wesentlicher Bestandteil des Unternehmenserfolgs. Das hängt zum Teil davon ab, wo Sie sich befinden. Die Mitarbeiter in der Zentrale sehen ihre eigenen Werte anders als die Mitarbeiter in den Schützengräben. Es kommt auch darauf an, was die Zentrale macht. Eine Unternehmenszentrale besitzt vier äußerst unterschiedliche Rollen, die leicht miteinander vermischt werden. Jede Aufgabe muss aber separat ausgeübt werden:

Die Rolle des Senior Managements

Das Senior Management muss entscheiden, was es managen wird. Es kann nicht alles machen. In einem der weltweit tätigen Versicherungsunternehmen kontrolliert das Senior Management zum Beispiel vier Dinge:

- Verteilung der Ressourcen unternehmensweit. Hierbei handelt es sich um Finanzkontrolle nach dem klassischen Konglomeratstil; das Konglomerat muss die Rolle des Senior Managements nicht sehr viel genauer definieren.
- Entwicklung und Selektion der Senior Manager. Der Einsatz der richtigen Leute am richtigen Ort ist mindestens so wichtig wie der Einsatz der richtigen finanziellen Mittel am richtigen Ort. Wenn diese Aufgabe zentral wahrgenommen wird, entwickelt sich ein Führungsteam, in dem einer den anderen versteht.
- Markenstrategie. Verleihen Sie dem Business weltweit einen einheitlichen Auftritt.
- Technologiestrategie. In Versicherungsunternehmen stellt IT die Produktionsstätte dar. Die Kosten können sich unkontrolliert nach oben schrauben, wenn jedes Land macht, was es will, und eine Koordination unmöglich wird.

Reine Finanzkonglomerate würden die Marken- und IT-Strategie nicht kontrollieren. Stärker integrierte Firmen würden versuchen, die Produktentwicklung, Werbekampagnen sowie alle Aktivitäten und Personalentscheidungen des Managements zu kontrollieren. Die Rolle des Managements in der Zentrale muss im Einklang stehen mit Unternehmensstil und -strategie.

Infrastruktur der Kontrolle

Vielleicht ist es nicht nötig, dass die Senior Manager alles managen, aber immer häufiger wollen sie alles kontrollieren. Hier kommen die Dienstleistungen Dritter ins Spiel. Tendenziell fallen darunter Aufgaben wie Bilanzprüfung, Finanzkontrolle und -planung. Sie lassen sich nicht optional einsetzen. Die Gefahr besteht darin, dass die Kontroll-Infrastruktur außer Kontrolle gerät. Das Ziel, alles zu kontrollieren, kann aus Sicht der Unternehmenszentrale niemals ganz erreicht werden. Es gibt immer wieder einen weiteren Bericht, der neue Informationsbröckchen enthält. Ebenso gibt es immer eine weitere Spezialanalyse, die ein neues Licht auf die Aktivitäten wirft. Um zu beweisen, welchen Wert diese Informationen für die Gesamtheit des Unternehmens besitzen, müssen die Mitarbeiter aus der Kontrollabteilung mehr und mehr produzieren – was nur möglich ist, wenn sie immer Druck auf das Unternehmen ausüben, mehr Information bereitzustellen; außerdem müssen neue Autorisierungs- und Prüfungsverfahren eingesetzt werden.

Das Senior Management mag ja der Ansicht sein, den Mitarbeitern im unteren Management tatsächlich Macht und Verantwortung zu übertragen. In der Praxis sieht das jedoch so aus, dass alles, was sie mit der einen Hand weggeben, mit der anderen über ihr Kontrollteam wieder hereinholen. Die anderen Manager verfügen letztlich über weniger Macht und Verantwortung als in der traditionellen Hierarchie.

Support

Die Unternehmenszentrale stellt in der Regel ein breites Angebot an zentralisierten Serviceleistungen zur Unterstützung der Geschäftsaktivitäten zur Verfügung. Das kann bis ins Extrem gehen. Ein Einzelhändler war wie eine mittelalterliche Stadt mit Burgwall. Alles, was das Unternehmen zum Lebenserhalt benötigte, konnte innerhalb der Mauern der Unternehmenszentrale gefunden werden, selbst eine eigene Druckerei zählte dazu. Dies sind typischerweise Serviceleistungen, die dem Test „Selbermachen oder kaufen" unterworfen werden können: Niederlassungen außerhalb der Unternehmenszentrale sollten die Möglichkeit haben, den Service der Hauptzentrale direkt oder auf der Grundlage einer vertraglichen Vereinbarung in Anspruch zu nehmen. Zu den typischen Supportleistungen zählen: Gehaltsabrechnungen und Abrechnungen für betriebliche Versorgungsleistungen, Steuerberatung, Public Relations, juristische Beratung, Marketingaufgaben und interne Kommunikationstechnik.

Ein Konflikt entsteht dann, wenn diese Serviceleistungen von der Zentrale aufgezwungen werden. Der Anbieter wird dadurch effektiv zu einem Monopollieferanten für ungewollte Leistungen, was sich normalerweise auch in der Qualität niederschlägt.

Dienstleistungen Dritter

Das sind die Initiativen, von denen sich das Senior Management eine grundlegende Veränderung für die Organisation erhofft. Es ist die Heimat für die Abteilungen und Leiter von Knowledge Management, Lifetime Learning und Qualitätskontrolle sowie Reengineering. Dies ist das Land der Anhänger modischer Neuheiten, ein nützlicher Platz, wo führende Mitarbeiter, die keine andere Heimat haben, abgestellt werden können.

Die Dienstleistungen Dritter sind eindeutig gefährlich. Erstens kosten sie Zeit und Mühen. Zweitens sind die Dienstleistungserbringer allein durch die Unterbringung in der Zentrale nicht ideal positioniert, um von den Geschäftsbereichen begeisterte Unterstützung zu erfahren. Sind sie erst einmal da, verspüren sie drittens die Notwendigkeit, ihre Anwesenheit zu rechtfertigen. Dies sorgt um sie herum für zusätzlichen Aufwand und für Konflikte zwischen den Prioritäten der Zentrale und den Prioritäten der einzelnen Bereiche. Das endet viertens damit, dass die einzelnen Geschäftsfelder dank der von dritter Seite erbrachten Dienstleistungen noch weniger Macht haben.

Wenn der Löwe Hauptzentrale außer Kontrolle gerät, gibt das Senior Management oftmals eine Studie in Auftrag. Es entsteht dann meistens eine wüste Debatte darüber, welche Art von Studie die beste ist: Sollte es eine SLA (Service Level Analysis) sein, die zu Serviceverträgen führt, oder eine OVA (Overhead Value Analysis), was Kosteneinsparungen mit sich bringt? Die Antwort lautet: weder – noch. Die wichtigste Aufgabe des Senior Managements besteht zunächst einmal darin zu entscheiden, welche Rolle die Hauptzentrale eigentlich spielen soll, um dann von diesem Punkt aus weiterzumachen.

Unternehmenszentrale: die Schöne und das Biest

Ein Teil der Zentrale sollte schön sein. Das ist der Teil, der für Kunden und wichtige Besucher reserviert ist. Der Rest davon sollte hässlich sein, klein und abgelegen. Reservebüros sind nicht erlaubt.

Hält man die Zentrale klein, ist es für die Unternehmensfunktionäre allein aus physikalischen Gründen schwierig, ein großes Reich zu entwickeln. Wenn sie nur ein kleines Imperium besitzen, sind sie gezwungen, sich auf das zu beschränken, was am wichtigsten und am hilfreichsten für das Geschäft ist. Unternehmensfunktionäre zeichnen sich dadurch aus, dass sie ihre Anwesenheit geschickt rechtfertigen, und sie machen sich mit der Zeit immer breiter, wenn dies nicht durch Mangel an Raum verhindert wird. Jedes Mal, wenn ein Funktionär nach mehr Platz verlangt, geben Sie ihm diesen – unter der Voraussetzung, dass er diesen Raum innerhalb des vorhandenen Raums findet. Entweder muss er einen anderen Funktionär ersetzen oder in Kauf nehmen, dass alle zusammengepfercht werden wie die Ölsardinen in der Büchse.

Richten Sie die Zentrale fern von den einzelnen Geschäftseinheiten ein. Ermutigen Sie die unteren Führungskräfte nicht in ihrem Wunsch, in die Zentrale zu kommen. Es besteht die Tendenz, die Zentrale entweder als einen maskierten Teufel zu betrachten oder als ein Walhall für alle, die die untere Führungsebene gerade hinter sich gelassen haben. Keines von beiden stimmt. Die Zentrale erfüllt einige wichtige Rollen.

Kehren Sie in der Unternehmenszentrale das wilde Biest heraus – gestalten Sie die Zentrale zumindest nicht so gemütlich, dass Senior Manager den Wunsch hegen, dort ihre gesamte Zeit im Gespräch mit anderen zu verbringen. Die Hauptzentrale ist von der Realität weit entfernt, und wenn man sich nur mit Zahlengerüsten beschäftigt, erfährt man kaum, was wirklich passiert. Ermutigen Sie das Management, hinauszugehen zu den Mitarbeitern und Kunden. In der Tendenz erhält man die besten innovativen Ideen, je weiter man von der Zentrale entfernt ist.

Zinseszins

Wie Sie langsam reich werden

Wenn es in der Mathematik etwas gibt, das zu beherrschen sich lohnt, dann ist es die Zinseszinsrechung. Es ist der Weg zum Reichtum. Die Rechnung ist einfach. Bei einem jährlichen Wachstum von 10 Prozent verdoppelt sich das Geschäft in ungefähr 7 Jahren. Bei einem Wachstum von 7 Prozent verdoppelt sich das Geschäft ungefähr alle 10 Jahre. Das klingt vielleicht nicht besonders aufregend, aber dies ist der Weg, um langsam, aber sicher reich zu werden. Eine Rendite von jährlich 10 Prozent auf eine Anlage von 10.000 Euro bringt über einen Zeitraum von 50 Jahren 1.170.000 Euro. Dies ergibt für den sparsamen 20-Jährigen im Alter von 70 Jahren eine nette Altersvorsorge. Der gierige 30-Jährige, der sich mit 50 Jahren zur Ruhe setzen möchte, erhält für eine Investition von 10.000 Euro nach 20 Jahren nur netto 57.000 Euro.

Im Extremfall wäre es großartig gewesen, wenn einer meiner Vorfahren im Jahre Christi Geburt einen Dollar für mich investiert hätte zu einem Zinseszins von 1,5 Prozent. Heute würde ich dann 8.552 Milliarden Dollar erben. Leider gibt es eine Reihe von Faktoren, die sich diesem Geldvermehrungsschema in den Weg stellen: Kriege, Betrug, Steuern, Regierungen, Konkurse, ganz zu schweigen von den Millionen anderer Nachkommen, die mit mir um dieses Erbe streiten würden, sowie die Tatsache, dass ein solcher Vorfahr überhaupt nicht existiert.

Für Unternehmen gilt die Logik von Zinseszinsen genauso. Seit Jahrzehnten hält die Firma Procter & Gamble an dem ehrgeizigen Ziel fest, den Umsatz der Geschäftseinheiten alle 10 Jahre zu verdoppeln. Dies entspricht nur einem realen Wachstum von 7 Prozent pro Jahr. Auf diese Weise konnte jedoch ein 10 Millionen Dollar schweres Unternehmen im Laufe von 160 Jahren auf einen jährlichen Umsatz von 40 Milliarden Dollar kommen.

Dieselbe Logik gilt auch gnadenlos für den Anstieg von Kosten. Im Privatsektor wirken sich die für Ihre Ersparnisse zu zahlenden Gebühren enorm aus. Wenn der sparsame 20-Jährige Gebühren von 1,5 Prozent pro Jahr für seine Ersparnisse von 10.000 Euro zahlt, reduziert sich der Betrag von 1.170.000 Euro auf gerade einmal 590.000 $. In der Zwischenzeit sind einige Fondsmanager auf Kosten des Anlegers reich geworden.

Zinseszins für Unternehmen: Kaizen oder Krise

Die Rechnung ist einfach. Reduzieren Sie die Stückkosten um 4 Prozent pro Jahr und nach 10 Jahren haben sich diese mit etwas Mühe, aber relativ unspektakulär um 34 Prozent reduziert. Dies ist Kaizen-Philosophie oder der Weg der Kostensenkung durch kontinuierliche Verbesserung. Im Idealfall geht auch Wachstum damit einher, sodass überschüssiges Personal anderweitig eingesetzt werden kann. Wenn kein Wachstum vorhanden ist, dann lässt sich die Kaizen-Philosophie für den Personalabbau einsetzen: Öffnen Sie die Hintertür und schließen Sie die Vordertür. In den meisten Unternehmen wird sich die Zahl der Mitarbeiter durch natürliche Fluktuation um 4 Prozent pro Jahr reduzieren.

Es gibt eine Alternative. Spielen Sie acht Jahre abwechselnd herum mit Wachstums-, Qualitäts-, Service- und Produktinnovationsstrategien, wobei verschiedene Manager mit verschiedenen kurzfristigen Lösungen durch Ihr Unternehmen wandern. Dann stellen Sie im Jahr neun fest, dass Sie ein riesiges Produktivitätsproblem haben. Holen Sie Berater ins Unternehmen, sorgen Sie für eine Umstrukturierung, senken Sie die Kosten innerhalb von zwei Jahren drastisch um 20 Prozent und entlassen Sie 20 Prozent des Personals. Der Kostensenker wird als Held gefeiert, aber die Firma wird dem Kaizen-Unternehmen nach wie vor hinterherhinken.

Mit Reengineering gelingt es selten, einen Wettbewerber zu überflügeln, der sich auf kontinuierlichen Wandel konzentriert. Diese Vorgehensweise dient normalerweise lediglich dazu, Konkurrenten einzuholen und Fehler aus der Vergangenheit zu beheben.

Zusammenfassung

Bei diesem Buch handelt es sich nicht um eine universell geltende Managementtheorie. Es ist nicht einfach eine schlichte Formel für sofortigen Erfolg im Management. Und dies ist vielleicht die wichtigste Lektion: Es gibt eine unbegrenzte an Möglichkeiten, Erfolg oder Misserfolg zu haben. Vertrauen oder folgen Sie nicht einer einzigen allzu simplen Managementtheorie.

Die Herausforderungen, denen sich das Management täglich aufs Neue stellt, sind rund um den Globus in allen Branchen gleich. Es sind die bekannten Probleme, wie zum Beispiel unzureichende Ressourcen, verschwendete Meetings, schwierige Chefs und schwieriges Personal sowie Berge an Verwaltungsaufgaben. Ebenso wie die Herausforderungen weltweit gleich sind, gleichen sich auch die Muster für Erfolg und Misserfolg im Management. Die wichtigsten Regeln sind dabei:

- Erkennen Sie die Spielregeln. Alle Branchen und Unternehmen haben unterschiedliche Regeln, mit denen sie die Wettbewerber auszutricksen versuchen. Aber auch in puncto Risikotoleranz, Aufstiegsmöglichkeiten, Hierarchie, Kleiderordnung, und sogar Sprachgebrauch herrschen unterschiedliche Einstellungen vor. Diese Regeln werden selten niedergeschrieben. Wenn Sie die Regeln erkennen, nach denen Sie mitspielen sollen, können Sie entscheiden, ob dieses spezielle Unternehmen und diese Branche gut zu dem passen, wie Sie gerne leben und arbeiten möchten. Wenn Sie dann erst einmal die Spielregeln verstehen, wissen Sie auch, wann Sie die Regeln gewinnbringend brechen können.
- Sorgen Sie dafür, dass das Wesentliche stimmt. Alle Manager verbringen viel Zeit in Meetings sowie damit, Unterlagen und Präsentationen vorzubereiten und zu bearbeiten. Obwohl dies für alle Branchen und alle Manager zutrifft, gibt es nur wenig Training oder Anleitung dafür, wie sich diese Aufgaben gut erfüllen lassen. Es überrascht kaum, dass die meisten Managementunterlagen, Meetings und Präsentationen todlangweilig sind. Dies bedeutet Macht für diejenigen Manager, die aus der Mittelmäßigkeit um sie herum hervorstechen. Exzellenz ist nicht notwendig – Kompetenz ist ausreichend.
- Managen Sie Menschen, keine Dinge. Bei Management geht es um die menschliche Natur und die menschliche Natur ist nicht immer rational. Bei Menschen und Management geht es natürlich auch um Politik. Das bedeutet, dass zu den Kernkompetenzen im Management auch politi-

sche Fähigkeiten gehören wie das Bilden und nutzen von Allianzen, um die notwendige Unterstützung oder die benötigten Ressourcen zu erhalten. Die Menschen sind auch emotional. Sie streben nach Anerkennung und mögen im Allgemeinen kein Risiko. Wenn Sie dies verstehen und managen wollen, müssen Sie die Welt durch Ihre Augen sehen, nicht durch die eigenen. Training konzentriert sich meistens auf Fachkenntnisse aus Bereichen wie Rechnungswesen, IT oder Marketing. Diese sind zu Beginn einer Karriere wichtig. Wenn die Manager dann auf der Karriereleiter nach oben klettern, gewinnen die Kenntnisse in Menschenführung im Vergleich zu den Fachkenntnissen an Bedeutung. Wird tatsächlich einmal ein Training für den Umgang mit Menschen, mit politischen und emotionalen Situationen angeboten, handelt es sich meistens um seichtes Psychogeschwätz.

- Konzentrieren Sie sich auf das, was wichtig ist, nicht nur auf das, was notwendig ist. Die meiste Managementzeit wird mit dem Notwendigen verbracht: der täglichen E-Mail-Flut, Routinemeetings, der Vorbereitung von Berichten. Diese Verwaltungsangelegenheiten sind mehr oder weniger notwendig, damit das Geschäft reibungslos läuft. Aber es bringt das Unternehmen keinen Schritt nach vorn. Wenn ein Manager jedoch einen nachhaltigen Eindruck hinterlassen möchte, muss er das Unternehmen weiterbringen. Er muss dafür sorgen, dass ein Unterschied entsteht. Projekte, die einen Unterschied bewirken, sind die Projekte, die wichtig sind. Für Manager ist entscheidend, dass sie von diesen Zielen ein klares Bild haben und dafür sorgen, dass sie auch genügend Zeit besitzen, diese zu erreichen.
- Beinahe all dies beruht auf gesundem Menschenverstand. Dies ist ein Massengut, dass nur begrenzt vorhanden ist. Davon lässt sich nur wenig durch Training erlernen; es wird angenommen, dass Sie dieses Wissen entweder bereits besitzen oder sich durch eine magische Form der Osmose aneignen. Mit Sicherheit wird es Ihnen nicht auf einer Business School beigebracht, obwohl gesunder Menschenverstand ist, was Sie zum Überleben im Business benötigen.